MANGER MIEUX POUR
ÊTRE
auTOP

ÉDITIONS
LASEMAINE

Directrice des éditions : Annie Tonneau
Directrice artistique : Lyne Préfontaine
Coordonnateur aux éditions : Jean-François Gosselin

Maquette intérieure : Sandra Laforest
Mise en page : Claude Bergeron
Réviseurs-correcteurs : Jean-François Bélisle, Marie Théoret, Françoise de Luca,
Véronique Papineau

DISTRIBUTEURS EXCLUSIFS :

Pour le Canada et les États-Unis :
MESSAGERIES ADP inc.*
Téléphone : 450-640-1237
Internet : www.messageries-adp.com
* filiale du Groupe Sogides inc.,
   filiale de Québecor Média inc.

Pour la France et les autres pays :
INTERFORUM editis
Téléphone : 33 (0) 1 49 59 11 56/91
Service commandes France Métropolitaine
Téléphone : 33 (0) 2 38 32 71 00
Internet : www.interforum.fr
Service commandes Export – DOM-TOM
Internet : www.interforum.fr
Courriel : cdes-export@interforum.fr

Pour la Suisse :
INTERFORUM editis SUISSE
Téléphone : 41 (0) 26 460 80 60
Internet : www.interforumsuisse.ch
Courriel : office@interforumsuisse.ch
Distributeur : OLF S.A.
Commandes :
Téléphone : 41 (0) 26 467 53 33
Internet : www.olf.ch
Courriel : information@olf.ch

Pour la Belgique et le Luxembourg :
INTERFORUM BENELUX S.A.
Téléphone : 32 (0) 10 42 03 20
Internet : www.interforum.be
Courriel : info@interforum.be

Suivez-nous sur le Web

Consultez nos sites Internet et inscrivez-vous à l'infolettre pour rester informé
en tout temps de nos publications et de nos concours en ligne. Et croisez aussi
vos auteurs préférés et notre équipe sur nos blogues !

EDITIONS-LASEMAINE.COM
EDITIONS-HOMME.COM
EDITIONS-JOUR.COM
EDITIONS-PETITHOMME.COM
EDITIONS-LAGRIFFE.COM
RECTOVERSO-EDITEUR.COM
QUEBEC-LIVRES.COM

06-18

Imprimé au Canada

Dépôt légal : 2014
Bibliothèque et Archives nationales du Québec
ISBN 978-2-89703-126-8

Gouvernement du Québec – Programme de crédit d'impôt pour
l'édition de livres – Gestion SODEC –
www.sodec.gouv.qc.ca

L'Éditeur bénéficie du soutien de la Société de développement
des entreprises culturelles du Québec pour son programme
d'édition.

 Conseil des Arts   Canada Council
   du Canada   for the Arts

Nous remercions le Conseil des Arts du Canada de l'aide accordée
à notre programme de publication.

Financé par le gouvernement du Canada
Funded by the Government of Canada   Canadä

Nous reconnaissons l'aide financière du gouvernement du Canada par l'entremise du Fonds du livre du Canada pour nos activités
d'édition.

À mes filles, Lia et Julianne,
mes sources de motivation.

Avant-propos

J'ai eu mes merveilleuses petites filles «sur le tard», comme on dit. J'ai été chanceuse, car malgré mon âge, tout s'est très bien déroulé. Je n'ai subi aucune complication et mes filles étaient en parfaite santé. Je pense que le fait d'avoir toujours pris soin de ma propre santé a contribué tant au succès de mes grossesses qu'à ma capacité de récupérer rapidement après les accouchements et les nombreuses nuits écourtées.

Je veux non seulement voir mes filles grandir, mais je veux profiter de la vie avec elles le plus longtemps possible. En ce sens, la rédaction de ce livre me permet de partager mes connaissances en nutrition, appliquées à ce processus du vieillissement que nous aimerions tant ralentir, à défaut de l'enrayer ! Mon plus profond souhait est d'aider les gens désireux de prendre leur santé en main à vivre plus longtemps et en meilleure condition, afin de profiter de leur vie au maximum.

Chacun doit trouver sa propre motivation à vivre longtemps et en santé. Pour certains, l'objectif est de pouvoir prolonger une carrière fructueuse ; pour d'autres, c'est de voyager à la retraite, de profiter de la présence de ses petits-enfants ou encore de réaliser un vieux rêve.

On ne peut pas changer notre âge biologique, mais on peut influencer notre condition biologique. Les études le confirment : en adoptant de saines habitudes de vie, on «s'achète» de nombreuses années en bonne santé.

Je crois fortement que si la nutrition permet à un enfant de croître et de développer ses différentes facultés de manière phénoménale, elle peut certainement contribuer à maintenir nos potentialités à long terme et à ralentir l'inéluctable vieillissement.

Si mes filles sont ma motivation principale à demeurer en bonne santé et à transmettre dans un livre les plus récentes connaissances sur la nutrition, ma passion pour l'équilibre a aussi été un moteur. L'équilibre en nutrition concerne le choix des aliments et la place que chacun doit occuper pour favoriser une bonne santé. Oui, on peut être en bonne santé sans devoir éliminer complètement certains aliments, sans s'astreindre à des diètes impossibles et sans devoir perdre le plaisir de manger. Par exemple, le sucre a encore sa place dans le menu d'une personne diabétique, tout comme la viande a la sienne dans celui d'une personne cardiaque.

La notion de quantité pour chaque aliment est étroitement liée à la santé, et la qualité y joue sans contredit un rôle crucial. Mais comme vous le constaterez dans ce livre, la notion d'équilibre en tout est le meilleur gage de longévité.

Ce livre se veut une mise à jour des recherches sur les meilleures habitudes alimentaires à adopter pour maintenir un état de santé optimal jusqu'à un âge avancé. J'ai retenu 11 aspects sur lesquels la nutrition a un impact majeur : notre niveau d'énergie, nos facultés cérébrales, la digestion, la masse musculaire et osseuse, le poids et le tour de taille, les articulations, les maladies cardiovasculaires, le diabète, le cancer et la longévité en bonne santé.

De plus, à la fin de chaque chapitre, je vous propose un tour d'horizon des compléments nutritionnels ou naturels qui ont démontré une certaine efficacité.

Ce livre est aussi un condensé pratico-pratique visant à mieux intégrer mes recommandations. Il vous invite à vous intéresser à des aliments moins consommés, qui constituent pourtant la base d'une alimentation efficiente.

En prime, des recettes !

Çà et là dans *Manger mieux pour être au top,* vous trouverez mes recettes coup de cœur à base d'aliments aux propriétés bénéfiques. Si vous désirez adopter une alimentation *anti-âge* qui contribuera directement à vous garder au sommet de votre forme, ce livre est pour vous !

Hélène Baribeau, nutritionniste, M.Sc. Dt.P.

CHAPITRE 1

Augmenter
votre énergie

De bons aliments pour l'énergie :
épinards, graines de citrouille, soya, orge,
quinoa, riz brun, pains et pâtes intégraux, avoine,
haricots (noirs, rouges, blancs),
foie, noix, eau.

Se sentir plein d'énergie, d'entrain et de vitalité, c'est ce que nous souhaitons tous pour profiter au maximum de la vie. Et l'âge ne doit pas être un frein à ce désir. Plusieurs personnes qui adoptent de saines habitudes de vie, même à un âge avancé, se sentent plus énergiques que dans leurs jeunes années. La composition de notre diète peut influencer notre santé physique et mentale. Consommer un repas composé de *fast food* et d'une boisson gazeuse ne peut pas nous procurer les mêmes effets qu'un repas équilibré fait d'aliments sains, frais et peu transformés.

Un sondage a révélé que 26 % des Canadiens cuisinaient moins à cause d'un manque d'énergie. C'est donc un cercle vicieux : on est fatigué, on mange sur le pouce ou on avale des repas congelés, on se gave de sucre et de boissons énergisantes pour se donner de l'énergie à court terme. En bout de piste, cependant, nous devenons encore plus fatigué parce que notre nutrition est déficiente.

Les causes du manque d'énergie sont multiples ; c'est la raison pour laquelle il est fortement suggéré de consulter son médecin si la fatigue persiste, afin d'identifier les causes sous-jacentes (maladie, carence en fer, hypothyroïdie, épuisement professionnel, dépression, etc.). L'hypothyroïdie, par exemple, est liée à un mauvais fonctionnement de la glande thyroïde et touche environ 2 personnes sur 100. Sa prévalence augmentant avec l'âge, il est donc plus fréquent d'en être atteint après 40 ans. L'hypothyroïdie entraîne des symptômes tels la fatigue, le manque de concentration, des troubles de la mémoire, une frilosité, parfois une prise de poids. Si, après des examens médicaux, aucune cause physiologique, métabolique ou psychologique n'a été décelée, la fatigue peut provenir d'une alimentation inadéquate ou d'un manque d'activité physique, ou des deux.

Quelles sont les causes alimentaires de la fatigue ou du manque d'énergie ?

Parmi les causes alimentaires de la fatigue, on retrouve :

- Un manque d'aliments frais et peu transformés
- Une insuffisance de certains nutriments (fer, acide folique, magnésium, fibres, eau)
- Un manque de protéines à quelques repas ou collations
- Un excès de certains nutriments (ex.: sucres)
- Trop d'excitants (caféine)
- Trop d'alcool
- Un manque de collations régulières et équilibrées
- Un rythme de repas irrégulier
- Des repas trop lourds ou trop copieux

Avoir de l'énergie ou se sentir débordant d'énergie

Il ne faut pas confondre l'énergie qui correspond aux calories contenues dans un aliment et le fait de se sentir débordant d'énergie. La provenance des calories est très importante quant à l'impact qu'elles auront sur notre sensation de bien-être et de vitalité. Une barre de chocolat, grâce aux calories qu'elle fournit provenant majoritairement des sucres, augmentera temporairement notre niveau d'énergie, mais ne nous permettra pas de nous sentir en pleine forme toute la journée, car ces calories ne sont pas accompagnées de nutriments essentiels comme les fibres, les vitamines et les minéraux.

Les solutions pour se sentir plein d'énergie ou pour refaire le plein

---

 CUISINEZ MAISON À PARTIR D'INGRÉDIENTS LE MOINS TRANSFORMÉS POSSIBLE.

Selon un sondage effectué en 2004 par les Diététistes du Canada, les repas cuisinés à la maison permettent d'augmenter la consommation de fibres, de grains entiers, de légumes, de vitamines et de minéraux tels le fer et le calcium. En plus, cuisiner maison permet de mieux contrôler les calories, le gras et le sel ingérés, tout en enseignant aux membres de la famille ce que représentent de saines habitudes alimentaires.

D'un autre côté, à cause de la consommation élevée d'aliments transformés, l'apport en sodium est excessif pour 87 % des Québécois.

Quels sont les aliments peu transformés à mettre au menu ?

- Fruits et légumes
- Lait, yogourt nature
- Volaille, poisson, fruits de mer, œufs
- Légumineuses, tofu
- Noix, graines
- Herbes fraîches : coriandre, menthe, persil, etc.
- Pain intégral, riz brun, quinoa, orge, avoine en flocon, boulgour, pâtes multigrains, gruau de sarrasin, etc.

2 RÉSERVEZ LA PREMIÈRE PLACE AUX FRUITS ET AUX LÉGUMES À CHACUN DE VOS REPAS.

Les fruits et les légumes sont remplis de molécules aux propriétés antioxydantes et anti-inflammatoires appelées phytochimiques. Ils sont une source de nombreux nutriments : vitamines A et C, acide folique, potassium, magnésium, fer, calcium et fibres. Gorgés d'eau, ils occupent beaucoup d'espace dans l'estomac sans procurer beaucoup de calories tout en réhydratant l'organisme. On dit qu'ils ont une densité énergétique/calorique faible et qu'ils contribuent au rassasiement. Ils diminuent la charge acide de l'organisme par leur contenu en potassium. Ils aident aussi le foie dans ses fonctions de détoxification (neutralisation des déchets toxiques). Pour toutes ces raisons, les fruits et les légumes sont associés à une meilleure santé et à une plus grande vitalité.

Selon l'enquête de l'Institut national de santé publique du Québec sur la consommation alimentaire et les apports nutritionnels des adultes québécois, 30 % des Québécois consomment **moins de 5 portions** de fruits et de légumes par jour. Aussi, l'apport en vitamine A semble insuffisant pour 25 % d'entre eux, et celui en vitamine C est particulièrement faible chez les femmes et les hommes de plus de 70 ans. Les recommandations actuelles quant à la quantité de fruits et de légumes à consommer chaque jour sont de **7 ou 8 portions pour les femmes** et de **8 à 10 portions pour les hommes,** rien de moins. Et s'il y a une seule habitude à améliorer dans votre alimentation pour une meilleure santé et une vitalité accrue, c'est de consommer plus de fruits et de légumes.

Une portion, c'est quoi ?

- 125 ml (1/2 tasse) de légumes ou de fruits frais, congelés ou en conserve, ou de jus 100 % pur
- 250 ml (1 tasse ou 70 g) de légumes-feuilles ou de salade
- 1 fruit

Savez-vous qu'il existe plus d'une soixantaine de fruits et de légumes différents que l'on peut manger? Ce n'est donc pas le choix qui manque. En choisissant au moins un légume ou un fruit de chaque couleur, vous augmentez vos chances d'obtenir la plus grande variété de composés phytochimiques qui contribuent à prévenir les maladies tout en donnant de la vitalité.

Légumes et fruits vert foncé	Légumes et fruits orangés	Légumes et fruits rouges/violets	Légumes et fruits jaunes	Légumes et fruits blancs	Légumes et fruits vert pâle
Algue	Carotte	Aubergine	Maïs	Champignon	Céleri
Asperge	Citrouille	Betterave	Navet	Chou-fleur	Chayotte
Bette à carde	Courge	Poivron rouge	Poivron jaune	Chou-rave	Laitue iceberg
Brocoli	Patate douce	Tomate	Ananas	Pomme de terre blanche	Chou vert
Chou vert frisé	Poivron orange	Chou rouge	Banane	Igname	Pak-choï/chou chinois
Chou de Bruxelles	Abricot	Bleuet	Banane plantain	Poireau	Courgette
Crosse de fougère (tête-de-violon)	Cantaloup	Framboise	Poire	Ail	Melon miel
Edamame (haricot de soya frais)	Mangue	Mûre	Pomme jaune	Oignon	Avocat
Endive	Nectarine	Fraise	Litchi	Échalote	Raisin vert
Épinard	Pêche	Canneberge			Concombre
Feuille de moutarde	Papaye	Cerise			
Feuille de pissenlit	Orange	Figue			
Gombo (okra)		Goyave			
Kiwi		Melon d'eau			
Laitue romaine		Pamplemousse			
Mesclun		Prune			
Pois		Raisin rouge/bleu			
Pois mange-tout					
Poivron vert					
Rhubarbe					

Comment manger toutes ces portions de fruits et de légumes?

Il faut en avoir au minimum deux portions par repas et deux autres portions en collations. La boîte à lunch et votre panier d'épicerie doivent être composés à 50 % de fruits et de légumes.

- Faites un smoothie avec une tasse de fruits, un peu de jus et du yogourt.
- Préparez des crudités à l'avance et grignotez-les tout au cours de la journée, et en soirée quand vous avez envie de grignoter.
- Faites des potages de légumes.
- Préparez toujours deux fois plus de légumes que de viande, de volaille ou de poisson.
- Préparez des salades rapides à base de laitue mesclun et de bébés épinards.

- Mangez fraises, framboises et bleuets frais comme des bonbons.
- Commencez la journée avec un jus de légumes et de fruits fait à l'extracteur (ex.: épinard, carotte, pomme).

Choisissez au moins un légume vert foncé et un légume orangé chaque jour pour vous aider à obtenir suffisamment d'acide folique (vitamine B9) et de vitamine A.

3 CHOISISSEZ DES ALIMENTS RICHES EN FER, EN MAGNÉSIUM ET EN ACIDE FOLIQUE.

Le manque de tels nutriments peut contribuer à causer de la fatigue. Grâce à une prise de sang, le médecin peut vérifier si vos réserves de fer et d'acide folique sont suffisantes. Pour ce qui est du magnésium, le taux sanguin ne reflète pas l'état des réserves (celui-ci peut être adéquat malgré des réserves déficientes). Près du tiers des adultes québécois ont des apports insuffisants en magnésium, et cette tendance augmente avec l'âge.

Excellentes et bonnes sources de fer, d'acide folique et de magnésium

Fer	Acide folique	Magnésium
Palourde	Foie	Haricots de soya rôtis à sec
Foie	Légumineuses	Haricots noirs ou blancs, haricots de Lima
Haricots de soya	Épinard	Graines de citrouille
Huître	Asperge	Noix du Brésil
Haricots blancs et lentilles	Pâtes alimentaires enrichies	Céréales à déjeuner 100 % son (type All-Bran)
Tofu	Brocoli	Amandes
Cheval	Haricots de soya cuits	Flétan de l'Atlantique
Céréales à déjeuner	Laitue romaine	Noix de cajou
Bœuf	Betterave	Noix de pin
Graines de citrouille	Chou de Bruxelles	Épinard
Épinard		Artichaut

4 AUGMENTEZ VOTRE APPORT EN FIBRES.

LE SAVIEZ-VOUS ?

Augmenter son apport en fibres peut diminuer la fatigue.

Des chercheurs de l'université de Cardiff ont découvert que les gens qui ont des apports élevés en fibres subissent moins de stress émotionnel, moins de difficultés cognitives et moins de fatigue. La recherche a révélé qu'en augmentant son apport en fibres, une hausse de 10 % du niveau d'énergie peut être perçue en moins de deux semaines.

Quelle quantité de fibres devons-nous manger chaque jour ?

Femmes : 25 g   Hommes : 38 g

Recette

CRÈME D'ÉPINARDS ET PATATE DOUCE RAPIDO PRESTO

- 1 sac d'épinards (225 g)
- 3 tasses (750 ml ou 420 g) de patates douces coupées en morceaux
- 3 tasses (750 ml) de bouillon de bœuf
- 1 tasse (250 ml) de lait 2 %

Préparation

1. Faites bouillir les patates douces à couvert dans le bouillon durant 20 minutes.
2. Ajoutez les épinards en les étalant sur le dessus de la soupe. Ne brassez pas.
3. Continuez la cuisson encore 5 minutes à couvert (les épinards ne doivent pas changer de couleur).
4. Laissez refroidir 5 minutes. Ajoutez le lait et passez au mélangeur électrique.

Quinze excellentes sources de fibres

	Aliments	Portions	Quantité de fibres en grammes
1	Légumineuses cuites	250 ml (1 tasse)	12-17
2	Céréales à déjeuner 100 % son de blé (All-Bran, Fibre 1)	30 g (1 oz)	10
3	Haricots de soya frais (edamame)	250 ml (1 tasse)	8
4	Framboises	125 ml (1/2 tasse)	4-6
5	Artichauts cuits	1 moyen (120 g)	5
6	Pruneaux séchés	75 ml dénoyautés (80 g)	5
7	Poires avec leur pelure	1 moyenne (166 g)	5
8	Pois verts cuits	125 ml (1/2 tasse)	4-5
9	Mûres	125 ml (1/2 tasse)	4
10	Dattes ou figues séchées	60 ml (1/4 tasse)	4
11	Pommes de terre avec leur pelure, cuites au four	1 moyenne (150 g)	4
12	Épinards bouillis	125 ml (1/2 tasse)	4
13	Amandes rôties dans l'huile ou à sec	60 ml (1/4 tasse)	4
14	Patates douces bouillies	1 moyenne (151 g)	4
15	Pommes	1 moyenne (138 g)	3

Adapté de : *Palmarès des meilleures sources de fibres*. www.passeportsante.net (Consulté en avril 2013).

5 MANGEZ À DES HEURES RÉGULIÈRES.

Sauter un repas, ne pas déjeuner ou attendre trop longtemps avant de manger peut causer de l'hypoglycémie (baisse du taux de glucose sanguin). Les conséquences sont une mauvaise concentration, de mauvaises performances intellectuelles, de l'irritabilité, de la fatigue, parfois de l'anxiété, car le cerveau n'est pas bien nourri.

Le repas le plus souvent omis est le déjeuner. Les gens qui n'ont pas faim au lever sautent souvent le déjeuner et ne prévoient pas de bonnes collations à prendre plus tard en avant-midi; ils arrivent donc au dîner affamés et fatigués. Aussi, le manque d'appétit le matin peut s'expliquer par une trop grande quantité de nourriture prise au repas de la veille et en soirée. Dans ce cas, il faut diminuer ses portions au souper et en soirée pour avoir plus faim le matin.

DÉCOUVERTE

La fibre de coco

La noix de coco est reconnue pour contenir beaucoup de fibres, mais aussi beaucoup de calories et de gras saturés. La bonne nouvelle, c'est que l'on trouve sur le marché de la fibre de coco **faible en gras**. Une cuillerée à table (15 ml) procure 10 g de fibres ! À titre comparatif, la même quantité de son de blé fournit 2 g de fibres.

Le mieux, pour avoir un niveau d'énergie constant, est de répartir son apport énergétique assez également au cours des trois repas principaux de la journée, et de garder une proportion des calories nécessaires pour les collations. Trop de gens consomment la majorité de leurs calories à partir de 17 h, ce qui n'est pas la meilleure idée, avouons-le, quand on passe sa soirée devant la télé !

Il est donc préférable de manger moins et plus souvent, en écoutant et en respectant ses signaux de faim. Si vous avez faim vers 10 h 30 et que vous décidez de patienter jusqu'à midi au lieu de prendre une collation, votre niveau d'énergie ne sera pas optimal et vous serez affamé au repas du midi. Vous serez donc porté à manger vite et beaucoup.

L'adage qui suggère de déjeuner comme un roi, de dîner comme un prince et de souper comme un mendiant est-il juste? Pas vraiment. Les trois repas doivent être d'importance assez similaire avec un ajout de collations au besoin en avant-midi et en après-midi. La collation du soir n'est généralement pas nécessaire, à moins d'avoir fait de l'exercice en soirée.

6 DÉJEUNEZ.

Déjeuner veut dire casser le jeûne. Pour passer un avant-midi des plus efficaces sur les plans physique et intellectuel, vous devez vous mettre quelque chose sous la dent. Pas n'importe quoi, cependant.

Les grains entiers (pain de grains entiers, gruau à cuisson lente, céréales multigrains, etc.), en plus d'être plus nutritifs et de bien rassasier, fournissent des glucides à libération lente (glucides à index glycémique bas), notamment à cause des fibres qu'ils contiennent. **Les grains entiers sont de la super essence** pour votre corps !

Pour atteindre et conserver le taux de glucose sanguin souhaité pour une énergie soutenue, il est recommandé de privilégier les aliments qui contiennent naturellement des **glucides** et des **fibres** (fruits frais et grains entiers) et de réduire ceux qui sont riches en sucres ajoutés (confiture, céréales sucrées, tartelettes aux fruits, tartinade chocolatée) ou faibles en fibres (pain blanc, grosse portion de jus de fruits, etc.).

De plus, il est important que le déjeuner contienne des protéines, car elles permettent d'assurer un niveau d'énergie stable.

Le duo gagnant : aliments glucidiques riches en fibres et les protéines

Une comparaison
Qu'est-ce qui permet à une voiture d'aller à vitesse constante sur l'autoroute ?

L'essence et le régulateur de vitesse
Pour l'humain, l'essence provient principalement des aliments glucidiques riches en fibres (communément appelés glucides à index glycémique bas) et le régulateur de vitesse, des protéines.

Aliments glucidiques riches en fibres (super essence) pour le déjeuner	Bons choix de protéines (régulateur de vitesse) pour le déjeuner
Tous les fruits frais Fruits séchés Smoothie maison (fruits, yogourt)	Œuf, saumon fumé
Gruau d'avoine à cuisson lente, gruau de sarrasin, gruau de son d'avoine, crème de blé entier, mélange de céréales pour crème budwig, crêpes de farine intégrale et de son d'avoine, etc.	Beurre d'arachide, beurre de noix, beurre de soya, tofu soyeux, fèves au lard sans lard, cretons végétariens
Céréales riches en fibres et faibles en sucre	Lait, yogourt, fromage faible en gras, boissons de soya original, yogourt de soya
Pain intégral (de blé, d'épeautre, de kamut, de seigle, de grains entiers, etc.)	Amandes, pacanes, noix de Grenoble, noisettes, avelines, graines de lin moulues, graines de chia, graines de chanvre, graines de citrouille

Note : Les boissons d'amande et de riz ne sont pas à éviter, mais elles ne contiennent pas de protéines, comparativement au lait de vache et à la boisson de soya.

Choix d'aliments glucidiques moyens (essence ordinaire)*	**Choix de protéines trop grasses ou trop salées pour le déjeuner***
Jus de fruits ou boissons aux fruits	
Pain blanc, céréales raffinées ou sucrées, crème de blé, croissant, chocolatine, baguette, gaufres et crêpes de farine blanche, patates rissolées, patates en galette, muffin anglais blanc, bagel blanc	Jambon, saucisses, cretons, bacon, fromage gras, œufs frits
Tartinade chocolatée, confiture sucrée, miel, sirop d'érable, sucre, caramel	

*Consommés à l'occasion, ces aliments ne causent pas de problèmes ; il n'y a pas de raison de les éviter complètement.

Le déjeuner est un repas privilégié pour augmenter son apport en fibres, car le choix de céréales et de pains riches en fibres ne manque pas. C'est aussi le repas où l'on apprécie le plus manger des fruits frais. De plus, les céréales sont l'aliment idéal pour ajouter des fibres (son d'avoine, graines de lin moulues, graines de chia, son de blé, germe de blé, etc.).

Comment choisir ses céréales et son pain ?
Critères nutritionnels pour le choix de céréales à déjeuner saines, portion de 30 g

Fibres :
✓ **plus de 3 g**

Sucres :
✓ **5 à 7 g** et moins par portion pour une céréale à déjeuner sans fruits séchés
✓ **10 g** et moins par portion pour une céréale à déjeuner avec fruits séchés (ex.: Raisin Bran)

Note : Ne confondez pas quantité de glucides et quantité de sucres dans le tableau d'information nutritionnelle. Le total des glucides inclut le sucre, les fibres et l'amidon. Les chiffres qui nous intéressent sont ceux du sucre et des fibres ; la différence en quantité, c'est de l'amidon présent naturellement dans les aliments.

Critères nutritionnels pour le choix d'un bon pain, tranche de 50 g maximum
✓ Il faut retrouver le terme **farine intégrale** ou farine de grains entiers avec le germe, ou encore farine de blé entier moulue sur meule de pierre. En effet, une farine intégrale contient toutes les parties du grain, soit le son, le germe et l'endosperme. Une farine de blé entier ne contient pas le germe, d'où une valeur nutritive moins intéressante. Le germe est rempli de vitamines (dont la vitamine E), de minéraux, d'antioxydants et même de bons gras.
✓ Au moins **2 g de fibres** par tranche

✓ Moins de **300 mg de sodium**

✓ Il n'est pas important de s'attarder à la quantité de sucre, car elle est généralement inférieure **à 2** g.

Solutions pour les petits appétits du matin

 Exemples de déjeuners pris au bureau (entre 8 h et 10 h)

- Tranche de pain de grains entiers avec beurre d'arachide ou de noix, compote de fruits sans sucre
- Smoothie-déjeuner apporté dans un thermos
- Fromage cottage avec fruits et petit muffin maison
- Céréales avec yogourt et fruits séchés
- Barre muffin avec banane et verre de lait

Recette

SMOOTHIE-DÉJEUNER

Ingrédients

- 1 tasse (250 ml) de boisson de soya à la fraise
- 1 tasse (250 ml) de fraises
- 1 c. à table (15 ml) de graines de lin moulues
- 100 g (100 ml) de yogourt grec nature
- 6 g (30 ml) de céréales de bébé à l'orge* ou son d'avoine

Préparation

Mettez tous les ingrédients dans un mélangeur électrique à puissance maximale, jusqu'à texture lisse.

*Les céréales de bébé ont l'avantage d'être prêtes à consommer et riches en fer. À avoir dans son garde-manger même si les enfants sont grands !

---

7 Assurez-vous d'avoir suffisamment de protéines lors des repas.

Le manque de protéines aux repas et collations peut contribuer à la fatigue intellectuelle et aux rages d'aliments sucrés après les repas.

Les protéines sont comme des régulateurs de vitesse.

Elles préviennent la baisse du taux de glucose sanguin (hypoglycémie), qui cause les baisses d'énergie en ralentissant la vitesse d'absorption des glucides. De plus, elles étirent l'action des glucides dans le temps, offrant un niveau d'énergie stable et de longue durée. Les protéines sont surtout concentrées dans les viandes et substituts.

Une portion de viande et substituts, c'est…

- 75 g (2,5 oz) de viande, volaille, poisson, fruits de mer cuits
- 2 œufs
- 3/4 tasse (130 g) de légumineuses cuites
- 150 g de tofu ferme
- 1/4 tasse (30 g) de noix et de graines
- 2 c. à table (30 g) de beurre d'arachide

Bons choix d'aliments glucidiques riches en fibres (super essence) pour le dîner et le souper	Bons choix de protéines (contrôleur de vitesse) pour le dîner et le souper
Tous les fruits frais	Viandes maigres, dinde, poulet
Tous les légumes Pour la pomme de terre, la consommer idéalement avec la pelure pour plus de fibres	Poissons, fruits de mer
Grains entiers : boulgour, quinoa, riz brun, riz sauvage, orge, sarrasin, couscous de blé entier, millet	Légumineuses : lentilles, haricots rouges, blancs, noirs, pinto, dolique à œil noir, soya, pois chiches, gourganes, flageolets, houmous
Pains : pain intégral, pains de grains entiers, pain de seigle (*pumpernickel*)	Tofu, beurre d'arachide, beurre d'amande, œufs, noix et graines, boissons de soya
Pâtes blanches cuites *al dente**, pâtes multigrains, de blé entier, aux graines de lin, au quinoa, au riz brun	Produits laitiers : lait, yogourt, fromage faible en gras

* Les pâtes alimentaires blanches cuites *al dente* ont un index glycémique (I.G.) plus bas que celles bien cuites. En effet, le temps de cuisson augmente l'I.G. d'un aliment.

 Exemples de dîners énergétiques avec grains entiers et protéines

- Salades vertes au poulet (protéines-fibres), vinaigrette maison au yogourt, fruits frais (bons glucides-fibres), verre de lait (protéines), muffin maison au gruau (bons glucides-fibres)

- Pâtes de blé entier (bons glucides), sauce aux lentilles et légumes (protéines bons glucides-fibres), morceaux de fromage (20 % et moins de m.g.) (protéines), fruits frais (bons glucides-fibres) et verre d'eau
- Soupe-repas légumes, orge et bœuf (bons glucides-fibres et protéines), salade de fruits maison (bons glucides-fibres), yogourt (protéines), amandes (protéines-fibres)

Recette
ÉTAGÉ DE POULET ET RIZ BRUN

Idéal pour un souper rapide et complet

Ingrédients

- 2 tasses (400 g) de riz brun cuit (1 tasse ou 200 g avant cuisson)
- 2 poitrines de poulet cuites (environ 300 g) et coupées en morceaux
- 2 tasses (330 g) de brocoli cuit vapeur
- Une conserve de crème de champignons diluée avec 1/2 tasse (125 ml) de lait 1 %
- 60 g de fromage cheddar fort râpé

Préparation

Dans un plat en pyrex carré, placez le riz, puis le poulet, ensuite le brocoli.

Versez la crème de champignons prédiluée avec du lait.

Parsemez de fromage râpé.

Faites cuire au four à 350 °F (180 °C) pendant 30 minutes.

---

8   PRENEZ DES COLLATIONS.

Certaines études laissent entendre que le fait de prendre une collation nutritive en après-midi pourrait améliorer les performances mentales. Par ailleurs, avant de prendre une collation, il faut s'assurer d'avoir faim, sans quoi cette collation représentera des calories supplémentaires inutiles. Après un dîner léger, le besoin d'une collation en milieu d'après-midi se fait généralement sentir. Aussi, prendre une collation vers 15 ou 16 h vous évitera d'arriver au souper fatigué et affamé.

Pour qu'une collation soit complète et rassasiante, elle doit comprendre des **protéines (P)** et des **aliments glucidiques avec fibres (G)**, toujours le même duo gagnant. Manger un fruit seul ou des noix seules entre deux repas ne contribuera pas à augmenter l'énergie sur une longue période ; il vaut mieux les manger ensemble. À éviter : une grosse galette sucrée ou une barre chocolatée.

Envie de sucre entre les repas ?

Stratégie : À l'occasion, prenez la moitié d'un aliment sucré (ex. : 1/2 barre de chocolat) et accompagnez-le d'un aliment protéiné (ex. : un verre de lait ou des noix). Vous contenterez votre envie de sucre sans subir les effets néfastes découlant de la consommation de trop de sucre sans protéines. En matière d'alimentation, il y a toujours des compromis sains à faire.

Sucrés mais santé

Dattes, bananes séchées, canneberges séchées, chocolat à 70 % et plus de cacao, petit verre de lait au chocolat, boisson de soya au chocolat...

Ajoutez quelques pépites de chocolat noir dans un mélange de noix, de graines et de fruits séchés et prenez une petite quantité de ce mélange en collation.

 ### Exemples de collations équilibrées

Aliments-glucides et fibres	Aliments-protéines avec ou sans fibres
Une pomme	+ 30 g (1 oz) de fromage maigre ferme (20 % de m.g. ou moins)
Un quartier de cantaloup	+ 100 g de fromage cottage
Une orange	+ 100 g de yogourt nature et une cuillerée à thé de son d'avoine
Un kiwi	+ 8 demi-noix de Grenoble
15-20 raisins	+ 12-15 amandes
Une tranche de pain de blé entier, d'épeautre ou de seigle	+ 15 ml (15 g) de beurre d'arachide
Un demi-muffin à grains entiers fait maison (recette contenant un maximum de 60 ml (1/4 tasse) de sucre pour 12 muffins)	+ 100 g de yogourt nature
2 galettes de riz brun	+ 30 g (1 oz) de fromage maigre ferme et un bâtonnet de céleri
125 ml (1/2 tasse) de céréales riches en fibres et faibles en sucre	+ 175 ml (3/4 tasse) de boisson de soya nature
Crudités, 1/2 pain pita de blé entier	+ 45 g de purée de pois chiches (houmous)
1/2 pain pita de blé entier	+ 175 ml (3/4 tasse) de soupe aux lentilles
2 craquelins de seigle	+ 1 petite boîte de thon assaisonné
15-20 raisins	+ 20 g (2 c. à table) de graines de citrouille
1 barre tendre avec moins de 7 g de sucre	+ 250 ml (1 tasse) de boisson de soya original

- Jus de fruits ou boissons aux fruits
- Boissons gazeuses
- Barres de chocolat
- Galettes sucrées commerciales
- Barres tendres sucrées (avec guimauves ou enrobage)
- Muffins commerciaux
- Croustilles
- Café sucré
- Boissons énergisantes

Les boissons énergisantes sont très populaires auprès de ceux qui se sentent fatigués.

À cause de leur teneur élevée en caféine et en sucres concentrés, elles procureront une amélioration de la sensation d'énergie, mais à court terme seulement. Sachez qu'elles contiennent de 4,5 à 8 cuillerées à thé de sucre par 250 ml (1 tasse).

En trop grande quantité, la caféine qu'elles contiennent peut provoquer les symptômes suivants : insomnie, maux de tête, irritabilité et nervosité.

Ces boissons ne représentent pas du tout un choix santé ; elles procurent des calories vides et un effet stimulant, sans plus.

9 AUGMENTEZ L'HYDRATATION.

La plupart d'entre nous ne buvons pas assez. Une déshydratation peut affecter les performances globales du corps et contribuer à une sensation de fatigue.

Les symptômes de la déshydratation, même mineure, sont les suivants :

- Soif
- Fatigue
- Irritabilité
- Maux de tête
- Crampes musculaires
- Augmentation du rythme cardiaque
- Pression sanguine basse (sensation d'évanouissement)

Les besoins en eau sont de 2,7 litres chez les femmes adultes et de 3,7 litres chez les hommes adultes, selon les apports nutritionnels de référence (ANREF) de 2011. En considérant que les aliments fournissent environ 0,5 à 1 litre d'eau, les femmes doivent donc boire environ 2,2 litres de liquide et les hommes 3 litres par jour pour combler leurs besoins.

Cette quantité de liquide peut s'obtenir par d'autres boissons que l'eau : thé, tisane, café, jus de légumes, jus de fruits, lait, soupe, etc.

Attendre d'avoir soif pour boire est une mauvaise idée, car la soif est le signal envoyé par le corps pour signifier que vous êtes déjà déshydraté.

MYTHE

Le café et le thé déshydratent...

La caféine contenue dans ces boissons ne déshydrate pas, car elle vient accompagnée d'eau. Par ailleurs, au-delà d'une certaine quantité, soit 225 mg (ce qui équivaut à 2 tasses de café ou 5-6 tasses de thé), il y a augmentation de la production d'urine sans toutefois mener à la déshydratation.

Comment obtenir 2,2 litres de liquide ?

Un exemple :

- 1,5 L d'eau
- 250 ml de café
- 250 ml de lait
- 200 ml de soupe
    = 2,2 litres de liquide

Comment obtenir 3 litres de liquide ?

- 2 L d'eau
- 250 ml de café
- 500 ml de lait
- 250 ml de soupe
    = 3 litres de liquide

Je n'aime pas boire de l'eau ; que faire ?

- Faites des mélanges de jus de fruits 100 % purs avec de l'eau (dans une proportion de 1 pour 3).
- Procurez-vous des eaux gazéifiées avec des arômes (citron, lime, pamplemousse).
- Buvez des tisanes aux épices, aux fruits, aux herbes.
- Explorez le monde des thés.

10   LIMITEZ LES EXCITANTS ET L'ALCOOL.

Le café, le thé, les boissons gazeuses brunes, les boissons énergisantes et le cacao contiennent de la caféine, un excitant qui ne permet pas de refaire le plein d'énergie. En effet, la caféine procure un effet stimulant et non un apport nutritionnel. De plus, le thé et le café pris au moment des repas diminuent de façon significative l'absorption du fer issu des aliments, à cause des tannins qu'ils contiennent. La caféine favorise aussi l'élimination du magnésium dans l'urine, ce qui n'est pas souhaitable. Limitez-vous à un ou deux cafés ou thés par jour, et ne buvez pas de café après 16 h, car la caféine prend de 4 à 6 heures à s'éliminer. Laissez tomber les boissons gazeuses ou énergisantes pleines de sucres.

Quant à l'alcool, il déshydrate et peut nuire à la digestion. Il perturbe de plus le cycle du sommeil et ne procure aucun nutriment. Mieux vaut le consommer très modérément si on se sent fatigué. Les versions désalcoolisées sont une option intéressante si on désire réduire notre consommation d'alcool.

11   MANGEZ LÉGER.

Manger trop ou trop gras peut provoquer une baisse d'énergie dans les heures qui suivent et ainsi entraîner de la somnolence parce que la digestion est plus longue. Il est important de sortir de table pas trop «bourré», juste rassasié et à l'aise dans ses vêtements. Cela implique qu'il faut parfois en laisser dans son assiette ou conserver le surplus pour une collation ou un repas ultérieur.

Solutions pour manger plus léger

- Prendre l'habitude de manger son dessert du midi à la collation de l'après-midi.
- Éviter les tables d'hôtes souvent trop copieuses. S'en tenir au plat principal.
- Diviser en deux le repas prévu et consommer l'autre moitié plus tard.
- Si on a peur d'avoir faim, on peut se dire qu'une collation nous attend…
- Éviter de manger tout votre lunch sous prétexte que vous ne voulez pas gaspiller. Respecter votre faim et votre rassasiement.

J'ai faim.

Je suis rassasié !

J'ai trop mangé.

Repas du midi transformé en repas et collations pour de l'énergie plus soutenue:
La boîte à lunch contient: fromage et biscottes, sandwich (pain de blé entier) à la dinde, crudités, jus de légumes, yogourt, fruit, barre tendre multigrain.

Répartition suggérée

- **Au dîner** : sandwich à la dinde, crudités, jus de légumes, barre tendre multigrain
- **Collation d'après-midi** : fromage et biscottes
- **Collation de retour à la maison** : fruit

TRUC CULINAIRE

Ajoutez du quinoa dans vos soupes au lieu des pâtes blanches ou du riz blanc. Le quinoa ne prend que 15 minutes à cuire ; on peut donc l'ajouter en fin de cuisson.

TRUC À L'ÉPICERIE

Garnissez votre panier d'épicerie de bonnes collations pour les pannes d'énergie.

 Exemples d'aliments qui constituent de bons choix de collations

Yogourt ferme et yogourt à boire, compote de fruits sans sucre, noix, haricots de soya rôtis, tablette de fruits séchés, fromage préportionné, petite boîte de thon, houmous, légumes pour crudités (poivrons, carottes, céleri, fenouil, brocoli, chou-fleur, radis, concombre), fruits séchés, etc.

COMPLÉMENTS NUTRITIONNELS
POUR AUGMENTER L'ÉNERGIE

À moins de carences diagnostiquées – en fer, par exemple – où un supplément peut faire la différence quant au niveau d'énergie, il n'existe pas de vitamine «antifatigue» à proprement parler. Les meilleures astuces antifatigue se trouvent dans une alimentation équilibrée et peu transformée, dans la pratique régulière d'activité physique, dans un sommeil réparateur et dans une bonne gestion du stress.

Conclusion

Pour se sentir en pleine forme, la qualité des ingrédients que nous mettons dans notre estomac est primordiale. Prendre le temps de cuisiner et de se préparer de bons lunchs et des collations débordantes de fruits et de légumes est un investissement garanti.

CHAPITRE 2

Conserver
sa masse musculaire

*De bons aliments pour les muscles :
œufs oméga-3, lait, fromage cottage, volaille,
poisson gras, soya (haricots de soya), boissons de
soya, fruits et légumes en abondance (tous).*

Notre corps contient 639 muscles. À un jeune âge, cette masse musculaire représente environ 30 % de notre poids corporel. À l'âge de 75 ans, cependant, environ 50 % de cette masse musculaire a disparu. On observe, entre autres, que la masse musculaire des bras et des jambes diminue de 15 à 22 % entre 50 et 80 ans environ. La réduction de la masse musculaire liée à l'âge (qui débute aux alentours de 35 ans) est un processus normal de vieillissement, accentué par la sédentarité, une nutrition déficiente et des régimes à répétition. On ne peut pas l'empêcher complètement, mais la bonne nouvelle, c'est qu'on peut atténuer ses effets par une alimentation et des exercices adaptés.

Quelles sont les conséquences de la diminution de masse musculaire ?

* Réduction de la force des muscles
* Moins bonne posture
* Ralentissement du métabolisme ou diminution de la capacité de brûler des calories
* Augmentation du risque de chutes et de fractures
* Diminution des performances physiques
* Diminution de la densité osseuse
* Augmentation du pourcentage de gras dans le corps

Puisque nous perdons progressivement notre force corporelle, nous commençons à craindre les défis physiques…

Qu'est-ce qu'un muscle ?

Imaginons qu'une chaîne soit une protéine. Les maillons de cette chaîne sont les acides aminés. Plusieurs chaînes associées représentent une fibre musculaire. Un muscle est constitué de plusieurs fibres musculaires, un peu comme l'intérieur d'un câble d'acier qui contient plusieurs centaines de fils. Les fibres musculaires sont rattachées au squelette par des tendons.

Le muscle occupe moins de place que la graisse pour un même poids. C'est la raison pour laquelle, lorsqu'on s'entraîne, notre silhouette se modifie sans que le poids diminue sur la balance. On peut changer de trou de ceinture en gardant toujours le même poids. Fiez-vous donc à vos vêtements et à votre reflet dans le miroir pour constater une perte de poids, plutôt qu'à la balance.

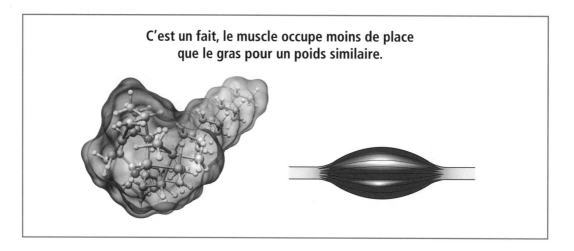

C'est un fait, le muscle occupe moins de place que le gras pour un poids similaire.

Comment préserver notre tissu musculaire ?
De deux façons :

- **En étant actif**
- **En ajustant nos apports alimentaires**

Être actif
Voici les Directives canadiennes en matière d'activité physique.

1. Deux séances par semaine d'activités qui renforcent les muscles et les os

   Les activités de renforcement des muscles développent la musculature. Lors d'activités de renforcement des os, les muscles poussent et tirent sur ceux-ci, ce qui contribue à les rendre plus solides.

   - Exemples d'exercices de renforcement musculaire : effectuer des redressements brachiaux et des redressements assis, soulever des poids et des haltères, monter des marches ou creuser dans le jardin. Le poids corporel peut remplacer les haltères et les appareils de musculation pour une variété d'exercices légers : flexion de jambes en position debout (*squat*), soulèvement du bassin en position couchée sur le dos, jambes fléchies (extension des hanches), se lever d'une chaise.
   - Exemples d'exercices de renforcement des os : le yoga, la marche et la course.

2. Nous devrions être actif au moins **deux heures et demie par semaine** pour en retirer des bienfaits pour la santé et pour le système musculo-squelettique. Il faut mettre l'accent sur **l'activité aérobique d'intensité modérée à élevée.**

   - Les activités d'intensité modérée comprennent la marche rapide, le tapis roulant, le patin et le vélo.

   On considère que l'intensité d'une activité physique est modérée lorsqu'on est essoufflé et que notre fréquence cardiaque est augmentée, que l'on est capable de parler tout en la pratiquant, mais pas de chanter.

   - Les activités d'intensité élevée comprennent la course à pied, le basketball, le soccer et le ski de fond.

   On considère que l'intensité d'une activité physique est élevée lorsque notre fréquence cardiaque est élevée et qu'on ne peut prononcer que quelques mots avant de devoir reprendre notre souffle.

Ajuster ses apports alimentaires

 LES PROTÉINES

Les protéines sont essentielles au maintien des muscles et à la solidité du squelette. Elles contribuent aussi à conserver un bon système immunitaire en augmentant la résistance aux infections. Lors d'exercices musculaires, les protéines de votre alimentation contribuent à réparer les fibres musculaires qui ont trop travaillé, à développer vos muscles et à fournir de l'énergie lors de l'exercice. La plupart des Canadiens consomment suffisamment de protéines. Par contre, si vous augmentez l'intensité de votre entraînement, vous devriez être plus attentif à votre apport en protéines.

Doit-on prendre plus de protéines avant et après les entraînements ?

Avant

Plus le repas pris avant l'entraînement est éloigné, plus il doit être équilibré et complet (c'est-à-dire comportant au moins trois des quatre groupes du Guide alimentaire canadien). Il doit comprendre une bonne quantité de protéines. Plus il est rapproché de l'entraînement, plus il doit être faible en protéines et procurer des glucides, qui seront la principale source d'énergie utilisée.

En tout temps avant de s'entraîner, il faut éviter les excès de gras (friture, beaucoup de noix, viandes grasses, sauces, etc.).

 Exemples de repas avant exercice

Délai avant l'activité	Type de repas	Exemple de menu
3 h à 4 h avant	Repas normal sans friture ni sauce grasse : +++ protéines (15 à 20 g) +++ glucides	1 œuf (protéines), 30 g de fromage maigre (protéines), 2 rôties (glucides), 2 c. à thé (10 g) de margarine non hydrogénée (un peu de bons gras), 2 fruits frais (glucides), 1 petit muffin au son (glucides)
2 h à 3 h avant	Repas léger : ++ protéines maigres (8 g) +++ glucides	1 tasse (250 ml ou 200 g) de gruau cuit (glucides), 2 fruits (glucides), 1 tasse (250 ml) de lait (protéines)
2 h avant	Goûter : + protéines (4 g) ++ glucides	1/2 tasse (100 g) de yogourt (protéines), 1 barre de céréales (glucides), 1 fruit (glucides)
1 h avant	Collation : ++ glucides	1 muffin maison (glucides), 1 fruit (glucides)
30 minutes avant	Très léger : + glucides	1 fruit (glucides) **ou** 1 barre de céréales sans noix ni graines (glucides)

Après

Il peut être indiqué de prendre une collation de récupération juste après l'entraînement. Les collations de récupération sont utiles aux sportifs réguliers (4 fois et plus par semaine) dont l'activité physique est assez intense, pour refaire les réserves musculaires de glycogène et réparer les tissus.

Par exemple, si un repas complet est prévu dans les deux heures suivant l'exercice, et que vous ne prévoyez pas vous entraîner de nouveau dans les 24 prochaines heures, vous n'avez pas à prendre de collation de récupération ; le repas suivant servira à refaire vos réserves.

Si votre repas est prévu beaucoup plus tard (par exemple, vous vous entraînez le matin, à 7 h, et prévoyez dîner à midi), prenez une collation de récupération dans les 30 minutes suivant l'exercice, surtout si vous prévoyez vous entraîner de nouveau dans les 24 heures suivantes. Les personnes qui s'entraînent de façon assez intense presque chaque jour doivent toujours prendre une collation de récupération. Cette collation doit parfois être plus riche en glucides que celles données en exemple ci-après.

La collation doit comprendre au moins trois fois plus de glucides que de protéines (ratio de 3 pour 1) et de 10 à 20 g de protéines.

 Exemples de collations après l'entraînement

- 1 tasse (250 ml) de lait au chocolat
- 1 tasse (250 g) de yogourt aux fruits
- 1 tasse (250 ml) de lait et 1 banane
- 3/4 tasse (175 g) de yogourt nature et 1 barre tendre
- 1 tasse (250 ml) de lait et 1/2 tasse (125 ml) de jus de fruits
- 1 tasse (250 ml) de boisson de soya original et un demi-muffin maison

De quelle quantité de protéines avons-nous besoin chaque jour ?

La recommandation en protéines est depuis longtemps de 0,8 g par kg de poids corporel chez les personnes sédentaires. Par ailleurs, des études récentes mentionnent que la quantité devrait être plus élevée, particulièrement chez les gens âgés, soit de 1 à 1,2 g par kg de poids, sauf chez ceux souffrant de problèmes de reins (ex. : insuffisance rénale).

Besoins en protéines chez les personnes sédentaires

- Les adultes ont besoin de 0,8 g/kg/jour (sujet à augmenter dans les prochaines années jusqu'à 1,2 g/kg).
- Les gens âgés, de 1 à 1,2 g/kg/jour.
- Les femmes enceintes et celles qui allaitent, de 1,1 à 1,3 g/kg/jour.
- Pour les personnes sportives, les besoins en protéines sont plus élevés.

Les besoins en protéines selon le type de sport

Type de sport	Besoins en protéines
Sports esthétiques (gymnastique, danse, arts du cirque)	1,2 à 1,7 g/kg de poids corporel
Sports d'endurance (vélo, course, natation, longues randonnées)	1,2 à 1,6 g/kg de poids corporel
Sports de puissance (haltérophilie, boxe, sprint)	1,6 à 1,8 g/kg de poids corporel

Source : Ledoux, M., St-Martin, G., Lacombe, N. *Nutrition, sports et performance*, éditions Géo Plein air, 2009.

Calcul de la quantité quotidienne de protéines dont vous avez besoin

_____ kg × _____ g/kg = _____ g de protéines par jour

Conversion de lb à kg : _____ lb ÷ 2,2 = _____ kg

Mon objectif recommandé est de _____ grammes de protéines par jour.

Exemple

Vous êtes un homme de 50 ans et vous pratiquez la course à pied trois fois par semaine (activité d'intensité élevée). Votre besoin en protéines est alors, au minimum, de 1,2 g pour chaque kilo de poids, car l'intensité à laquelle vous pratiquez votre sport est élevée. Vous pesez 180 livres.

1. Conversion du poids de livres (lb) à kg : 180 lb ÷ 2,2 = 81 kg

2. Multipliez votre poids en kg par 1,2 g : 81 kg × 1,2 = 97,2 g de protéines/jour.

Quelles sont les bonnes sources de protéines ?

Bonnes sources de protéines	Portion	Quantité de protéines
Viande (ex. : bœuf) Volaille (ex. : poulet) Poisson (ex. : saumon) Fruits de mer (ex. : crevettes)	Grosse comme un jeu de cartes, 90 g (3 oz) cuit	31 g 27 g 20 g 19 g
Légumineuses (lentilles, haricots rouges, pois chiches, etc.) cuites	1 tasse (180 g)	15 g
Œufs	2	12 g
Beurre d'arachide	2 c. à table (30 g)	8 g
Noix	1/4 tasse (36 g)	8 g
Lait	1 tasse (250 ml)	9 g
Yogourt	200 g	8 g
Fromage écrémé dur	30 g (1 oz)	8 g
Tofu régulier	88 g	13 g
Tofu soyeux	75 g	5 g
Fèves de soya rôties à sec	1/4 tasse (30 g)	12 g
Boisson de soya original	1 tasse (250 ml)	7 g

Il est à noter que chaque portion de pain et substituts (pâte, riz, quinoa, biscottes, etc.) fournit entre 2 et 4 g de protéines par portion. La plupart des gens obtiennent de 10 à 20 g de protéines dans leurs portions de pain et substituts.

LE SAVIEZ-VOUS ?

L'œuf, champion de la qualité des protéines

Au chapitre de la qualité des protéines, l'œuf obtient la note de 100 %, car sa valeur biologique (VB) est de 100. La VB d'une source de protéines correspond à la qualité de son utilisation par l'organisme. Elle est déterminée par la composition en acides aminés de la protéine. Le corps a besoin de huit acides aminés essentiels pour produire des protéines. Quand, dans un aliment qui contient des pro-

téines, certains acides aminés sont manquants ou en faible quantité, le corps doit les compléter avec d'autres aliments protéinés comprenant l'acide aminé manquant ou limitant, ce qui allonge le processus. Plus la VB est élevée, plus la capacité des protéines à remplir leur rôle de reconstruction musculaire est rapide et efficace. L'œuf contient des protéines d'excellente qualité, qui sont la référence quand on compare la qualité protéique de différents aliments. On dit que l'œuf a une VB de 100. Si votre taux de cholestérol n'est pas trop élevé, vous pouvez manger un œuf chaque jour sans vous inquiéter.

Si par contre votre cholestérol est trop élevé, ne dépassez pas deux jaunes d'œufs par semaine ou misez sur les blancs d'œufs, qui contiennent les protéines mais pas le cholestérol. Vous pouvez aussi vous tourner vers les substituts d'œufs Egg Beater, qui ne contiennent pas non plus de cholestérol.

En plus de ses excellentes protéines, l'œuf contient de la vitamine D et des antioxydants (lutéine et xéaxanthine), qui contribuent à protéger les yeux de la dégénérescence maculaire (maladie de la rétine qui provoque un affaiblissement des capacités visuelles). En comparaison à l'œuf, la VB de la viande est de 80, celle du poulet de 79, du poisson de 83, du lait de 91 et du soya de 74. La valeur biologique des céréales, noix, graines et légumineuses est généralement en bas de 60.

Privilégiez les **œufs oméga-3**, car ils contiennent plus d'acide alpha-linolénique (AAL), un type d'acide gras oméga-3 dont on devrait augmenter notre apport. Les œufs oméga-3 sont produits par l'ajout à l'alimentation de la poule de la graine de lin, dont le contenu est élevé en AAL. Un œuf oméga-3 procure 0,4 g d'AAL. L'apport recommandé en AAL chez les hommes est de 1,6 g par jour et chez les femmes de 1,1 g par jour.

Répartissez vos apports en protéines assez également au cours des trois repas.
Il y aurait une limite quant à la quantité de protéines dans un seul repas que le corps peut utiliser pour fabriquer des muscles (limite autour de 30 g). Les excès, s'il y en a, serviront de source d'énergie ou se stockeront sous forme de graisse. Par ailleurs, chez les athlètes ou les personnes pratiquant le culturisme, il est fort probable que le corps puisse utiliser plus de 30 g de protéines par repas.

Nos menus typiques comprennent **peu de protéines au déjeuner**, moyennement au dîner et **beaucoup au souper**. Il serait préférable de répartir nos apports en protéines assez également au cours des trois repas. De plus, des études du chercheur Christos Katsanos de l'université de l'Arizona montrent que chez les adultes âgés, une quantité plus grande d'acides aminés que chez les jeunes est nécessaire pour stimuler la fabrication de muscles. Il serait préférable qu'une grande partie des protéines dans l'alimentation (environ 60 %) proviennent des protéines à haute valeur biologique (protéines animales) comme celles des viandes maigres, des fruits de mer, de la volaille, du poisson, des œufs et des produits laitiers. En effet, leur composition en acides aminés est mieux équilibrée que celle des protéines végétales, à l'exception du soya.

Contrairement aux glucides et aux lipides, l'organisme ne fait pas de réserves de protéines pour pallier les manques ici et là dans notre alimentation. Tout besoin accru en protéines se traduit par la « consommation » d'autres protéines, notamment celles présentes dans les muscles.

Ajoutez plus de protéines animales ou de soya aux repas du déjeuner : œufs oméga-3, fromage léger, poulet, dinde, beurre de soya, tofu soyeux, boisson de soya enrichie, lait, yogourt, saumon fumé. Par exemple, un bol de céréales avec un jus de fruit pour déjeuner n'est pas suffisant en terme de quantité de protéines. Un ajout d'œuf ou de noix permettrait de le rendre plus riche en protéines.

Avons-nous besoin de suppléments de protéines ?

En théorie, non, car les sources de protéines sont nombreuses. Par ailleurs, pour les gens qui ont peu d'appétit, qui n'arrivent pas à cuisiner convenablement ou qui sautent des repas, il peut être indiqué de se procurer de la protéine de petit-lait – nommée *whey* en anglais – dont la qualité protéique (valeur biologique) est légèrement supérieure à l'œuf (VB = 106 et plus). Une portion de ces suppléments contient généralement 25 g de protéines. Il ne sert à
rien de prendre ce surplus au repas si vous avez déjà un bon apport en protéines. Le surplus, si non nécessaire, se transformera en gras. Si vous vous procurez un supplément de *whey*, il ne doit pas contenir de sucres ajoutés. Lisez bien la liste d'ingrédients.

Menu déjeuner

 Exemples de déjeuners avec 20 g de protéines environ

- Bleuets et fraises
- 2 rôties multigrains
- 1 œuf oméga-3
- 1 tasse (250 ml) de boisson de soya

- 1 portion de céréales
- 1 tasse (250 ml) de lait
- 1 orange
- 1 tranche de pain multigrain
- 2 c. à table (30 g) de beurre de soya

- 1 muffin anglais de blé entier
- 1 œuf
- 2 tranches (20 g) de saumon fumé
- 1 yogourt grec (100 g)
- 1 c. à table (15 g) de graines de lin moulues
- Mangue et kiwi

- Smootie soyeux : 100 g de tofu soyeux, 100 g de framboises, 1 c. à table (15 ml) de sirop d'érable dans le mélangeur électrique
- 1 tranche de pain
- 2 oz (60 g) de poitrine de poulet

Déjeuner protéiné pour petit appétit

Mettre dans le mélangeur électrique :

- 1 à 2 c. à table (15 à 30 g) de poudre de lait écrémé
- 1/2 tasse (80 g) de fraises
- 1/2 banane coupée en morceaux
- 1/2 tasse (125 ml) de lait écrémé
- 1/2 tasse (125 ml) de yogourt à la vanille
- Quelques glaçons (facultatif)

Que penser des substituts de repas liquides ?

Les suppléments liquides de type Ensure ou Boost hyperprotéiné sont utiles lorsqu'une condition physique entrave notre appétit ou notre mastication. Les gens qui ont perdu du poids non intentionnellement à la suite d'une maladie, d'une opération ou autre peuvent compléter leur alimentation avec ces suppléments, afin d'élever le nombre de calories et la quantité de protéines.

2 LA VITAMINE D

Plusieurs études indiquent que la vitamine D joue un rôle dans le développement et la conservation de la masse musculaire et de ses fonctions.

Santé Canada recommande aux adultes de 50 ans et plus de prendre un supplément de 400 UI de vitamine D par jour, car il est difficile de combler ses besoins uniquement par l'alimentation. La vitamine D joue également un rôle essentiel en ce qui concerne la santé osseuse et contribue à l'immunité. Lors de votre prochain examen général, demandez que l'on dose la vitamine D dans votre sang afin de valider la nécessité ou non de prendre un supplément de vitamine D et la quantité recommandée.

Meilleures sources de vitamine D : lait et yogourt enrichis, boissons de soya, d'amande et de riz enrichies, poisson gras, œuf, foie de bœuf.

3 RÉDUIRE LA CHARGE ACIDE

Il semble qu'un apport excessif en acide provenant de la digestion de certains aliments (viandes et produits céréaliers notamment), combiné à une consommation faible de fruits et de légumes, ait un effet négatif sur la santé musculo-squelettique, car ce type d'alimentation générerait trop d'acides.

Augmenter l'apport en fruits et en légumes, notamment à cause de leur contenu en potassium, est potentiellement bénéfique pour la santé des os et des muscles, de même que limiter les excès de viande rouge et de féculents raffinés (riz blanc, pain blanc, desserts, biscuits, etc.). Ce n'est pas une tranche de steak qui cause problème, mais une alimentation non variée, non équilibrée et qui comprend peu de fruits et de légumes.

De combien de fruits et de légumes avons-nous besoin par jour ?

Beaucoup ! Voici une façon simple de se représenter la quantité de fruits et de légumes dont nous avons besoin chaque jour : la quantité doit correspondre à 1 litre en volume, comme le volume d'un litre de lait, d'un litre de jus ou d'un litre d'eau.

➜ anti-acides

4 ACIDE FOLIQUE (VITAMINE B9) ET VITAMINE B12

De récentes études suggèrent que la vitamine B12 ou l'acide folique puissent jouer un rôle en améliorant les fonctions des muscles et leur force. Il est donc important de s'assurer que nos réserves sont suffisantes. Lors de votre prochain examen général, demandez que l'on dose ces vitamines dans votre sang.

Meilleures sources d'acide folique : abats, foie, légumineuses, asperge, brocoli, pâtes alimentaires, soya, tournesol, betterave.

Meilleures sources de vitamine B12 : palourdes, foie, huîtres, bœuf, poisson, agneau, œufs, produits laitiers.

5 LEUCINE

La leucine est un acide aminé essentiel qui aide à mieux assimiler les protéines et joue un rôle important dans le métabolisme musculaire. Des études récentes évaluent l'apport optimal à environ 2,5 à 3 g de leucine par repas. La leucine est plus concentrée dans les aliments du règne animal que végétal. Il semble donc plus approprié de toujours combiner une source de protéines végétales (ex.: des lentilles) avec une source de protéines animales (ex.: du fromage) pour combler plus facilement notre besoin en leucine.

Aliments	Quantité de leucine (g)
Protéines de petit-lait (*whey*) (25 g)	2,5
Poulet (100 g)	2,4
Porc (100 g)	2,2
Bœuf haché maigre (100 g)	2,0

Aliments	Quantité de leucine (g)
Poisson et crustacés (100 g)	1,8
Noix de soya (1/3 tasse ou 40 g)	1,6
Tofu (100 g)	1,2
Beurre d'arachide (2 c. à table ou 30 g)	0,5
Fromage cottage (1/2 tasse ou 125 g)	1,4
Fromage cheddar (30 g)	0,7
Yogourt nature (175 g) ou 1 tasse (250 ml) de lait	0,7
Œuf (1)	0,5
Légumineuses (3/4 tasse ou 150 g)	1,0
Graines (sésame, tournesol, citrouille) (30 ml ou 15 g)	0,2

Recette
SALADE DE LENTILLES ET THON

Ingrédients
- 1 boîte (540 ml) ou 400 g de lentilles vertes cuites, égouttées
- 1 boîte (398 ml) ou 275 g de maïs entier cuit, égoutté
- 2 boîtes (2 X 120 g) de thon égoutté
- 1 poivron rouge coupé
- 1 tomate coupée
- 2 c. à table (30 ml) de vinaigre balsamique
- 2 c. à table (30 ml) d'huile d'olive
- 1/4 tasse (60 ml) d'olives vertes tranchées
- Poivre

Préparation
Mélangez le tout et régalez-vous !

Donne 3 portions.

Valeur nutritive
Calories : 330 ; protéines : 26 g ; fibres : 8 g ; leucine : 2,8 g

Autre possibilité pour plus de protéines

Remplacer ceci...	Par ceci
Fromage à la crème	Fromage à pâte dure
Tranches de dinde en viandes froides	Poitrine de dinde cuite au four
Sauce aux légumes	Sauce aux lentilles ou à la viande maigre
Yogourt habituel	Yogourt grec
Soupe poulet et nouilles	Soupe minestrone
Confiture	Beurre d'arachide ou beurre de noix, ou encore beurre de soya

TRUCS CULINAIRES

Ajoutez des noix dans vos salades, des légumineuses dans vos soupes, du fromage sur vos plats au four, du beurre de noix sur vos rôties, du lait écrémé en poudre au gruau et aux œufs brouillés, du yogourt sur vos fruits, etc.

TRUC À L'ÉPICERIE

Garnissez votre panier d'épicerie de sources de protéines maigres.

Les meilleures sources de protéines maigres

Volaille sans la peau, poisson, fruits de mer, viande maigre (bœuf extramaigre, filet de porc, cheval, bison, cerf, émeu, orignal, chevreuil), œufs, fromage allégé (pas plus de 15 à 20 % de matières grasses), yogourt, lait, boisson de soya, légumineuses et tofu.

Réduction de la masse musculaire en fonction de l'âge

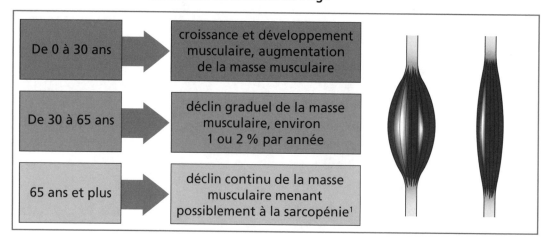

---

1. La sarcopénie est un syndrome observé chez les personnes âgées qui se caractérise dans un premier temps par une diminution du tissu musculaire. En s'aggravant, elle entraîne une détérioration de la force musculaire et des performances physiques. On peut la prévenir par l'exercice et une alimentation adéquate.

Effets des régimes sur la perte de tissu musculaire

Perdre du poids, sans faire d'entraînement musculaire, peut faire perdre du muscle dans une proportion d'environ 25 % du poids perdu. Ce qui veut dire que si vous avez perdu 50 livres (23 kg), 12,5 livres (6 kg) risquent d'être du muscle perdu. Pour chaque kilo de muscle perdu, nous perdons la capacité de brûler environ 10 à 15 calories. Donc, dans cet exemple-ci, une perte de 50 livres (23 kg) au total représente une baisse de la capacité de brûler 60 à 90 calories par jour ! C'est une des raisons pour lesquelles il est si facile de reprendre le poids perdu lorsque le régime est terminé.

Avant d'entreprendre de perdre votre surplus de poids, assurez-vous d'être prêt et motivé à vous livrer à un entraînement musculaire. La combinaison exercice et réduction des calories permettra une perte de poids plus saine, vous procurera plus d'énergie et vos muscles seront davantage épargnés ! Le besoin en protéines lors d'un programme de perte de poids avec entraînement musculaire est de 1,2 à 1,6 g/kg/jour.

COMPLÉMENTS NUTRITIONNELS
POUR CONSERVER SA MASSE MUSCULAIRE

Vitamine D

Une déficience en vitamine D peut être associée à de la faiblesse musculaire et à de la douleur, autant chez les enfants que chez les adultes. Si vous soupçonnez une carence en vitamine D, demandez à votre médecin de vous prescrire une analyse sanguine de la vitamine D. Si vous avez plus de 50 ans, pensez à vous procurer un supplément de vitamine D (400 UI par jour) comme le recommande Santé Canada.

Conclusion

Maintenir un maximum de tonus musculaire a de nombreux avantages sur la qualité de vie (plus de force, de confiance en ses capacités, moins de blessures, etc.). Les protéines jouant un rôle crucial dans le maintien de la masse musculaire, il est important de combiner dans son alimentation des protéines de source animale et de source végétale. Par ailleurs, augmenter son apport en protéines au-delà de ses besoins sans augmenter son niveau d'entraînement musculaire procurerait inutilement des calories excédentaires. Bref, ne vous contentez pas d'ajuster votre panier d'épicerie en choisissant des aliments riches en protéines, ajustez aussi votre style d'entraînement pour y inclure des exercices de renforcement musculaire.

CHAPITRE 3

Améliorer votre digestion et éliminer normalement

De bons aliments pour une digestion et une élimination normales : eau, yogourt, quinoa, sarrasin, avoine, fibres solubles et insolubles (son d'avoine, graines de lin, graines de chia, céréales de son, psyllium), fruits et légumes variés.

Subir une digestion laborieuse, des maux de ventre, des ballonnements, des diarrhées ou de la constipation est le lot de bien des gens, et leur qualité de vie s'en trouve grandement réduite. Ces personnes essaient de trouver les aliments à la source de leurs maux, ce qui les amène souvent à suivre des diètes restrictives, où le plaisir de manger est très diminué.

Grâce à de petits changements dans ses habitudes alimentaires (ex.: fractionner les repas, boire en dehors des repas, etc.), on peut retrouver cette sensation de légèreté conséquente à une bonne digestion et à une élimination adéquate.

Le tube digestif comporte plusieurs parties. Il y a d'abord l'appareil buccal (relié à la bouche) qui comprend les lèvres, la langue, les dents et le pharynx.

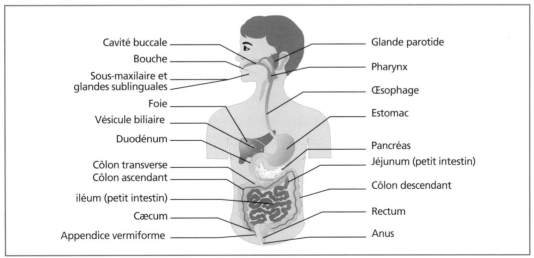

Cavité buccale — Glande parotide
Bouche — Pharynx
Sous-maxilaire et glandes sublinguales — Œsophage
Foie — Estomac
Vésicule biliaire —
Duodénum — Pancréas
Côlon transverse — Jéjunum (petit intestin)
Côlon ascendant — Côlon descendant
iléum (petit intestin) —
Cæcum — Rectum
Appendice vermiforme — Anus

La digestion débutant dans la bouche, il est important de bien mastiquer ses aliments, ce qui veut dire prendre un peu plus de temps pour manger. Beaucoup d'aliments causant de l'inconfort digestif comme les crudités, les salades ou les noix seraient mieux tolérés s'ils étaient bien mastiqués. Les personnes qui ont des troubles de mastication peuvent avoir des problèmes avec les aliments crus.

Les aliments descendent ensuite dans l'œsophage pour atteindre l'estomac. Dans celui-ci, grâce à l'action des muscles et des sucs gastriques (acide), les aliments sont transformés en pâte liquide. La digestion des protéines (provenant de la viande, des produits laitiers, etc.) débute dans l'estomac grâce à l'action d'enzymes. Certaines personnes produisent plus d'acide que d'autres dans l'estomac, ce qui peut provoquer des brûlures d'estomac (gastrite), des remontées acides (pyrosis ou reflux gastro-œsophagien) ou même une digestion anormale ou lente nommée dyspepsie, aussi appelée à tort « foie lent ».

Puis, les aliments progressent vers l'intestin où ils seront rétrécis (réduits en minuscules morceaux), afin de pouvoir être absorbés et de passer dans le sang dans le but de nourrir toutes les cellules du corps. Par exemple, l'amidon du pain que vous avez mangé au déjeuner doit être transformé en glucose avant de pouvoir être absorbé et vous procurer de l'énergie. L'amidon est en fait constitué de plusieurs molécules de glucose attachées ensemble et qui doivent être coupées pour être absorbées. Le travail de digestion qui se fait dans l'intestin exige l'aide d'enzymes (ex. : l'enzyme lactase sert à digérer le lactose du lait). Les enzymes sont comme de petits travailleurs qui s'acharnent sur les aliments pour les couper en très petits morceaux afin qu'ils puissent être absorbés. Certaines personnes manquent génétiquement de ces enzymes, ce qui rend difficile la digestion de divers aliments, comme le lait si l'on manque de lactase pour digérer le lactose qu'il contient. Ce genre d'intolérance peut mener à des troubles digestifs tels que les ballonnements, les selles molles et les crampes. La prise d'enzymes de digestion comme la lactase peut permettre de digérer des aliments mal tolérés.

Le foie sécrète de la bile dans l'intestin afin de favoriser une meilleure digestion des graisses. Les bonnes bactéries présentes dans l'intestin participent aussi à la digestion. C'est la raison pour laquelle une flore intestinale en santé permet une meilleure digestion et absorption des nutriments. D'ailleurs, après la prise d'antibiotiques, qui détruisent une bonne partie de la flore intestinale, certaines personnes auront, jusqu'au rétablissement de la flore, des selles plutôt molles et diarrhéiques, en plus d'une moins grande tolérance à certains aliments. Le rôle des probiotiques pour prévenir ces symptômes est à l'étude, et les résultats sont très prometteurs.

Finalement, après la digestion et l'absorption des nutriments, les restes (déchets), composés principalement de fibres, de cellules mortes et d'eau, progressent vers le gros intestin et se rendent jusqu'au rectum où ils seront évacués sous forme de selles. Avant l'élimination, une partie de l'eau est réabsorbée dans le gros intestin, sans quoi les selles seraient trop liquides. Un manque de fibres et d'eau dans l'alimentation peut causer de la constipation par manque de volume des selles. Cette constipation peut être à l'origine de diverticules qui se forment dans le gros intestin, après une trop forte pression sur la paroi de l'intestin dans une zone de faiblesse de la paroi du côlon. C'est pourquoi une alimentation riche en fibres et en eau contribue à la santé intestinale.

Certains sucres non digérés par tous (oligosaccharides des légumineuses, fructans du blé et des oignons, etc.) se retrouvant dans le côlon peuvent engendrer un ballonnement excessif et provoquer de la douleur chez les gens atteints du syndrome de l'intestin irritable. Une diète personnalisée doit être mise en place pour identifier les aliments en cause.

Les troubles digestifs en chiffres

Vingt millions de Canadiens souffrent chaque année de troubles digestifs, selon la Fondation canadienne de la santé digestive.

La plupart des troubles digestifs sont bénins, mais ils peuvent diminuer énormément la qualité de vie. Ils représentent rarement des maladies aiguës et graves, mais s'ils persistent, s'intensifient ou occasionnent de la douleur, il faut consulter un spécialiste pour qu'un diagnostic précis soit posé.

En effet, dans certains cas, ces symptômes sont la cause de maladies plus graves comme la maladie de Crohn, la colite ulcéreuse, une diverticulite (petites «poches» de la taille d'une bille, à différents endroits du gros intestin, qui peuvent s'infecter) ou même un cancer.

Nous ne sommes pas seulement ce que nous mangeons, mais aussi ce que nous absorbons et éliminons. Connaître les aliments, les habitudes et comportements alimentaires qui favorisent une digestion et une élimination normale peut améliorer grandement notre qualité de vie.

Quelles sont les causes des troubles digestifs ?

Elles sont très nombreuses. Ces troubles peuvent être causés par une intolérance (lactose) ou une allergie à des aliments (gluten), par des bactéries (H. pylori dans les cas d'ulcères). Ils peuvent aussi être d'ordre anatomique (diverticules, hernie) ou mécanique (obstruction intestinale). Les hormones peuvent aussi être en cause.

Le stress, la fatigue, l'anxiété et le surplus de poids sont des facteurs qui favorisent les troubles digestifs, tout comme le fait de prendre un repas trop copieux et bien arrosé.

Voyons, dans un premier temps, **les recommandations générales pour favoriser une bonne digestion** quand on souffre de troubles digestifs.

HABITUDES ALIMENTAIRES À CHANGER

- Évitez une alimentation riche en mauvaises graisses (*fast food,* viandes grasses, charcuteries, croustilles, etc.) et en desserts et pâtisseries.
- Évitez de consommer de la gomme à mâcher de même que des boissons gazeuses et des eaux gazéifiées, qui occasionnent de l'aérophagie. Attention aussi aux édulcorants artificiels présents dans la gomme à mâcher ou les bonbons (sorbitol, mannitol, xylitol, etc.), qui peuvent causer des ballonnements.
- Attention aux excès d'aliments acides ou irritants (café, alcool, boissons gazeuses, boissons énergisantes, chocolat, épices).

- Fractionnez vos repas (mangez moins mais plus souvent) si le fait de manger trois repas par jour amène trop d'inconfort (reflux acides, ballonnements, etc.).
- Buvez suffisamment (en dehors des repas en cas de reflux acides). Évitez les breuvages trop chauds ou trop froids.
- Mangez lentement et mastiquez bien.
- Soyez actif régulièrement.
- Trouvez des moyens de diminuer votre stress (marche, méditation, yoga).
- Tenez un journal alimentaire où vous noterez vos symptômes pour identifier plus facilement les possibles aliments en cause dans vos troubles digestifs.

Digestion lente et laborieuse : quoi faire ?

Appelée à tort *foie lent* ou *paresseux*, la dyspepsie, cette sensation de lourdeur digestive, de trop-plein ou de gonflement accompagnée d'éructations (rots) qui survient pendant ou après le repas, touche de 25 à 40 % des adultes.

Plusieurs causes peuvent expliquer la dyspepsie, c'est pourquoi il faut consulter un médecin afin d'en connaître la source. Si, après des examens médicaux, le médecin ne trouve pas la cause de votre trouble digestif, ça ne signifie pas que le problème n'est pas réel ; c'est simplement qu'il n'est pas causé par une maladie ou une lésion visible. Dans ce cas, on parlera de dyspepsie fonctionnelle.

Il est connu qu'une mauvaise alimentation (trop de gras, trop de sucres, pas assez de fruits et de légumes), la sédentarité, l'abus d'alcool, le tabagisme et le stress peuvent exacerber les symptômes.

La gestion du stress semble être au cœur des stratégies à mettre en place pour réduire les symptômes de la dyspepsie, en plus des bonnes habitudes de vie.

Les recommandations alimentaires contre la dyspepsie sont les mêmes que les recommandations générales pour favoriser une bonne digestion (voir plus haut).

COMPLÉMENTS NATURELS
POUR LE CONTRÔLE DE LA DYSPEPSIE

N.B. : Plusieurs produits de santé naturels comportent des contre-indications relativement à certains médicaments, ou sont contre-indiqués lors de la grossesse ou de l'allaitement. Avant de vous procurer un produit de santé naturel, demandez l'avis de votre médecin ou pharmacien.

Artichaut

Cette plante pourrait apporter un certain soulagement lors de dyspepsie fonctionnelle. Elle a la propriété de faire augmenter la production de bile, ce qui facilite la digestion. La cynarine est l'ingrédient actif de la plante. On peut se la procurer en herbes séchées (tisane d'artichaut) ou en extrait concentré.

Contre-indications de l'artichaut

Il est contre-indiqué si l'on souffre de calculs biliaires, d'obstruction des voies biliaires ou d'allergie aux plantes de la famille des composées (marguerites, asters, camomille, etc.).

Ballonnements, gaz, gonflement abdominal : quoi faire ?

Ces symptômes sont souvent associés au syndrome de l'intestin irritable (SII) caractérisé par une modification de la fréquence et de la consistance des selles (dures ou liquides), une modification du type d'évacuation (urgence d'aller à la selle, difficulté à évacuer, évacuation incomplète), un gonflement abdominal ou des ballonnements, ainsi que par la présence de mucus. Le SII est la deuxième cause d'absentéisme au travail et même à l'école ; c'est dire à quel point il provoque des symptômes importants. Un Canadien sur sept en souffre.

Une certaine proportion de gens souffrant du syndrome de l'intestin irritable peut présenter une intolérance à des sucres présents naturellement dans les aliments, comme le fructose, le lactose, les polyols (sorbitol, mannitol, xylitol, maltitol), les fructans et les galacto-oligosaccharides. Mal absorbés, ces sucres pourraient contribuer aux ballonnements, aux gaz et même aux crampes et aux selles molles. Il n'est pas question ici d'intolérance aux sucres ajoutés aux aliments, mais à des sucres présents à l'état naturel dans les aliments, comme les sucres présents dans les fruits.

En effet, des sucres non digérés arrivent dans le petit intestin et fermentent (la fermentation est associée à la production de gaz), occasionnant notamment un gonflement abdominal. Les gens aux prises avec le SII sont plus sensibles que les autres à la douleur causée par le gonflement abdominal, car leur intestin est hypersensible.

Depuis quelques années, une diète faible en sucres qui fermentent, appelée LOW FODMAP DIET (diète faible en FODMAP) et élaborée par une nutritionniste australienne (Dre Sue Shepherd), a fait l'objet d'études très sérieuses dont les résultats sont significatifs pour la gestion du SII et des ballonnements.

Une diète faible en FODMAP procurerait un soulagement chez 75 % des gens atteints du SII.

Que veut dire FODMAP ?

C'est un acronyme qui signifie :

F = Fermentescibles (qui peuvent fermenter)

O = Oligo → fructanes et galacto-oligosaccharides (GOS)

D = Disaccharides → lactose

M = Monosaccharides → fructose (en excès du glucose)

A = And (et)

P = Polyols → sorbitol, mannitol, xylitol, maltitol

FODMAP	Sources les plus concentrées en FODMAP
Fructanes	Blé (raffiné ou entier), seigle, oignon, ail, artichaut
Galacto-oligosaccharides (GOS)	Légumineuses (lentilles, pois, haricots)
Lactose	Lait
Fructose	Pomme, poire, melon d'eau, mangue, miel
Sorbitol	Pomme, poire, abricot, cerises, litchi, prune, menthes et gomme sans sucre
Mannitol	Champignons, chou-fleur, menthes et gomme sans sucre

Si vous soupçonnez que le lactose, présent en grande quantité dans le lait, ou le fructose, également présent en grande quantité dans les pommes, les poires, les mangues et le melon d'eau, vous causent des problèmes, demandez à votre médecin de passer des tests d'intolérance au lactose et au fructose avant de les exclure à vie de votre alimentation.

Les tests d'intolérance au lactose et ceux de malabsorption du fructose sont appelés *hydrogen breath tests*. Le *breath test* pour le lactose s'effectue ainsi : on fait prendre au sujet 50 g de lactose. Si une partie du lactose est non digérée, elle fermentera et de l'hydrogène en sera libéré. C'est la quantité d'hydrogène expirée par le sujet qui est mesurée. La dose qui induit des symptômes est généralement de plus de 25 g, la quantité que l'on retrouve dans 2 tasses de lait. Chez les personnes intolérantes au lactose, une dose de 12 g est généralement tolérée. À noter par contre que l'intolérance au lactose est surestimée chez les gens souffrant du syndrome de l'intestin irritable. Pour le test de malabsorption du fructose, on donne généralement une dose de 25 g de fructose lors du test. Si vous pensez être intolérant, sachez que des tests existent.

Si vous souffrez de ballonnements importants accompagnés d'autres symptômes tels que des crampes, des selles irrégulières ou des flatulences, vous pourriez essayer de diminuer les FODMAP pendant 6 à 8 semaines, afin de voir si votre état s'améliore. Si c'est le cas en suivant cette diète, consultez un ou une nutritionniste pour vérifier si votre alimentation est complète et équilibrée malgré les aliments mis de côté. Cette personne pourra aussi suggérer de faire des tests de réintroduction des aliments, afin d'identifier le ou les groupes d'aliments qui sont vraiment en cause (lactose, fructose, fructans, etc.). Pour la plupart des gens atteints du SII, la réintroduction de petites quantités de lactose (par le lait) ou de fructans (par le pain de blé), par exemple, ne cause pas de problème, car il ne s'agit pas d'allergies. Il faut identifier les aliments et les quantités qui aggravent nos symptômes.

Allergie au gluten et intolérance aux fructanes

Il est important de ne pas confondre l'allergie au gluten et l'intolérance aux fructans. Le gluten est une protéine et les fructanes, une sorte de sucre. L'allergie au gluten nécessite de l'exclure complètement de son alimentation (sans y laisser de traces). À noter que cette allergie doit avoir été diagnostiquée. Lors de ballonnements intenses associés à la douleur, diminuer la consommation de produits à base de blé (pain, céréales, pâtes, produits de boulangerie, etc.), d'orge et de seigle (à cause de leur teneur élevée en fructans et non à cause du gluten) peut grandement aider à soulager les symptômes sans toutefois les éliminer complètement. Ainsi, pour réduire la présence de fructanes, au lieu de manger matin, midi et soir des produits de blé raffinés ou de blé entier, il est suggéré de varier les sortes de produits céréaliers en introduisant notamment plus de riz brun, de quinoa et d'avoine.

Il est possible aussi que d'autres constituants du blé (inhibiteurs enzymatiques) créent de l'inflammation dans l'intestin des gens souffrant du SII. Cela reste à être démontré cliniquement.

Solutions pour moins de ballonnements et de gaz reliés au SII

Remplacer ceci (riches en FODMAP)...	Par ceci (pauvres en FODMAP)
Pain blanc, farine blanche, pâtes blanches, pâtes de blé entier, céréales de blé, muesli, couscous, pain sous-marin, pain hamburger, pain de seigle, craquelins de seigle, orge	Pain d'épeautre, pain de riz brun, pâtes de quinoa, pâtes de riz, gruau, céréales d'avoine, son d'avoine, son de riz, polenta, sarrasin, tapioca, produits sans gluten (parce qu'ils contiennent peu de fructanes)
Pomme, poire, mangue, papaye, melon d'eau, pêche, abricot, mûres, cerises, litchi, nectarine, prune	Banane, orange, kiwi, raisin, fraises, framboises, bleuets, pamplemousse, cantaloup, grenade, ananas, rhubarbe, citron, lime, mandarine
Asperges, pois sucrés, artichaut, choux de Bruxelles*, chou*, feuille de pissenlit, fenouil, ail*, poireau*, oignon*, échalote*, pois, chou-fleur*, champignons	Céleri, poivrons vert, jaune, rouge, orange, tomate, haricots verts et jaunes, épinards, carotte, pomme de terre, navet, laitue, concombre, aubergine, ciboulette, gingembre, laitue, olives, panais, courgette, brocoli
*Lait, lait évaporé condensé, fromage mou (cottage, ricotta, etc.), crème glacée, costarde et pouding au lait	Lait sans lactose, fromage dur, boissons végétales de soya, de riz, d'amande enrichies, pouding de soya, yogourt nature (Le yogourt est bien toléré même s'il contient du lactose, car il renferme des bactéries qui dégradent ce dernier.)
Fructose, miel, sirop de maïs élevé en fructose, solide de sirop de maïs, jus de fruits concentrés, sirop d'agave, sucralose, sorbitol, xylitol, mannitol, maltitol, isomalt	Sirop d'érable, sucre blanc, cassonade, sucre de canne non raffiné
Légumineuses*	Tofu, tempeh, arachides
Pistaches, noix d'acajou	Noix de macadamia, noix de Grenoble, noix de pin, amandes, noisettes, avelines, toutes les graines

*Le produit Beano en vente libre peut aider à mieux tolérer ces aliments.

Recette

MUFFINS TENDRES AU SON D'AVOINE ET FRAMBOISES

Ingrédients

- 1/3 tasse (75 ml) d'huile d'olive extra vierge ou de canola
- 2/3 tasse (160 ml ou 150 g) de sucre brun ou de cassonade
- 2 œufs
- 1 tasse (250 ml) de boisson de soya à la vanille
- 1 1/2 tasse (375 ml ou 190 g) de farine d'épeautre
- 1 1/4 tasse (310 ml ou 125 g) de son d'avoine
- 1 c. à thé (5 ml/g) de poudre à pâte ou de levure chimique
- 1/2 c. thé (2,5 ml/g) de soda à pâte ou de bicarbonate de soude
- 1/4 c. à thé (1,25 ml ou 1,5 g) de sel
- 3/4 tasse (175 ml ou 185 g) de framboises légèrement décongelées

Préparation

Préchauffer le four à 400 °F (200 °C).

1. Dans un grand bol, fouettez l'huile, le sucre brun et les œufs. Ajoutez la boisson de soya.

2. Mélangez les ingrédients secs et les framboises. Ajoutez le liquide à la préparation et mélangez.

3. Mettez le mélange dans des moules à muffins graissés et faites cuire de 15 à 18 minutes.

Les crudités et les salades vous irritent ?

Les crudités et les salades de légumes crus ne causent pas le syndrome de l'intestin irritable. Toutefois, elles peuvent déclencher des crises lorsque l'intestin est déjà le siège d'une irritation permanente et qu'elles sont consommées dans un estomac vide.

Comment faire pour les consommer ?

Il faut consommer les salades de légumes crus à la fin des repas et en quantité modérée, accompagnées de féculents comme le riz, les pommes de terre et les pâtes. Une salade-repas à base de légumes n'est donc pas conseillée si l'on souffre du syndrome de l'intestin irritable.

N.B. : Plusieurs produits de santé naturels comportent des contre-indications relativement à certains médicaments, ou sont contre-indiqués lors de la grossesse ou de l'allaitement. Avant de vous les procurer, demandez l'avis de votre médecin ou pharmacien.

Probiotiques

Les études ont démontré des différences dans la flore intestinale des gens atteints du SII, comparé aux sujets en santé.

En général, on observe moins de lactobacilles et de bifidobactéries (bactéries bénéfiques) dans la flore des gens atteints du SII et une plus grande concentration d'espèces comme les entérobactéries, les coliformes et les bactéroïdes (bactéries indésirables).

Il y a beaucoup de suppléments de probiotiques sur le marché et ils ne sont pas tous efficaces et recommandés. Pour le SII, on recommande un probiotique comprenant les deux souches suivantes ou l'une ou l'autre, car elles ont démontré des effets positifs dans la réduction des symptômes du SII. Il s'agit de *Bifidobacterium iinfantis 35624* et de *Lactobacillus plantarum 299v*. Les effets cliniques des probiotiques dépendent de souches bactériennes spécifiques. Ainsi, tous les *bifidobacterium infantis* n'ont pas les mêmes effets. Il est important de voir sur le produit que vous achetez le nom spécifique de la souche. Dans ce cas-ci, *Bifidobacterium iinfantis* **35624** et *Lactobacillus plantarum* **299v**. Demandez à votre pharmacien de vous guider vers le bon produit. Sachez toutefois qu'il est possible que l'on découvre d'autres souches utiles pour combattre le SII, puisque la recherche évolue très rapidement dans le domaine des probiotiques.

Iberogast

STW 5 (Iberogast) est un produit de santé naturel qui contient l'extrait de neuf herbes : Iberis amara, angélique, chardon-Marie, graines de carvi, feuille de mélisse, chélidoine, racine de réglisse, feuille de menthe poivrée, camomille. Il est recommandé pour aider à soulager les symptômes suivants : dyspepsie non spécifique (digestion lente ou foie lent), brûlures d'estomac, nausée, ballonnement, crampes, douleurs à l'estomac, syndrome de l'intestin irritable.

Huile essentielle de menthe poivrée

Elle agirait comme antispasmodique. Plus précisément, elle bloquerait l'influx du calcium vers les muscles de l'intestin, empêchant ainsi les spasmes, ce qui permettrait de réduire les crampes et la douleur associées au syndrome de l'intestin irritable.

L'huile essentielle de menthe poivrée est contre-indiquée par voie interne en cas d'obstruction des voies biliaires, d'inflammation de la vésicule biliaire, ou encore de dommages hépatiques graves.

Beano

Beano est un produit sans prescription qui contient une enzyme (alpha-galactosidase) capable de digérer les sucres complexes des légumineuses (haricots, pois, lentilles), des crucifères (brocoli, chou, etc.) et même de certaines noix et céréales. Beano doit se prendre juste avant un repas contenant des sucres qui fermentent, par exemple avant un repas contenant des légumineuses.

Lactaid

Lactaid est un produit sans prescription qui contient une enzyme (lactase) capable de digérer le lactose des produits laitiers chez les gens intolérants au lactose. Lactaid peut grandement améliorer la variété alimentaire des gens qui ont un diagnostic d'intolérance au lactose (soupe, crème, crème glacée, sauce béchamel, etc.). Elles sont très pratiques aussi lors des repas au restaurant, où on ne connaît pas toujours le contenu en lactose du repas choisi.

LE SAVIEZ-VOUS ?

L'intestin est le siège d'un deuxième cerveau baptisé *système nerveux entérique* (SNE). Il est cependant totalement indépendant du cerveau. Allant de l'œsophage à l'anus et mesurant neuf mètres, il sert à réguler tant notre système digestif que nos émotions, car il comprend des neurones et produit des neurotransmetteurs comme la dopamine et la sérotonine, qui sont associés à la sensation de bien-être. C'est seulement depuis les années 1990 qu'on étudie l'impact du SNE sur le bien-être mental et physique.

Comparaison entre notre cerveau et le SNE

Le cerveau	Le deuxième cerveau (SNE)
85 milliards de neurones	**500 millions** de neurones
100 neurotransmetteurs identifiés	**40** neurotransmetteurs identifiés
Produit **50 %** de toute la dopamine	Produit **50 %** de toute la dopamine
Produit **5 %** de toute la sérotonine	Produit **95 %** de toute la sérotonine
Une **barrière** empêche le flux sanguin d'entrer dans le cerveau	Une **barrière** empêche le flux sanguin d'entrer dans le second cerveau

Notre alimentation peut influencer le SNE par son incidence sur la flore intestinale. En effet, l'état de la flore intestinale peut affecter l'activité des parties du cerveau qui contrôlent le traitement des émotions et des sensations. L'une des preuves à cet égard est que chez l'animal, l'administration d'antibiotiques (agents qui détruisent la flore) peut déclencher des troubles anxieux. Selon certains auteurs, une rupture de la communication entre les deux cerveaux pourrait mener à des troubles gastro-intestinaux.

Les probiotiques pourraient affecter l'intensité des réactions émotives chez l'humain et avoir des effets positifs notamment chez les gens atteints du syndrome de l'intestin irritable dont les symptômes s'aggravent en période de stress et d'anxiété.

Il est même allégué qu'avec des probiotiques, on pourrait influencer positivement les états dépressifs par amélioration de la flore.

Tout cela reste à être validé chez l'humain, mais ce champ de recherche pourrait nous révéler des stratégies importantes dans la gestion du stress et des émotions, ainsi que des problèmes digestifs.

Indigestion, reflux acides, brûlures d'estomac

Vous avez ces symptômes ? Sachez que vous n'êtes pas seul. Cinq millions de Canadiens souffrent de brûlures d'estomac ou de reflux acides au moins une fois par semaine.

Un reflux acide ou reflux gastro-œsophagien est occasionné par la remontée d'une partie de l'acide de l'estomac dans l'œsophage (conduit reliant la bouche à l'estomac). Puisque, contrairement à l'estomac, l'œsophage n'est pas censé être en contact avec de l'acide, il n'est pas conçu pour y résister. C'est la raison pour laquelle les reflux entraînent des brûlements au niveau de l'œsophage.

Dans la plupart des cas, le reflux est occasionné par un mauvais fonctionnement de la petite porte (sphincter œsophagien inférieur) qui relie l'estomac à l'œsophage. Le sphincter étant affaibli, tout excès de nourriture peut le faire s'ouvrir. Aussi, les matières grasses étant longues à digérer et séjournant longtemps dans l'estomac, elles diminuent la tension du sphincter et provoquent des reflux.

Les recommandations alimentaires qui suivent sont rarement suffisantes pour régler à elles seules le problème de reflux, mais elles peuvent aider.

Par contre, une perte de poids lorsque le surplus de poids est localisé autour du tronc (obésité abdominale) peut dans certains cas régler le problème. En effet, l'obésité abdominale joue un rôle déterminant dans les symptômes de reflux gastro-œsophagien.

Contre les reflux acides, une diète faible en gras et riche en fibres peut aider à perdre du poids, en plus de contribuer à réduire les symptômes. De plus, fractionner les trois gros repas en six plus petits peut diminuer la pression sur le sphincter.

Vous comprendrez ici que le respect des signaux de rassasiement de votre corps est très important. Dès que vous sentez que vous êtes rassasié, pas trop plein mais juste à l'aise, arrêtez de manger même si votre assiette n'est pas terminée. Il est préférable de manger moins et plus souvent plutôt que de trop se bourrer.

Réduire les matières grasses

✓ Apprenez à lire le tableau d'information nutritionnelle.

Tentez de ne pas dépasser 65 g de lipides par jour. Recherchez des produits qui contiennent moins de 10 % de la valeur quotidienne pour les lipides.

LE SAVIEZ-VOUS ?

Un Big Mac et une grosse frite de chez McDonald's procurent 58 g de lipides !

Mais n'allez pas croire qu'une salade César suprême avec poulet croustillant est préférable, car la vinaigrette à elle seule procure 54 g de lipides !

Dans ce cas, un petit hamburger et une petite frite peuvent représenter une solution de rechange occasionnelle ne procurant que 19 g de lipides.

- Ajoutez avec parcimonie sauce à base de crème, huile, vinaigrette, margarine, mayonnaise, etc.

- Prenez de petites portions de pâtisseries.

- Évitez les fritures et ne consommez les aliments de restauration rapide que de façon occasionnelle, en choisissant les plus petits formats (petit hamburger, petite frite, petite poutine, etc.).

- Modérez votre consommation de bacon, saucisses, pepperoni, salami, saucisson de bologne.

- Attention aux grandes quantités de noix et de beurre de noix (ex. : beurre d'arachide).

- Choisissez des sources de protéines maigres, mais ne négligez pas votre apport en protéines, car elles stimulent la sécrétion d'une hormone, la gastrine, qui favorise la tension du sphincter. Elles peuvent donc contribuer à réduire les reflux.

Valeur nutritive – Yogourt		
pour 3/4 tasse (175 g)		
Teneur	% valeur quotidiennne	
Calories 160		
Lipides 2,5 g		**4 %**
saturés 1,5 g + trans 0 g		**8 %**
Cholestérol 10 mg		
Sodium 75 mg		**3 %**
Glucides 25 g		**8 %**
Fibres 0 g		**0 %**
Sucres 24 g		
Protéines 8 g		
Vitamine A	2 %	Vitamine C	0 %
Calcium	17 %	Fer	0 %

Sources de protéines maigres

- Volaille : Poulet et dinde sans la peau
- Poisson, fruits de mer
- Lait et substituts : lait, yogourt (1 % et moins de m.g.), fromage (10 % et moins de m.g.), boisson de soya enrichie
- Viande de gibier : chevreuil, orignal, sanglier, cerf
- Autres viandes :
  - Veau (côtelette, rôti d'épaule, bifteck de palette, escalope)
  - Bœuf (noix de ronde, bifteck d'intérieur, extérieur de ronde, longe, contre-filet, haut et pointe de surlonge, rôti de côtes croisées, bœuf à ragoût)
  - Agneau (jarret maigre, rognons)
  - Porc (intérieur de ronde, côtelette, longe, filet)
  - Cheval, bison
- Légumineuses
- Tofu

Augmentez graduellement votre apport en fibres

Les fibres alimentaires favorisent un bon transit intestinal et préviennent la constipation. La constipation peut augmenter la pression sur l'abdomen et favoriser les reflux. On devrait consommer entre 25 et 38 g de fibres par jour. Les fibres se retrouvent dans les produits céréaliers, les fruits frais, les légumes, les légumineuses, les noix et les graines. Lisez le tableau d'information nutritionnelle pour trouver des produits riches en fibres.

Trucs pour augmenter sa consommation de fibres

- Remplacez les produits raffinés par du riz brun ou des pâtes et du pain faits de céréales à grains entiers.
- Consommez des fruits frais plutôt que des jus de fruits.
- En collation d'après-midi, choisissez des céréales riches en fibres ou un muffin riche en fibres, au lieu de prendre une barre chocolatée, des biscuits ou un muffin commercial.
- Ajoutez du son d'avoine ou des graines de lin moulues dans votre yogourt.
- Recherchez des produits céréaliers contenant au moins 2 g de fibres par portion. Pour ce faire, lisez bien le tableau d'information nutritionnelle sur les produits que vous achetez.

Même si les études sont controversées à ce sujet, il est important d'être très attentif à certains aliments qui pourraient exacerber les symptômes de reflux par un phénomène d'irritation.

Valeur nutritive par portion de 125 ml (87 g)		
Teneur		% valeur quotidiennne
Calories 80		
Lipides 0,5 g		1 %
Lipides saturés 0 g+ Lipides trans 0 g		0 %
Cholestérol 0 mg		
Sodium 0 mg		0 %
Fibres 2 g		6 %
Sucres 2 g		8 %
Protéines 3 g		
Vitamine A	2 %	Vitamine C 10 %
Calcium	0 %	Fer 2 %

Pour prévenir et limiter l'irritation du revêtement intérieur de l'œsophage, il est recommandé de diminuer les aliments incriminés connus.

Aliments irritants à diminuer au besoin	Choix non irritants
Alcool	Vin et bière sans alcool
Café décaféiné et régulier, thé régulier et déthéiné	Café de céréales, café de chicorée
Chocolat	Caroube
Boissons gazeuses, boissons énergisantes	Jus de fruits coupés avec de l'eau
Menthe	Tisane sans menthe
Poivre	Fines herbes

N.B. : Les tomates et les agrumes (citron, lime, orange, clémentine, pamplemousse)* ne causent pas de problèmes chez la plupart des gens qui ont des reflux ; c'est une question de tolérance personnelle.

*L'arrêt définitif de la consommation de tomates et de fruits citrins peut entraîner une carence en vitamine C. Si vous décidez de les mettre de côté, assurez-vous d'incorporer d'autres fruits et légumes riches en vitamine C à votre alimentation, comme le cantaloup, la papaye, la mangue, le kiwi, les poivrons, le chou, le broccoli et les choux de Bruxelles.

Certains remèdes maison contre les brûlures d'estomac pourraient davantage nuire qu'aider.
Mélanger du bicarbonate de soude à de l'eau peut aggraver les reflux et est fortement déconseillé. D'abord, cela ajoute beaucoup de liquide dans l'estomac, ce qui peut créer de la pression sur le sphincter. De plus, le contenu de l'estomac devient très alcalin (l'opposé de très acide), ce qui produit un soulagement temporaire. Par la suite, par effet rebond, l'estomac tendra à produire davantage d'acide. De plus, la consommation de bicarbonate de soude ajoute du sodium à la diète, ce qui n'est pas une bonne idée. La consommation d'un grand verre de lait pour calmer l'acidité pourrait occasionner les mêmes résultats. Le lait n'est pas à proscrire, mais à consommer en petites quantités à la fois.

D'autres trucs

- Évitez de vous pencher après les repas.
- Faites des activités après les repas, mais de faible intensité.
- Ne mangez pas durant les 2 à 4 heures précédant le coucher.
- Dormez en position inclinée en surélevant votre tête à l'aide d'un oreiller.
- Évitez de porter des vêtements trop ajustés qui compriment le milieu du corps.
- Prenez de plus petits repas et ajoutez plutôt des collations, pour éviter un trop important volume de nourriture dans l'estomac au même moment.
- Mangez et buvez lentement.
- Évitez toute habitude (boire avec une paille, manger rapidement) ou tout aliment qui provoque des gaz (gomme à mâcher, boisson gazeuse, eau gazéifiée, eau au bicarbonate de soude).

Recette

SAUCE À SPAGHETTI AUX LENTILLES D'HÉLÈNE

Ingrédients

- 1 tasse (250 ml ou 130 g) de carottes en cubes
- 1 courgette (120 g) en cubes
- 1/4 (40 g) d'oignon en cubes
- 3 gousses (10 g) d'ail
- 2 branches (80 g) de céleri en cubes
- 28 oz (796 ml) de tomates en boîte
- 5 oz (156 ml) de pâte de tomate
- 1 tasse (250 ml ou 200 g) de lentilles vertes non cuites
- 1 c. à thé (5 ml ou 1,5 g) de basilic séché
- 1 c. à thé (5 ml ou 1,5 g) de thym séché
- 1 c. à thé (5 ml ou 1,5 g) d'origan séché
- 1 c. à table (15 ml) de miel
- 1 c. à table (15 ml) de sauce tamari
- 1/2 c. à thé (3 ml ou 3 g) de sel (facultatif)
- 300 ml de jus de légumes
- 2 c. à table (30 ml) d'huile d'olive

Préparation

1. Faites cuire les lentilles 25 minutes dans 2 1/2 tasses (625 ml) d'eau bouillante.
2. Faites revenir tous les légumes dans l'huile 10 minutes avec les assaisonnements.
3. Ajoutez tous les autres ingrédients incluant les lentilles à demi cuites et non égouttées.
4. Faites cuire 20 minutes de plus à feu doux.

- Évitez de boire pendant les repas ; buvez 1/2 heure avant ou après.
- Planifiez un peu différemment les repas, de manière à consommer en deux étapes ce que vous mangez habituellement en une seule fois.
- Pour la collation, assurez-vous de toujours avoir des protéines maigres : fromage faible en gras, yogourt écrémé, boisson de soya, demi-sandwich au poulet avec peu de mayonnaise, etc.
- Pratiquez des exercices physiques réguliers et modérés.
- Remplissez une bouteille d'eau au début de la journée et buvez-la graduellement au cours de la journée et en dehors des repas.

Diarrhées

Les diarrhées ont plusieurs causes. Elles peuvent être secondaires à une prise d'antibiotiques, être provoquées par une intoxication alimentaire (par exemple, de la volaille infectée par la salmonelle ou de la viande contaminée par la bactérie *Escherichia coli*), être dues à une gastroentérite virale ou à une allergie (maladie coeliaque ou allergie au gluten), être causées par la maladie de Crohn (maladie inflammatoire de l'intestin), par l'hyperthyroïdie (la glande thyroïde qui fonctionne trop), ou encore par une intolérance au lactose. Les diarrhées peuvent aussi être l'une des manifestations du syndrome de l'intestin irritable. Le stress et l'anxiété peuvent aussi les causer.

Il est recommandé de consulter son médecin si elles persistent plus de 48 heures et qu'elles sont très fréquentes (10 fois et plus par jour), s'il y a du sang, si on note des signes de déshydratation (il faut être vigilant chez les enfants et les personnes âgées) et s'il y a de fortes douleurs abdominales.

Lors d'un épisode de diarrhées non causées par une allergie ou une intolérance, on recommande une alimentation faible en fibres et en résidus (hyporésiduelle), afin de ne pas trop activer le transit digestif et exacerber l'irritation ou l'inflammation.

Voici un tableau des aliments recommandés durant un épisode important de diarrhées. Ces aliments contiennent peu de fibres et de résidus. Par ailleurs, dès que la diarrhée cesse, il faut revenir à une alimentation la plus normale possible.

Régime restreint en fibres et en résidus

Groupes d'aliments	Aliments à privilégier	Aliments à limiter
Fruits : pas plus de 2 portions de 125 ml (1/2 tasse)	Attention : retirer les graines, les membranes et les pelures En conserve : poire, pêche, mandarine, ananas Nature : banane (1/2), abricot, litchi, avocat, pomme, mangue, pamplemousse, tangerine, orange, cerises, compote fine de fruits Jus de fruits coulés*, sauf celui de pruneau	Tous les fruits secs ou confits Les baies : bleuets, framboises, fraises, mûres, canneberges, etc. Pomme et poire avec pelure, melon, nèfle du Japon, kaki, pruneaux et prunes, nectarine, rhubarbe, kiwi, raisin
Légumes : pas plus de 3 portions de 125 ml (1/2 tasse par jour)	Retirer les graines, les membranes et les pelures Légumes cuits : pointes d'asperges, carotte, betterave, haricots verts ou jaunes, champignons, courge, courgette, panais, pommes de terre, tomates sans pépins ni pelure Crus : Champignons, laitue tendre, endives, tomates, poivron doux, jus de légumes	Brocoli, chou-fleur, choux de Bruxelles, navet, maïs, céleri, céleri-rave, chou, choucroute, concombre, laitue, patate douce, petits pois, radis, épinards, rutabaga, luzerne, oignon

Groupes d'aliments	Aliments à privilégier	Aliments à limiter
Pains et substituts : pas plus de 6 portions par jour	À base de farines raffinées blanches, sans noix ni graines Pain blanc, craquelins, biscottes, riz blanc, pâtes blanches, pita, bagel (sans graines de sésame ou de pavot), couscous, chapelure, croûtons, pain doré, crêpes, gaufres, farine blanche Céréales raffinées : Corn Flakes, Special K, Corn Pops, gruau passé au tamis, Rice Krispies, crème de blé	À base de farine de blé entier ou de grains entiers, contenant des noix, graines ou fruits séchés Pain de blé entier, pain multigrain, riz brun ou sauvage, pâtes de blé entier, orge, millet, quinoa, sarrasin, avoine, épeautre, kamut, maïs entier, craquelins de blé entier ou aux graines de sésame, bagel avec graines de sésame ou de pavot, crêpes de sarrasin ou de blé entier, boulgour, farine de blé entier, son de blé Céréales riches en fibres : All-Bran, Bran Flakes, Raisin Bran, muesli, granola, gruau, Grape Nuts, Shredded Wheat, céréales de son d'avoine, etc.
Lait et substituts	Selon la tolérance au lactose : lait, yogourt nature, crème, crème sure, boissons lactées, fromage, boissons de soya, boissons de riz, yogourt de soya, pouding de soya	Yogourt aux fruits ou aux noix
Viandes et substituts	Viande maigre, tendre ou attendrie Volaille, poisson, fruits de mer, œuf, tofu	Viande coriace Légumineuses : pois, lentilles, haricots Houmous, végépâté Noix et graines Beurre d'arachide, beurre de noix
Autres	Desserts faits de farine blanche sans noix, graines ou fruits, tapioca, pouding au riz (sans raisins secs) Bouillons, soupes, crèmes de légumes, faits avec aliments à privilégier Aromates et condiments Tous les sucres et les gras en quantité modérée Thé, café de céréales, tisanes (non laxatives), chocolat (sans noix ni graines) Fécule de maïs, gélatine, levure chimique, bicarbonate de soude	Confiture, marmelade, cornichons, noix de coco, maïs soufflé Muffins au son et raisins Muffins aux noix *Vérifier la tolérance au café, à l'alcool et aux épices*

*Les jus de fruits coulés sont des jus dont toute la pulpe et les fibres ont été retirées. La plupart des jus sur le marché sont coulés, à l'exception du jus d'orange avec pulpe et des *smoothies*.

Lors de diarrhées, attention à la déshydratation

Quand le corps perd trop de liquide et de sels minéraux essentiels à son fonctionnement à cause de diarrhées ou de vomissements, il peut se déshydrater.

Il est important de prendre une solution de réhydratation tant que les symptômes sont aigus et qu'ils persistent.

On peut se faire sa solution de réhydratation maison ou se procurer le produit Gastrolyte en pharmacie.

Solution de réhydratation maison

Mélangez 360 ml de jus d'orange non sucré à 600 ml d'eau bouillie refroidie, additionné de 1/2 c. à thé de sel de table.

COMPLÉMENTS NATURELS

POUR LE CONTRÔLE DES DIARRHÉES

N.B. : Plusieurs produits de santé naturels comportent des contre-indications relativement à certains médicaments, ou sont contre-indiqués lors de la grossesse ou de l'allaitement. Avant de vous les procurer, demandez l'avis de votre médecin ou pharmacien.

En plus de cette diète, la prise de probiotiques peut dans plusieurs cas aider rapidement à refaire la flore intestinale et à faire cesser la diarrhée. Un des produits les plus efficaces à cet égard est le probiotique Bio-K plus, qui contient *Lactobacillus acidophilus CL1285* et *L. casei LBC80R*. Il contient 50 milliards de bactéries vivantes et actives.

Bio-K se démarque pour prévenir les diarrhées associées à la prise d'antibiotiques et celles associées au Clostridium difficile. Commencez toujours à prendre Bio-K plus en petite quantité, soit 1 c. à thé par jour, et augmentez graduellement selon la tolérance. Avant de vous procurer Bio-K, demandez l'avis de votre médecin ou pharmacien.

Diverticulose

Lors d'une coloscopie (examen visuel fait par une sonde à travers le côlon), on vous a trouvé des diverticules. Vous avez peut-être aussi fait une diverticulite (infection des diverticules). Eh bien, ce n'est guère étonnant puisque après 40 ans, il est très fréquent de voir se former de petites poches de la taille d'une bille à différents endroits du gros intestin, nommées diverticules. À 60 ans, 50 % des gens souffrent de diverticulose. Heureusement, la plupart du temps, la diverticulose ne cause aucun symptôme. Par contre, si une diverticule s'inflamme et s'infecte, on peut ressentir une vive douleur et il faut consulter un spécialiste.

La diverticulose se rencontre davantage dans les pays industrialisés. Un style de vie sédentaire avec trop peu d'activité physique et une diète pauvre en fibres en est souvent la cause.

Quelles sont les recommandations à retenir en cas de diverticulose (pour éviter une diverticulite et la formation d'autres diverticules) ?

• Augmenter graduellement son apport en fibres alimentaires (voir comment dans la section sur les reflux acides).

- Réduire la consommation de produits céréaliers raffinés.
- Boire suffisamment.
- Manger moins de viande et de matières grasses.
- Faire régulièrement de l'activité physique.
- Avoir de bonnes habitudes favorisant l'élimination.
- Bien mastiquer.

Augmenter graduellement l'apport en fibres

Le manque de fibres alimentaires nuit au transit intestinal. Il augmente la pression sur les parois du côlon et nuit à l'équilibre de la flore intestinale. Ces deux facteurs contribuent à la formation de diverticules et, par le fait même, à la diverticulose. Une augmentation de la consommation de fibres pourrait stabiliser la situation, même s'il n'est pas prouvé que les fibres puissent mener à la disparition des diverticules déjà formés.

En plus de faciliter l'expulsion des selles, les fibres alimentaires améliorent l'équilibre de la flore intestinale.

Attention : il ne faut pas augmenter trop rapidement son apport en fibres. L'apport moyen en fibres des Nord-Américains est de 15 g par jour, tandis que l'apport recommandé est de 25 à 38 g pour les adultes. Pour la plupart des gens, il s'agit donc de doubler leur consommation de fibres, mais on recommande de ne pas ajouter plus de 5 g de fibres supplémentaires par semaine. N'oubliez pas de boire plus de liquide si vous augmentez votre apport en fibres.

Chaque option suivante fournit environ 5 g de fibres

- 2 fruits frais (125 g)
- 1 tasse de légumes (160 g)
- 1 portion (30 g) de céréales à teneur élevée en fibres (le tableau de valeur nutritionnelle devrait indiquer 5 ou 6 g de fibres par portion)
- 1/3 tasse (35 g) de son d'avoine cru (faire cuire ou ajouter tel quel dans un yogourt, une compote ou autre)
- 2 c. à table (7 g) de son de blé
- 2 c. à table (15 g) de graines de lin moulues
- 1/3 tasse (85 g) de pruneaux séchés
- 2 tranches (60 g) de pain de grains entiers (s'il n'y en a pas déjà à votre menu)
- 1/2 tasse (95 g) de légumineuses
- 1/4 tasse (35 g) de fruits à écale et de graines
- 1/2 tasse (75 g) de pâtes alimentaires de blé entier
- 1 tasse (205 g) de riz brun cuit
- 1 tasse (145 g) de quinoa cuit
- 1 muffin maison au son

Quoi manger en phase aiguë (diverticulite)

① Régime liquide strict

En phase aiguë de diverticulite, si vous êtes hospitalisé, il est fort probable que le régime prescrit sera un régime liquide strict ou de la nutrition parentérale (nutrition par voie veineuse) dans le but d'éliminer toute hausse de pression dans le gros intestin.

② Régime semi-liquide

Par la suite, lorsque votre état se sera amélioré, on recommandera à court terme un régime semi-liquide.

③ Régime restreint en fibres et en résidus

Lorsque les symptômes aigus sont disparus, il faut recommencer très graduellement à consommer des fibres alimentaires afin de remettre l'intestin en mode de fonctionnement. La diète prescrite à ce moment est restreinte en fibres et en résidus, ou hyporésiduelle (de 10 à 20 g de fibres par jour). Pendant environ trois semaines, suivez la diète hyporésiduelle (faible en fibres et en résidus) tel que vu dans la section traitant de la diarrhée.

④ Régime de plus en plus normal

Pendant trois autres semaines, augmentez graduellement les fibres, surtout solubles, car elles forment un gel dans l'intestin et sont plus douces. Pour la durée de cette étape, ajoutez chaque jour à votre régime quotidien un nouvel aliment de chaque groupe afin d'atteindre l'apport de 6 à 8 g de fibres solubles. Quand les selles seront redevenues normales, visez une alimentation riche en fibres et en eau qui devra être suivie pour toujours, car la diverticulose ne disparaît pas. Une alimentation riche en fibres et en eau permet d'éviter la constipation et de prévenir la diverticulite.

Sources alimentaires de fibres solubles	
Pains et substituts (ajouter un ou deux choix par jour) en plus des autres pains et substituts	
Avoine cuite (gruau)	Crêpe de sarrasin
Céréales d'avoine (Cheerios)	Pain de seigle pâle
Pain de son d'avoine	Pain sarrasin noir (*pumpernickel*)
Orge perlé cuit	Son d'avoine, céréale chaude
Quinoa cuit	

Sources alimentaires de fibres solubles (*suite*)	
Légumes (ajouter un choix par jour) en plus des autres légumes	
Navet cuit	Haricots verts cuits
Asperges cuites	Oignon cuit
Brocoli cuit	Patates douces cuites
Choux de Bruxelles cuits	Artichaut cuit
Fruits (ajouter un choix par jour) en plus des autres fruits	
Abricots	Pêche
Mangue	Poire
Orange	Pomme
Pamplemousse	

Constipation

La constipation se définit comme un retard ou une difficulté à évacuer les selles. Elle peut être occasionnelle (voyage, grossesse, etc.) ou chronique. La constipation chronique touche 12 à 19 % de la population, tant chez les enfants que chez les adultes.

Quand la constipation est chronique, la modification des habitudes de vie comme manger plus de fibres, boire plus d'eau ou faire plus d'exercice peut chez certaines personnes ne pas suffire à soulager les symptômes ; elle peut parfois même être inutile. Dans ces cas, la modification du mode de vie ne procure pas le soulagement voulu et ne permet pas de traiter la cause sous-jacente de la constipation. Il faut alors consulter un médecin, qui pourra recommander les traitements appropriés pour éviter de s'astreindre sans raison à des restrictions alimentaires.

Si vous souffrez de constipation occasionnelle, consultez les recommandations données contre la diverticulose, car elles sont les mêmes.

COMPLÉMENTS NUTRITIONNELS

QUI PEUVENT AIDER À RETROUVER LA RÉGULARITÉ

N.B. : Plusieurs produits de santé naturels comportent des contre-indications relativement à certains médicaments, ou sont contre-indiqués lors de la grossesse ou de l'allaitement. Avant de vous les procurer, demandez l'avis de votre médecin ou pharmacien.

Psyllium

Le psyllium vendu sous le nom de Métamucil, peut aider à favoriser la régularité sans irriter, puisqu'il s'agit de fibres solubles. Commencez par une cuillerée à thé ronde (6 g) par jour dans 1 tasse (250 ml) d'eau, et augmentez graduellement selon le besoin (jusqu'à 3 c. à thé rondes (18 g) par jour dans 3 tasses d'eau). N'oubliez pas de toujours prendre le Métamucil avec une bonne quantité d'eau et choisissez le Métamucil sans sucre.

Inuline

L'inuline vendue entre autre sous le nom Bénéfibre, peut moduler favorablement la fréquence de production des selles. Elle procure 3 g de fibres solubles par cuillerée à thé. L'inuline est extraite à l'état natif de la racine de chicorée. L'inuline peut être prise à raison de 1 ou 2 c. à thé (3 à 6 g) jusqu'à trois fois par jour. Il est recommandé d'augmenter progressivement la dose. L'inuline ne convient pas aux gens souffrant du syndrome de l'intestin irritable, car elle peut occasionner de légères flatulences.

Conclusion

Savoir s'alimenter pour favoriser une bonne digestion, une bonne élimination et une bonne flore intestinale contribue grandement à la qualité de vie, et possiblement – les recherches à venir nous le diront – à notre équilibre psychique.

CHAPITRE 4

Garder
son cerveau alerte

*De bons aliments pour le cerveau : grains entiers,
saumon, truite, maquereau, légumineuses,
légumes verts feuillus, bleuets, curcuma,
cannelle, chia, lin, chanvre, café, thé, cacao.*

Comme tous les organes du corps, le cerveau aussi s'use avec l'âge. La plupart d'entre nous expérimentons à un moment donné des troubles de la concentration et de la mémoire à court terme. Les trous de mémoire peuvent survenir durant les périodes de fatigue ou de stress, et la baisse de concentration après les repas. On peut aussi observer une réduction des performances intellectuelles au travail et une difficulté à résoudre des problèmes.

Le cerveau est un organe complexe. Il contient environ 100 milliards de neurones qui sont tous connectés entre eux, telle une grande toile d'araignée. Les neurones communiquent entre eux par de longues fibres appelées axones. Au bout de chaque axone se trouvent des synapses qui permettent la libération de messagers chimiques appelés neurotransmetteurs. Plusieurs de ces neurotransmetteurs (messagers chimiques) dépendent directement de la nutrition pour leur production. On commence à perdre une partie de nos neurones autour de 40 ans, mais en quantité tout de même négligeable contrairement à ce que l'on a cru dans le passé. Seules les maladies affectant le fonctionnement du cerveau de manière progressive (maladie d'Alzheimer, maladie de Parkinson, sclérose en plaques), qui peuvent survenir à tout âge, entraînent une perte importante de neurones.

Bien plus que la perte de neurones, la diminution de la masse cérébrale est une première conséquence du passage du temps sur le cerveau. Le déclin de la masse du cerveau s'amorce déjà à partir de l'âge de 14 ans. On parle d'une perte de poids et de volume moyen du cerveau d'environ 2 % par décennie.

Malgré cette perte inévitable de volume du cerveau, plusieurs études montrent cependant que, dans leur ensemble, nos capacités cognitives ne subissent pas de déclin important jusque dans la cinquantaine ou le début de la soixantaine. Et même après, chez les personnes en bonne santé, les performances diminuent, mais très lentement. Une étude a par exemple révélé qu'à 81 ans, seulement 30 à 40 % des sujets démontraient un déclin significatif de leurs facultés cognitives.

Le stress, la fatigue, les changements hormonaux et une alimentation inadéquate pendant la période active de 40 à 65 ans peuvent expliquer une baisse de nos performances intellectuelles plus que l'effet du vieillissement. Puisque le cerveau se nourrit exclusivement de glucose, un taux de glucose sanguin inadéquat peut grandement affecter nos performances intellectuelles et notre énergie. En vieillissant, notre tolérance aux fluctuations du taux de sucre sanguin est moins bonne.

Donc, la bonne nouvelle, c'est que l'on peut augmenter nos chances de maintenir un cerveau hyperefficient si l'on adopte de bonnes habitudes de vie, qui incluent des aliments favorisant son fonctionnement optimal, des aliments qui protègent les neurones de leur détérioration et des aliments qui préviennent les grandes fluctuations du taux de glucose sanguin (taux de sucre sanguin). En plus, certains aliments contribueraient à prévenir des maladies graves comme l'Alzheimer ou le Parkinson.

Comment rester alerte, se concentrer et augmenter ses performances intellectuelles ?

Plus de 40 nutriments interviennent dans le fonctionnement du cerveau (protéines, glucides, oméga-3, vitamines du groupe B, vitamine D et E, etc.). Le cerveau est aussi très gourmand. Malgré un poids correspondant à aussi peu que 2 % du poids total du corps, il utilise 20 à 30 % des calories consommées. Il engloutit 10 fois plus d'énergie que les autres organes !

Les glucides et les protéines : pierre angulaire de la concentration !

Les repas équilibrés comprenant une bonne proportion de glucides et de protéines sont ceux qui procurent les meilleurs effets sur les performances intellectuelles, comparativement aux repas qui incluent beaucoup de glucides et peu de protéines ou, à l'inverse, beaucoup de protéines et peu de glucides. Comment en arrive-t-on à ce constat ? La raison en est que le duo glucides-protéines assure un taux de glucose sanguin stable, ce qui aide le cerveau, qui carbure aux glucides. Chaque jour, le cerveau utilise environ 120 g de glucose, soit approximativement 50 % de tous les glucides que l'on consomme. Par ailleurs, sans protéines, il est difficile de maintenir un taux sanguin adéquat.

Un repas riche en glucides et faible en protéines (rôties-confitures, pâtes-sauce tomate, riz aux légumes, etc.) favorisera la concentration, mais seulement à court terme puisque le taux de sucre sanguin se maintiendra difficilement sans apport adéquat en protéines. Peu de temps après un tel repas, une fatigue intellectuelle et une baisse de concentration pourraient survenir à cause d'une diminution du taux de sucre sanguin (hypoglycémie). Vous comprendrez alors qu'un repas de riz aux légumes suivi d'un dessert pourrait affecter négativement votre productivité en après-midi, surtout si vous faites un travail sédentaire. À l'inverse, un repas très riche en protéines et faible en glucides (ex.: viandes-légumes, œuf-fromage-saucisses, salade-thon) ne parviendra pas à favoriser la concentration et les performances intellectuelles par manque de glucides, ce carburant essentiel dont le cerveau a besoin pour bien fonctionner.

Effets des types de repas sur les performances intellectuelles

Types de repas	Exemples	Effets probables sur les performances intellectuelles
Riche en protéines Pauvre en glucides	• Salade César au poulet • Poisson, macédoine de légumes	Faible performance par manque de glucides
Riche en glucides Pauvre en protéines	• Riz blanc aux légumes, jus de fruit, gâteau • Muffin du commerce, café sucré	Baisse des performances par manque de protéines
Équilibré	• Salade au poulet, pita de blé entier, pomme, yogourt • Sandwich au thon, crudités, dattes et noix	Bonnes performances pendant plusieurs heures

Quel genre de dîner prendre pour rester alerte?

Pour le dîner, misez sur un repas léger contenant au moins 1 portion de viande ou substitut (pour les protéines) et pas plus de 2 portions de pain et céréales (pour les glucides) pour les femmes. Les hommes ne devraient pas dépasser 3 portions de pain et céréales.

Le midi, il faut modérer sa consommation de desserts sucrés, de pain blanc, de pommes de terre sans pelure, de frites, de jus de fruits, de couscous, de bière, de boissons gazeuses, de gros plats de pâtes, de pâte feuilletée ou de pâte à tarte, de riz blanc, de nouilles instantanées, qui risquent de provoquer l'endormissement plus que l'acuité intellectuelle! Le pâté chinois avec ketchup n'est pas le meilleur choix à l'heure du midi pour garder un esprit alerte en après-midi, à moins que la portion de patate et de maïs soit modérée et qu'on y ajoute une portion de légumes comme une salade!

Un repas trop copieux le midi (repas trois services ou malbouffe) pourra également réduire la circulation sanguine au cerveau et provoquer une réduction de la concentration et de la vigilance mentale. La raison? Il y a un afflux de sang vers l'estomac, qui est très occupé à digérer.

 ### Quelques exemples de deux portions de pain et substituts

- 2/3 tasse (130 g) de riz blanc cuit
- 1 tasse (150 g) de pâtes alimentaires de grains entiers cuites
- 2 tranches (70 g) de pain de grains entiers
- 1 grande tortilla (70 g) de grains entiers
- 1 tasse de boulgour (190 g), de quinoa (145 g), d'orge (165 g), de millet (185 g), de riz brun (205 g) ou de riz sauvage (175 g) cuit
- 1/4 (130 g) de pizza de 30 cm (12 po) à pâte mince
- 2 portions (30 g) de biscottes de blé entier (lire le tableau d'information nutritionnelle pour savoir à combien de craquelins correspond une portion)

Que représentent trois portions de pain et substituts ?

- 1 bagel de grains entiers (90 g)*
- 1 pain à sous-marin (80 g) de 15 cm (6 po) de grains entiers
- Les trois tranches de pain (105 g) d'un club sandwich

*Certains bagels sont plus petits et valent 2 portions au lieu de 3.

 ### Une portion de viande et substituts, c'est...

- 75 g (2,5 onces) de viande, volaille, poisson, fruits de mer cuits
- 2 œufs
- 3/4 tasse (130 g) de légumineuses cuites
- 150 g de tofu ferme
- 1/4 tasse (30 g) de noix et de graines
- 2 c. à table (30 g) de beurre d'arachide

 ### Exemples de repas du midi pour garder l'esprit clair

- 1 tasse de soupe de légumes
- 90 g de dinde
- 1 tasse de riz brun aux légumes (200 g)
- 1 fruit

- 5 craquelins de seigle (30 g)
- 1 tasse de soupe aux lentilles vertes ou aux pois
- Crudités
- 30 g de fromage léger

 ### Lunch sur le pouce : que choisir au resto ou à l'épicerie pour ne pas trop s'endormir en après-midi ?

- Un sous-marin de 6 pouces au blé entier avec poitrine de poulet ou de thon, accompagné d'un jus de légumes
- Salade de légumineuses aux pois chiches ou aux lentilles, avec fromage et crudités
- Un hamburger, une salade et un yogourt
- Un wrap au poulet, des morceaux de pomme et un café au lait sans sucre
- Des amandes, du fromage, des craquelins multigrains et des raisins

 ### Les repas et collations pièges des restaurants avec service à l'auto

- Les trios (hamburger-frites-boisson gazeuse ; sous-marin-jus-biscuits, sandwich-beigne-café, etc.)
- Les cafés glacés, les muffins
- Certains smoothies

Quel genre de déjeuner prendre pour garder un esprit alerte ?

Un déjeuner équilibré, c'est-à-dire protéiné et glucidique !

- **Aliments glucidiques** : pain de grains entiers ou céréales de grains entiers faibles en sucre, fruits frais
- **Aliments protéinés** : lait, yogourt, boisson de soya, graines, beurre de noix, cretons maigres, œufs, fèves, fromage faible en matières grasses.

Quel genre de déjeuner peut réduire nos performances intellectuelles ?

Le déjeuner hyperglucidique et faible en protéines

- Pain blanc, céréales sucrées, gruau sucré, chocolatine, crêpes et sirop
- Confiture, tartinade de type nutella, miel*, caramel
- Jus de fruits ou cocktail de fruits
- Boissons de riz ou d'amande (qui contiennent très peu de protéines)

* Notez que l'ajout d'un peu de confiture ou de miel sur une rôtie de grains entiers au beurre d'arachide ne provoquera pas d'endormissement si la quantité est modérée.

 Choix de collations avec protéines pour conserver un esprit alerte

- Fromage
- Yogourt
- Noix
- Petite boîte de thon
- Œuf
- Barre de noix
- Berlingot de lait ou de boisson de soya
- Yogourt de soya
- Fèves de soya séchées

Accompagnez vos collations d'une source de glucides : fruit, crudités, pain de grains, biscottes de grains, barre de céréales faible en sucre, compote de pomme sans sucre, fruits séchés, petits muffins maison.

 Exemples de collations équilibrées

- Petite boîte de thon assaisonné et biscottes multigrains
- Fromage et crudités
- Yogourt nature, compote de fruits sans sucre et noix
- Lait et barre de céréales maison
- Fruit et noix
- 1 petit pita de blé entier et 1 œuf

Les bons gras : pour prévenir le déclin de nos performances mentales

Notre cerveau est composé à 60 % de gras. La myéline qui protège les neurones (cellules nerveuses) comprend 70 % de lipides. Cette gaine entoure les cellules nerveuses entre autres pour les protéger et favoriser la création de nouvelles connexions (synapses) entre elles. Les bons gras (huile d'olive et canola, poisson, noix, graines, avocat) sont des composés critiques des membranes cellulaires pour maintenir la fluidité. Plus une membrane cellulaire est fluide, plus elle est fonctionnelle.

Voilà pourquoi on associe les bons gras à un cerveau en santé. Mais bien plus que l'apport en bons gras, les études démontrent de plus en plus l'importance d'un bon équilibre entre les deux gras que le corps ne peut produire par lui-même, appelés acides gras essentiels, soit l'acide alpha-linolénique ALA (de la famille des oméga-3) et l'acide linoléique AL (de la famille des oméga-6).

Il semble que trop d'AL (oméga-6) par rapport à l'ALA (oméga-3) générerait notamment de l'inflammation nuisible au cerveau. De nombreuses études ont montré qu'un déséquilibre du rapport entre les acides gras oméga-6 (n6) et les oméga-3 (n3) peut avoir des effets délétères sur la santé.

Pourquoi ? Parce que ces deux types d'acides gras entrent en compétition. Si l'AL est présent en trop grande quantité par rapport à l'autre, on se retrouve avec une plus grande production de molécules qui favorisent l'inflammation, associée au déclin cognitif et à la démence.

Puisque les oméga-6 jouent un rôle essentiel pour le maintien d'une bonne santé, la meilleure façon d'améliorer le ratio est d'augmenter les oméga-3.

Les poissons à chair grasse comme le saumon, la truite, le maquereau, la sardine et le hareng sont riches en oméga-3 à chaîne longue, appelés acide docosahexaénoïque (DHA) et acide eicosapentaénoïque (EPA). Le DHA est l'oméga-3 le plus abondant dans les membranes des cellules du cerveau.

Des quantités insuffisantes de DHA dans la circulation sanguine et dans l'hippocampe (région du cerveau responsable de la mémoire) pourraient contribuer au déclin cognitif des gens âgés.

Outre les poissons à chair grasse comme source d'oméga-3, certaines huiles et graines contiennent des quantités intéressantes de ALA (oméga-3 de source végétale) que l'on devrait mettre au menu chaque jour, afin de s'assurer d'un bon équilibre entre les oméga-6 et 3. On en retrouve en abondance dans l'huile et les graines de lin, les graines de chia ainsi que dans l'huile de canola. Les animaux nourris à l'herbe (*grass fed meat*) plutôt qu'aux grains donnent une viande qui contient plus d'ALA.

Certaines huiles sont très riches en oméga-6 sans contenir d'oméga-3. Il est donc conseillé de ne pas en abuser et de privilégier plutôt les huiles qui contiennent peu d'oméga-6, comme les huiles d'olive et de canola.

Huiles riches en oméga-6
Maïs
Tournesol
Carthame
Pépins de raisin

Les sources de gras à privilégier

Oméga-3 marin à consommer 2 fois par semaine	Oméga-3 végétal à consommer tous les jours (au choix)	Oméga-9 à consommer régulièrement
75 g de poisson gras : saumon, truite, maquereau, sardines, omble, hareng On peut acheter des micro-algues riches en DHA pour les végétariens et végétaliens. Lait enrichi en EPA et DHA	2 c. à thé (10 ml ou 5 g) de graines de lin broyées 2 c. à thé (10 ml) d'huile de canola 11 g (1 c. à table) de graines de chia ou de chanvre Autres sources : soya, œuf oméga-3, lait oméga-3, yogourt oméga-3, jus oméga-3	Huile d'olive extra vierge Huile de canola Avocat Noix de macadamia, noisettes, avelines, pistaches, amandes, noix de cajou

Solutions de rechange pour plus d'oméga-3

Remplacer ceci…	Par ceci
Vinaigrette commerciale	Vinaigrette maison à l'huile de canola ou de lin
Sauce à salade	Mayonnaise à l'huile de canola
Huile de maïs, de carthame, de tournesol, de pépins de raisin	Huile de canola pour la cuisson*
Poissons blancs maigres (sole, aiglefin, turbot, tilapia)	Poissons à chair grasse : saumon du Pacifique, truite, maquereau, sardines
Graines de tournesol, graines de sésame	Graines de lin, graines de chia, graines de chanvre, haricots de soya rôtis
Lait, yogourt, fromage, œuf	Lait oméga-3, yogourt oméga-3, fromage oméga-3, œuf oméga-3

*L'huile d'olive légère ou vierge est aussi un bon choix pour la cuisson, mais en prenant l'huile de canola, vous obtenez plus d'oméga-3. Conservez l'huile d'olive extra vierge pour vos salades.

Gras trans : halte

Par ailleurs, une diète trop riche en gras trans peut provoquer une dégénérescence des neurones et réduire les performances intellectuelles.

Sources de gras trans

L'industrie alimentaire a fait beaucoup d'efforts pour les éradiquer, mais il en reste encore dans certains aliments d'épicerie et de restaurants.

Au resto : frites, rondelles d'oignon, poisson pané, desserts comme la tarte aux pommes, les baklavas, les croissants, beignes, danoises ou biscuits aux brisures de chocolat.

À l'épicerie : certains produits de boulangerie, les desserts, les collations, repas ou amuse-gueules surgelés, la pizza, le pâté. Lisez le tableau d'information nutritionnelle pour repérer leur présence.

Recette

PAIN DE SAUMON ET FROMAGE

Ingrédients

- 1 boîte (439 g) de saumon en conserve égoutté
- 15 ml de jus de citron
- 2 œufs oméga-3 battus
- 250 ml (100 g) de gruau non cuit
- 250 ml (120 g) de fromage râpé
- 1 oignon (150 g) haché
- 125 ml (60 g) de carottes crues râpées
- 2 ml (2,5 g) de sel
- 1 pincée (0,5 g) de poivre
- 5 ml (0,3 g) de persil séché
- 15 ml d'huile de canola

Préparation

1. Mélangez bien tous les ingrédients et versez-les dans un moule à pain graissé (23 x 13 cm ou 9 x 5 po).
2. Faites cuire à 350 °F (180 °C) pendant 40 minutes ou jusqu'à ce que le pain soit ferme.
3. Laissez refroidir complètement avant de démouler.

Donne 5 portions.

Protéines : 27,8 g ; oméga-3 : 1300 mg

Valeur nutritive par 125 ml (87 g)			
Teneur	% valeur quotidiennne		
Calories 80			
Lipides 0,5 g	**1 %**		
saturés 0 g + trans 0 g	**0 %**		
Cholestérol 0 mg			
Sodium 0 mg	**0 %**		
Glucides 18 g	**6 %**		
Fibres 2 g	**8 %**		
Sucres 2 g			
Protéines 3 g			
Vitamine A	2 %	Vitamine C	10 %
Calcium	0 %	Fer	2 %

Dans une étude, les pires fonctions cognitives et un moins gros volume de cerveau étaient associés à des quantités élevées de gras trans dans le sang des sujets. Sachez par ailleurs qu'il existe des gras trans présents naturellement dans les produits laitiers, notamment, et qui ne sont pas nocifs.

Les vitamines pour un cerveau bien nourri

Dans une étude, des taux élevés de vitamines B1, B2, B6, B9 (acide folique), B12, C, D et E étaient associés à des mesures cognitives plus favorables.

Parmi tous les nutriments, plusieurs vitamines du groupe B jouent un rôle primordial dans les fonctions de mémorisation.

De **légères carences** en ces nutriments pourraient nuire aux performances cognitives. On sait, entre autres, que chez les gens atteints de la maladie d'Alzheimer, on observe un manque d'acétylcholine. En effet, ce neurotransmetteur est indispensable aux fonctions de la mémoire et de l'apprentissage. Or, l'acétylcholine est fabriquée en partie grâce à la vitamine B1.

Quelques sources de vitamines du groupe B

Nutriments	Bonnes sources
Vitamine B1 (thiamine)	Longe de porc, noix du Brésil, haricots noirs, œufs, saumon
Vitamine B6	Dindon, thon, foie, saumon, pommes de terre avec pelure, pois chiches, pistaches et chair de poulet
Vitamine B9 (acide folique)	Abats de volaille, foie, légumineuses, épinards, asperges, graines de lin, haricots de soya
Vitamine B12	Abats, viande, volaille, poisson et fruits de mer, œufs, produits laitiers

N.B. : La levure Engevita enrichie, offerte dans les magasins d'aliments et de produits de santé naturels, représente une excellente source naturelle de plusieurs vitamines du groupe B.

Vitamine D
Une carence est associée au déclin cognitif, alors que des quantités élevées dans le sang sont associées à de meilleures fonctions cognitives et à un volume de cerveau supérieur. On retrouve de la vitamine D dans le lait, les poissons gras comme le saumon, le jaune d'œuf et les yogourts enrichis, mais il est très difficile de combler nos besoins uniquement avec les aliments. Un supplément de vitamine D3 de 400 UI par jour est généralement nécessaire pour y répondre.

Vitamine E
Les personnes avec les taux les plus élevés de vitamine E ont moins de risque de développer la maladie d'Alzheimer. Des quantités élevées dans le sang sont associées à de meilleures fonctions cognitives et à un volume de cerveau supérieur. Par ailleurs, en mangeant des aliments riches en vitamine E (noix, graines, avocat, huile d'olive ou de canola, etc.), nul besoin de prendre des suppléments, les sources étant assez nombreuses.

Les super antioxydants du cerveau
Malgré son petit poids, notre cerveau consomme énormément d'énergie alimentaire (20 à 30 % de ce que nous mangeons). Ses besoins élevés en énergie ne sont pas sans conséquence. La combustion de cette énergie génère beaucoup de déchets appelés radicaux libres. Ces radicaux libres endommagent plusieurs constituants du cerveau et accélèrent le vieillissement. Dès l'âge de 40 ans, ce stress oxydatif causé par les radicaux libres affecte le bon fonctionnement des neurones et amène des symptômes tels des oublis ou une plus grande difficulté à accomplir des tâches complexes.

Il existe un moyen de réduire ce stress oxydatif : consommer des aliments qui contiennent beaucoup d'antioxydants. La source la plus importante d'antioxydants se trouve dans le groupe des fruits et des légumes.

Les études démontrent qu'une consommation élevée de fruits et de légumes est associée à un risque diminué de déclin cognitif et de démence. Les petits fruits (bleuets, framboises, canneberges, etc.) et les légumes verts feuillus seraient ceux qui apporteraient le plus de protection.

Quels sont les légumes verts feuillus ?

- Fanes de légumes : navet, betterave, panais, radis
- Famille des choux : chou pommé, chou de Savoie, chou frisé (kale), chou cavalier, chou chinois, choux de Bruxelles, brocoli
- Verdures douces : laitues, épinards, mâche, pourpier, endives, bette à carde
- Verdures piquantes : moutarde, roquette, cresson
- Fines herbes fraîches : persil, coriandre, basilic, menthe, aneth

TRUC CULINAIRE

Sortez votre extracteur à jus et faites-vous des jus avec des légumes verts feuillus et des fruits. Voici une recette simple et délicieuse : 2 tasses de chou frisé (kale) bien tassées, 2 pommes, 3 carottes moyennes. Donne 3 portions. Une portion comble 170 % des besoins en vitamine A, 115 % en vitamine C, 10 % en fer et 10 % en calcium.

LE SAVIEZ-VOUS ?

- Le chou frisé ou kale est l'un des légumes les plus nutritifs.
- Deux tasses (140 g) couvrent 100 % de nos apports en vitamine C et A, 20 % de nos apports en calcium et procurent du fer et beaucoup d'antioxydants !

Le bleuet

Des études menées avec des animaux de laboratoire ont démontré que la consommation de bleuets pouvait aider à freiner la **perte de mémoire** et même renverser le processus. On fonde donc beaucoup d'espoir sur les antioxydants présents dans le bleuet et autres petits fruits pour protéger nos facultés cérébrales.

Les épices

Les fruits et les légumes ne sont pas les seules sources d'antioxydants bénéfiques au cerveau. On a découvert que certaines épices sont très bien pourvues en antioxydants, autant que certains fruits comme les bleuets. Les épices les plus antioxydantes sont le curcuma, la cannelle et le clou de girofle. En ajouter 1 ou 2 c. à thé par jour ici et là dans nos plats peut contribuer à réduire le phénomène d'oxydation (rouille) de nos neurones.

Le cacao

Le cacao contient des flavanols et pourrait aider à améliorer les fonctions cognitives chez les gens âgés souffrant d'altération des fonctions cognitives. Les flavanols du cacao amélioreraient notamment la circulation sanguine au cerveau.

Recette

CHOCOLAT CHAUD MAISON

Mélangez 2 c. à thé de cacao pur et 2 c. à thé de sucre brut, puis ajoutez un peu de lait pour former une pâte. Couvrez de lait chaud, brassez et servez.

Boissons antioxydantes

Thé vert

Une étude chez l'humain a démontré que les apports les plus élevés (environ 2 tasses par jour) de thé vert sont associés à la plus faible prévalence de déclin cognitif, comparé à une consommation plus faible de 3 tasses par semaine.

Collation tonique et antirouille de l'après-midi

- 20 g de chocolat noir (antioxydants)
- 10 à 15 amandes (protéines, bons gras et fibres)
- 1/2 tasse de bleuets (glucides et antioxydants)
- 1 thé vert (antioxydant)

Alcool et mémoire

La consommation modérée d'alcool semble aider à prévenir le déclin cognitif relié à l'âge ainsi que la démence.

Qu'est-ce qu'une consommation modérée ?

Il est difficile de donner une définition précise de ce qu'est une quantité modérée d'alcool, puisque la tolérance à l'alcool varie d'un individu à l'autre. Néanmoins, voici certains repères que font valoir les différents organismes de référence au Canada :

- Femmes : ne pas boire plus de 2 verres standards par jour et limiter sa consommation à 10 verres standards par semaine.
- Hommes : ne pas boire plus de 3 verres standards par jour et limiter sa consommation à 15 verres standards par semaine.
- Ne pas boire tous les jours.

Qu'est-ce qu'une portion d'alcool ?

- 340 ml (12 oz) de bière
- 140 ml (5 oz) de vin
- 45 ml (1,5 oz) de spiritueux

Caféine et cerveau

Le fait est bien connu : par son action stimulante sur le système nerveux central, le café améliore la vigilance mentale et l'attention à court terme. Cet effet est attribuable à la caféine qu'il contient.

Mais les grains de café, puisqu'ils sont du règne végétal, contiennent aussi des antioxydants, dont l'acide chlorogénique et les mélanoïdines.

Dans la littérature, on associe la consommation de café et autres boissons caféinées comme le thé à un moins grand déclin cognitif.

Certaines études comparant les buveurs modérés de café (2 tasses par jour) avec les consommateurs légers (1 tasse par jour) ont trouvé que ceux qui boivent le plus de café au mitan de leur vie couraient significativement moins le risque de développer l'Alzheimer plus tard dans leur vie.

Une consommation modérée de caféine ne présente pas de risque chez les gens en bonne santé (moins de 400 mg par jour ou environ 2-3 tasses de café).

Par contre, la caféine n'est pas recommandée en grande quantité chez les personnes qui souffrent des problèmes suivants : maladie cardiaque, insomnie, dépression, troubles anxieux, ulcères gastriques ou duodénaux, hypertension artérielle, troubles rénaux, hypoglycémie.

À noter que le café pris seul le matin n'est pas suffisant pour augmenter nos performances intellectuelles en avant-midi. Il faut le combiner à un petit-déjeuner riche en glucides lents et en protéines. De plus, le sucre et la crème ajoutés au café peuvent pour leur part nuire aux fonctions cérébrales.

LE SAVIEZ-VOUS ?

Les études sont de plus en plus nombreuses à révéler que la consommation régulière de café pourrait potentiellement réduire le risque d'être atteint de la maladie de Parkinson.

D'autres antioxydants

Lutéoline

Présente dans le cœur de céleri, le piment fort, le rutabaga, les épinards, le persil et le thym, elle réduirait l'inflammation du cerveau liée à l'âge en inhibant le relâchement de molécules inflammatoires.

TRUCS À L'ÉPICERIE

Lors de vos achats de poissons gras, prévoyez 150 g de poisson par personne et faites deux repas avec cette portion. Votre besoin en oméga-3 hebdomadaire sera comblé en deux repas.

Garnissez votre panier de légumes verts feuillus en vue de les inclure dans plusieurs recettes ou jus à l'extracteur : épinards, chou frisé, persil, bok choy, etc.

Alzheimer et démence

D'ici 2038, 2,5 % de la population canadienne souffrira de démence dont 60 à 70 % seront attribuables à la maladie d'Alzheimer. Actuellement, elle atteint 1,5 % de la population.

La maladie d'Alzheimer est une maladie dégénérative qui provoque une diminution progressive des fonctions cognitives et de la mémoire. Cette maladie n'affecte pas seulement les gens âgés de plus de 65 ans, elle surgit aussi chez les plus jeunes. Les femmes sont plus touchées que les hommes.

Dans cette maladie, il apparaît des lésions bien particulières qui détruisent progressivement les neurones. Ce sont les neurones de la mémoire situés dans l'hippocampe, région du cerveau qui gère la mémoire, qui sont touchés en premier.

Dans le cerveau des personnes atteintes d'Alzheimer, on note la production et l'accumulation de protéines bêta-amyloïdes, qui forment des plaques appelées plaques amyloïdes, associées à la mort des neurones.

L'alimentation et la maladie d'Alzheimer

Bien que la cause exacte de cette maladie ne soit pas connue, les dernières recherches en nutrition ont mené à certaines hypothèses intéressantes. Les résultats de recherche suggèrent que de diminuer les risques d'obésité, de maladies cardiovasculaires et de diabète peut retarder le début ou réduire les possibilités de développer de l'Alzheimer ou de la démence.

On a découvert qu'un diabétique est deux fois plus à risque de démence qu'un non-diabétique. On commence à parler de l'Alzheimer comme du diabète type 3 du cerveau.

Une diète trop riche en glucides est associée à quatre fois plus de risque de démence. Il semble aussi qu'une diète équilibrée peut maintenir l'intégrité neuronale et celle des fonctions cognitives optimales.

Obésité abdominale, coupable ?

Une accumulation de gras autour de la taille est loin d'être inoffensive. Elle augmente les risques de souffrir de maladies cardiovasculaires, de diabète et de cancer, et elle peut aussi affecter les fonctions cognitives. Le lien entre le tour de taille et les fonctions cognitives passe par l'insuline. Pour le comprendre, il faut savoir que le tissu adipeux produit des hormones qui élèvent le taux d'insuline (essentielle à l'utilisation des sucres). Dans le cerveau, il y a beaucoup de récepteurs d'insuline et c'est normal, puisque cet organe carbure au sucre.

L'hypothèse suivante explique le fait qu'un surplus d'insuline est problématique : il y a dans le cerveau une protéine qu'on appelle bêta-amyloïde. On la retrouve en excès dans le cerveau des gens qui souffrent de la maladie d'Alzheimer. Normalement, une enzyme la dégrade et fait en sorte qu'elle ne s'accumule pas. Or, cette même enzyme est aussi responsable de dégrader l'insuline, ce qu'elle fait en priorité. S'il y a trop d'insuline, l'enzyme ne peut pas prendre la bêta-amyloïde en charge, ce qui expliquerait son accumulation.

Comment réduire son tour de taille ?

En réduisant son apport calorique total et particulièrement celui provenant des moins bons glucides (féculents raffinés, sucres, desserts, *fast food*), et en bougeant plus !

Les moyens efficaces pour réduire son tour de taille seront abordés dans le chapitre 5.

Encore les épices !

Les habitants de l'Inde, grands consommateurs de curcuma, ont un taux plus faible d'Alzheimer. La curcumine dans le curcuma augmenterait la capacité du système immunitaire à se débarrasser des plaques amyloïdes, et la cannelle contribuerait à inhiber la progression de la formation des plaques amyloïdes.

Malgré toutes ces informations, il n'est pas encore possible de faire des recommandations alimentaires définitives pour prévenir l'Alzheimer. Cependant, les chercheurs sont sur des pistes intéressantes.

 ## COMPLÉMENTS NATURELS ET NUTRITIONNELS POUR AMÉLIORER LA MÉMOIRE ET LA CONCENTRATION OU PRÉVENIR L'ALZHEIMER

N.B. : Plusieurs produits de santé naturels comportent des contre-indications relativement à certains médicaments, ou sont contre-indiqués lors de la grossesse ou de l'allaitement. Avant de vous les procurer, demandez l'avis de votre médecin ou pharmacien.

Ginkgo biloba

Les personnes atteintes de démence – causée par la maladie d'Alzheimer chez plusieurs – pourraient l'utiliser pour ralentir modérément la perte de leurs fonctions cognitives. Une importante étude est en cours à ce sujet aux États-Unis, réalisée par le National Institute of Health (NIH) auprès de 3000 personnes de plus de 75 ans. À suivre…

Par ailleurs, le Ginkgo biloba ne semble pas améliorer la mémoire des personnes en bonne santé.

Oméga-3

Si votre consommation de poissons gras n'est pas suffisante ni régulière, un supplément d'huile de poisson comprenant plus de DHA que d'EPA pourrait vous aider. Sachez par contre qu'un supplément d'oméga-3 ne procure pas les précieuses protéines et le sélénium contenus dans le poisson.

Multivitamines et minéraux adaptés à l'âge

Puisque plusieurs nutriments sont impliqués dans le fonctionnement optimal du cerveau, un supplément de multivitamines et de minéraux de bonne qualité pourrait prévenir les carences. Dans votre supplément, la vitamine B12 devrait être sous la forme de méthylcobalamine – et non de cyocobalamine – pour une absorption optimale. Choisissez aussi le supplément qui correspond à votre groupe d'âge (ex.: 50 ans et plus), car les besoins sont différents à chaque étape de la vie.

Informez-vous auprès de votre pharmacien pour trouver le supplément qui vous convient le mieux.

Conclusion

Avec une nutrition optimale pour le cerveau, les chances sont grandes que nos performances intellectuelles soient meilleures. Pour ce qui est de la prévention des maladies comme l'Alzheimer, prenons au sérieux l'impact du gras abdominal, notamment sur les risques de développer cette maladie, et agissons!

Déjouer
l'augmentation du tour de taille

De bons aliments qui contribuent à la saine gestion du poids : lait, yogourt, œuf, poisson, légumineuses, noix de Grenoble, amandes, arachides, pistaches, pain de seigle noir, céréales de blé entier, pomme, poire, pamplemousse, thé vert, thé Oolong.

À 20 ans, perdre quelques livres se faisait en claquant des doigts. Quelques restrictions ici et là et le tour était joué. Mais d'année en année, les livres accumulées pendant les vacances, les fins de semaine et les fêtes semblent ne plus vouloir disparaître ; au contraire, elles s'empilent au fil du temps. Chez les hommes, la graisse a toujours tendance à s'accumuler autour de la taille, alors que chez les femmes, avant 40 ans, elle a tendance à s'accumuler davantage aux hanches et aux cuisses. Voilà que dans la quarantaine, les femmes aussi commencent à accumuler de la graisse autour de la taille, comme chez les hommes. C'est ainsi qu'on parle d'un changement de morphologie, passant de la forme poire (concentration de la graisse aux hanches et aux fesses) à la forme pomme (concentration de la graisse à la taille ou au tronc). Même si la forme poire n'est esthétiquement pas parfaite, elle est néanmoins beaucoup moins dangereuse pour la santé que la forme pomme. Après 40 ans, l'addition de graisse autour de la taille chez la femme, notamment, est en partie liée à la baisse d'œstrogène et de tissu musculaire.

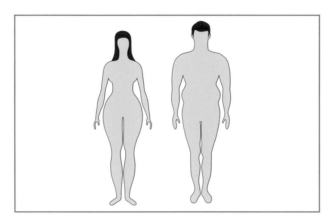

Une accumulation trop élevée de graisse autour de la taille peut mener à de l'obésité abdominale. Cette graisse, surtout si elle est viscérale (autour des organes dans la cavité abdominale), augmente le risque de souffrir d'une maladie cardiovasculaire, de diabète, d'hypertension et de certains cancers. Il est donc crucial de mesurer son tour de taille adéquatement afin de déterminer si nos risques sont faibles, accrus ou considérablement accrus quant à ces maladies, et d'intervenir en conséquence.

Par ailleurs, vouloir à tout prix retrouver sa taille de 20 ans serait une entreprise vouée à l'échec, car il est normal et presque inéluctable de prendre du poids en avançant en âge. D'ailleurs, il semble que la santé des femmes post-ménopausées qui ont pris 5 à 10 livres lors de la ménopause serait meilleure que celles qui n'ont pas pris de poids ou qui en ont pris davantage.

Le poids personnalisé

Le poids idéal est propre à chacun. De tout temps, il a existé des formats corporels différents. Chez certaines personnes, il vaut mieux viser à changer ses habitudes alimentaires pour une meilleure santé que de s'efforcer de perdre du poids encore et encore. En effet, les fluctuations de poids appelées «phénomène du yo-yo» sont préjudiciables à la santé, car de régime en régime, le poids augmente. Certains individus s'alimentant sainement et faisant de l'exercice physique jouissent d'une excellente santé malgré un tour de taille élevé. Chez ces personnes, la graisse abdominale en surplus est sous-cutanée et non viscérale, ce qui la rend plus inoffensive.

Pourquoi la graisse viscérale est-elle nocive ?

Lorsque la graisse s'accumule de manière sous-cutanée (sous la peau), il n'y a pas de problème. Par contre, lorsque cette même graisse se concentre de façon viscérale, c'est-à-dire autour des organes et dans les organes comme le foie et les muscles – qui ne sont pas des sites normaux de stockage de la graisse –, les conséquences peuvent être négatives : en effet, la graisse abdominale ou viscérale se dirige plus facilement vers les vaisseaux sanguins, en plus de libérer des molécules néfastes pour le cœur.

L'indice de masse corporelle (IMC), largement utilisé pour évaluer nos risques de maladies, n'est plus une mesure fiable puisqu'elle ne dit rien sur la localisation de la graisse. Même si votre poids est dans la zone santé (IMC corporel de moins de 25), vous pouvez tout de même avoir un tour de taille trop élevé. De même, certaines personnes faisant de l'embonpoint selon leur IMC sont peu à risque de maladies, parce que leur tour de taille n'est pas excessif. Bref, l'indice de masse corporelle est un outil incomplet pour évaluer l'impact d'une surcharge en gras sur la santé. Ce qui compte, c'est la localisation de la graisse.

Comment mesurer son tour de taille ?

1. Placez-vous debout, les pieds à 25-30 cm de distance (10-12 po) et remontez vos vêtements pour pouvoir mesurer contre la peau.

2. Servez-vous d'un ruban à mesurer de couture souple.

3. Placez le ruban à mesurer uniformément autour de votre taille, à mi-chemin entre le haut de l'os de la hanche et le bas de la cage thoracique.

4. Expirez et détendez-vous.

5. Inscrivez la mesure en centimètres ou en pouces.

À défaut de ruban à mesurer, utilisez une corde ou une ficelle et reportez la mesure sur une règle ou un mètre à mesurer.

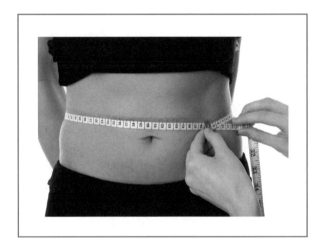

Classification du risque de maladie cardiovasculaire, de diabète et d'hypertension en fonction du tour de taille	Hommes		Femmes	
	cm	pouces	cm	pouces
Faible (tour de taille normal)	< 94	< 37	< 80	< 31,5
Accru (embonpoint abdominal)	> 94	> 37	> 80	> 31,5
Considérablement accru (obésité abdominale)	> 102	> 40	> 88	> 35

Il existe des variantes génétiques quant au tour de taille associé à un risque élevé.

Si vous êtes d'origine asiatique, asiatique du Sud ou hispanique, voici les valeurs du tour de taille à considérer :

Risque accru :

90 cm (35 po) et plus pour les hommes
80 cm (32 po) et plus pour les femmes

Si vous êtes d'origine africaine :

Risque accru :

94 cm (37 po) et plus pour les hommes
80 cm (32 po) et plus pour les femmes

Les causes du surpoids

La prise de poids dans son ensemble est le résultat d'un déséquilibre entre les calories ingérées et celles brûlées. Aucun scientifique ne réfute cette théorie, car c'est mathématique. Dépasser notre niveau de satiété et manger lorsqu'on n'a pas faim tout en menant une vie sédentaire crée un excès de calories qui nous fait prendre du poids graduellement.

Par contre, la cause d'un bilan positif de calories absorbées par rapport à celles brûlées est multifactorielle et complexe.

Nous vivons aujourd'hui dans un environnement obésogène (qui génère l'obésité) qui favorise la sédentarité et des choix alimentaires peu sains. Nous nous déplaçons en voiture presque tout le temps, travaillons assis, disposons de plusieurs appareils électriques qui font le travail à notre place (lave-vaisselle, télécommande, etc.), en plus de passer plusieurs heures devant le téléviseur ou l'ordinateur. Cet environnement obésogène est encouragé tant par une industrie alimentaire qui offre des plats précuisinés riches en gras et en sucre, que par des publicités montrant de grosses portions alléchantes qui nous incitent à manger. Ainsi, le manque de temps nous pousse vers des plats tout préparés, moins nutritifs et moins rassasiants. Les recherches des dernières années ont aussi mis en lumière le lien entre le manque de sommeil et le gain de poids. Le manque de sommeil ferait monter les niveaux sanguins de ghréline, une hormone qui déclenche la faim et réduit la consommation d'énergie par le corps.

Des **facteurs psychosociaux** peuvent aussi contribuer au surplus de poids. Les états de stress, d'anxiété, d'ennui, de tristesse, de mélancolie ou de colère peuvent nous inciter à manger pour calmer ou pour oublier temporairement ces sentiments ou ces états. Des habitudes alimentaires malsaines acquises dans l'enfance, comme le fait d'avoir été récompensé avec de la nourriture, d'avoir toujours été incité à finir son assiette (sous peine de ne pas avoir droit au dessert) et autres stimulations semblables, sont également des facteurs qui peuvent contribuer à la surconsommation. En outre, une image corporelle négative qui porte à faire des régimes draconiens à répétition a pour résultat une reprise de poids toujours plus importante. Finalement, des pensées de sabotage récurrentes qui nous font manger ou nous priver de nourriture pour de mauvaises raisons entraînent presque inévitablement un phénomène de désinhibition (une propension à surconsommer des aliments).

Puisque des facteurs biopsychosociaux et environnementaux sont impliqués dans la prise de poids, en perdre et le maintenir représentent deux défis de taille !

Comment réduire sainement son tour de taille ?

Les études ont démontré que faire une heure d'exercice par jour peut réduire le gras abdominal d'environ 30 %, et que réduire les calories d'environ 400 à 700 par jour peut mener à une perte de gras viscéral de 15 à 30 %. Vous comprendrez que faire de l'exercice et manger moins constituent la stratégie gagnante pour réduire son tour de taille de façon considérable.

Tout ça est beau en théorie, mais comment manger moins sans se sentir affamé ?

Privilégier les aliments rassasiants et satiétogènes

Pour maintenir son poids ou en perdre, il faut éviter de ne pas être rassasié et satisfait après les repas, ce qui conduit à avoir constamment faim.

Pour ce faire, il est important de consommer une grande quantité d'aliments rassasiants et qui soutiennent longtemps (qui ont un caractère satiétogène), en plus d'être très nutritifs comme les fruits et les légumes, les grains entiers, les produits laitiers et les légumineuses. L'un des moyens de diminuer nos apports énergétiques sans calculer les calories consiste à privilégier les aliments satiétogènes qui, à contenu calorique identique, entraînent généralement de moindres prises alimentaires entre les repas ou au repas suivant.

Le rassasiement se définit comme une sensation de plénitude au cours d'un repas ou d'une collation, sensation agréable qui contribue à nous faire arrêter de manger.

La satiété est plutôt un état qui survient après la consommation d'aliments et qui se caractérise par l'arrêt de la faim et la perte de l'appétit. Les aliments satiétogènes nous coupent la faim sur une longue période, de là leur précieuse contribution à la gestion du poids.

Les aliments satiétogènes

Pour le même nombre de calories, les aliments à faible densité énergétique (fruits, légumes, lait, etc.) s'avèrent plus satiétogènes que les aliments à haute densité énergétique (viande, bagel, beurre, etc.). La densité énergétique est égale à la quantité de calories par gramme d'aliment (cal/g). Une densité énergétique élevée signifie une plus grande quantité de calories pour un même poids d'aliment. En effet, une étude scientifique a permis d'observer que les personnes qui diminuent la densité énergétique de leur alimentation perdent plus de poids que celles qui se concentrent uniquement sur la teneur en gras de leur régime. En prime, la faim se fait moins sentir.

Les facteurs qui influencent la densité énergétique d'un aliment sont le contenu en eau, en fibres alimentaires et en matières grasses. La présence d'eau et de fibres diminue la densité énergétique, tandis que la quantité de matières grasses l'augmente. C'est toutefois la quantité d'eau présente dans un aliment qui détermine le plus sa densité énergétique.

GROUPES D'ALIMENTS À PRIVILÉGIER (FAIBLE DENSITÉ ÉNERGÉTIQUE)

1. Les fruits et les légumes. Ce sont les aliments qui ont la plus faible densité énergétique, car ils contiennent beaucoup d'eau et de fibres, et peu de calories. De fait, en occupant beaucoup de volume dans l'estomac, ils nous font donc nous sentir repu rapidement. Manger beaucoup de fruits et de légumes est ainsi l'une des meilleures stratégies pour être rassasié et favoriser la perte de poids. L'effet sur la satiété de certains fruits et légumes a été étudié. Les pommes, les poires, les pamplemousses, les pruneaux, les fruits séchés, les épinards et les carottes se sont révélés particulièrement satiétogènes, probablement à cause du type de fibres qu'ils contiennent, soit des fibres solubles. Par ailleurs, il faut retenir que l'ensemble des fruits et des légumes est intéressant pour mieux gérer son poids. Pour obtenir l'effet maximum de remplissage qu'ils produisent, nous devons les consommer entiers et non en jus ou en compote, car ces derniers ne contiennent plus de fibres et sont donc moins satiétogènes.

2. Les grains entiers. Leur densité énergétique n'est pas aussi faible que celle des fruits et des légumes, mais elle n'est pas très élevée puisqu'après cuisson, ils sont gorgés d'eau. Les grains entiers comprennent le riz brun, le quinoa, les pâtes de grains entiers, l'orge, le gruau à cuisson lente, le maïs entier ou soufflé, les céréales riches en fibres et faibles en sucre, le millet, le couscous de blé entier, le boulgour et autres. Ces aliments contiennent des glucides lents, des fibres et de l'eau, ainsi qu'une abondance de vitamines et de minéraux essentiels. Même si le riz blanc, le couscous et les pâtes blanches cuits sont aussi gorgés d'eau, ils rassasient un peu moins parce qu'ils provoquent une hausse du taux de sucre sanguin plus rapide que leur version grains entiers, ce qui en bout de piste peut augmenter l'appétit à cause de l'hypoglycémie qui survient après leur ingestion. De plus, comme ils ne contiennent pas de fibres, ils se mastiquent plus rapidement et peuvent être consommés en grande quantité en peu de temps.

Parmi les pains, ceux de seigle (*pumpernickel*) et ceux faits avec des farines de légumineuses seraient plus rassasiants que ceux de blé entier ou multigrains. Par ailleurs, les céréales de flocons de blé entier semblent procurer beaucoup de satiété.

Quant aux produits faits de farine de grains entiers, comme le pain de blé entier, les bagels de blé entier, les craquelins de blé entier, les biscottes de blé entier et autres, ils représentent de bons choix, mais rassasient un peu moins que les grains entiers nature, parce qu'ils contiennent moins d'eau (voir la comparaison dans le tableau ci-dessous).

Densité énergétique des pains et substituts

- Plus le chiffre est bas, plus l'aliment rassasie.
- De 0,6 à 1,5 : densité énergétique faible : à privilégier
- De 1,5 à 4 : densité énergétique moyenne : modérément

Grains de céréales cuits	Densité énergétique faible	Produits de boulangerie faits de farine de blé entier ou de farine blanche	Densité énergétique moyenne
Gruau	0,8	Biscottes grains entiers	4,0
Riz brun/riz blanc*	1,1/1,3	Pain blé entier	2,6
Pâtes multigrains/pâtes blanches*	1,2/1,6	Bagel blé entier	2,6
Blé concassé (boulgour)	1,4	Muffin au son	2,8
Quinoa	1,2	Pain blanc	2,7
Orge	1,2	Pain tortilla	2,2
Couscous de blé entier	1,1		
Maïs entier	0,8		

*Le riz blanc et les pâtes blanches ne sont pas des grains entiers, mais comme ils se gorgent d'eau lors de la cuisson, leur densité énergétique est faible. Par contre, il vaut mieux les choisir entiers, car ils sont plus longs à mastiquer ; il est donc plus facile d'en manger moins.

Solutions pour consommer plus de grains entiers et de fibres

Remplacer ceci...	Par ceci
Couscous	Boulgour, quinoa, couscous de blé entier
Chapelure	Son d'avoine
Spaghetti, macaroni blanc	Spaghetti et macaroni blé entier, épeautre, multigrain
Riz blanc	Riz brun, riz sauvage, quinoa
Pomme de terre sans la pelure, purée, frites	Orge ou pomme de terre avec pelure en quartiers, cuite au four
Crêpe à la farine blanche	Crêpe à la farine de sarrasin
Pain blanc, sous-marin blanc	Pain aux grains entiers, sous-marin de blé entier
Céréales sucrées	Céréales faibles en sucre (moins de 7 g) et riches en fibres (plus de 3 g)

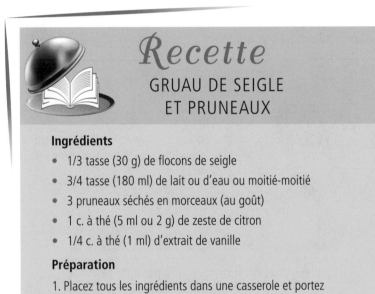

Recette
GRUAU DE SEIGLE ET PRUNEAUX

Ingrédients
- 1/3 tasse (30 g) de flocons de seigle
- 3/4 tasse (180 ml) de lait ou d'eau ou moitié-moitié
- 3 pruneaux séchés en morceaux (au goût)
- 1 c. à thé (5 ml ou 2 g) de zeste de citron
- 1/4 c. à thé (1 ml) d'extrait de vanille

Préparation
1. Placez tous les ingrédients dans une casserole et portez à ébullition.
2. Baissez le feu et laissez cuire pendant 7 à 10 minutes, tout en remuant.

Donne 1 portion.

3. Lait, yogourt et fromages frais. Comme les grains entiers, ils ont une densité énergétique assez faible, car ils contiennent beaucoup d'eau pour peu de calories. Les produits laitiers contiennent aussi des acides aminés (dont la leucine) qui pourraient jouer un rôle dans la diminution du gras abdominal.

De plus, ils contiennent beaucoup de calcium, ce qui pourrait contribuer à la perte de poids chez les personnes dont la diète en contient peu. Les chercheurs ont émis l'hypothèse que le cerveau serait en mesure de percevoir une carence en calcium, et qu'il chercherait à la compenser en augmentant le désir de manger, et conséquemment l'apport alimentaire. Les données indiquent que l'effet sur la perte de poids d'un ajout de calcium à la diète s'observerait surtout chez les gens en surpoids et obèses dont la consommation de calcium est, à la base, insuffisante (600-700 mg ou moins par jour). Ceux qui ont un apport suffisant ne tireraient pas de bénéfices d'un apport additionnel.

4. Légumineuses. Les légumineuses (lentilles, pois et haricots) sont des aliments satiétogènes souvent oubliés. Elles combinent protéines, fibres, eau, glucides lents et peu de gras. Que demander de mieux? De plus, en étant riches en fer et en zinc, elles sont les substituts idéaux de la viande quand on désire réduire sa consommation.

On pense que l'effet des légumineuses sur la satiété serait dû en grande partie à leur teneur en fibres. Elles en contiennent de 12 à 17 g par tasse (180 à 200 g).

5. Avocat et olives. En fournissant des fibres et de l'eau, ces aliments ont une densité énergétique assez faible. En plus, ils sont riches en acides gras mono-insaturés, bénéfiques pour la santé cardiovasculaire.

Une pomme procure un meilleur rassasiement qu'un biscuit pour moins de calories, car elle occupe plus de place dans l'estomac!

Combinée à du lait, du yogourt ou des noix, une pomme prolongera la satiété.

Amuse-gueules rassasiants

*   Purée de guacamole sur tomate
*   Purée de pois chiche (houmous) sur tranche de concombre
*   Olives vertes et noires

Comment diminuer la densité énergétique de certains plats?
Au lieu de manger du riz au poulet, faites-en une soupe riz et poulet. En ajoutant du liquide, la densité énergétique diminuera et vous serez plus rassasié.

Ajoutez des purées de légumes dans vos recettes. Faites des muffins de légumes, ou encore un pâté chinois avec de la purée de chou-fleur (et un peu de pomme de terre), au lieu de mettre seulement de la purée de pomme de terre.

L'eau et la perte de poids

L'eau seule ne rassasie pas, car elle est trop vite absorbée. Par contre, elle peut permettre de patienter quelques minutes si on a très faim. Aussi, quand vous avez faim, buvez de l'eau et évaluez votre état. Votre sensation de faim était peut-être de la soif ?

Les aliments satiétogènes protéinés

L'effet d'une alimentation riche en protéines sur la satiété est bien démontré. Ce qui ne veut pas dire que consommer beaucoup de protéines vous fera perdre du poids par magie ; cela facilitera plutôt la tolérance à la baisse des calories en réduisant la faim. Pour un même nombre de calories, les protéines sont plus satiétogènes que les glucides, et ces derniers plus que les lipides (gras).

Les diètes à teneur plus élevée en protéines qu'à l'habitude et associées à l'exercice limitent la diminution de masse maigre (muscle) lors de la perte de poids. Ces diètes semblent provoquer une plus grande perte de gras abdominal que celles à contenu protéinique modéré et plus riches en glucides. Par contre, les aliments riches en protéines et en gras, comme les viandes grasses, les charcuteries et les fromages, n'offrent pas les mêmes avantages sur le plan de la satiété, à cause de leur contenu élevé en matières grasses, sans oublier que le type de gras qu'ils contiennent (gras saturé) est néfaste pour la santé cardio-vasculaire.

Par ailleurs, les diètes hyperprotéinées (appelées jeûne protéiné) ne sont pas recommandées, car elles sont monotones et très basses en calories.

La clé est de s'assurer d'absorber une quantité suffisante de protéines. Dans un programme de perte de poids, la quantité de protéines doit être d'au moins 1 g/kg de poids et plus si entraînement musculaire, afin de s'assurer de limiter la fonte de muscles lors de la perte de poids. Pour calculer votre besoin en protéines et connaître les quantités de protéines dans les aliments, consultez le chapitre 2, *Conserver sa masse musculaire.*

Sources de protéines à privilégier

1. Poisson, œufs, volaille, fruits de mer. La densité énergétique de ces aliments est un peu plus élevée, mais étant donné leur richesse en protéines, ils sont assez satiétogènes. Le poisson et les œufs sont les champions de leur catégorie pour l'effet satiétogène. Par contre, mangés seuls, ils ne sont pas rassasiants (ils ne procurent pas une sensation de plénitude). Il faut donc les combiner à des légumes et à des grains entiers riches en eau. À titre d'exemple, un gros filet de saumon (180 g) seul sera moins satiétogène qu'une portion de

saumon modérée (90 g) accompagnée de poivron et de riz brun, ces deux derniers aliments ayant une faible densité énergétique.

2. Les noix et les graines. Elles sont satiétogènes parce qu'elles contiennent à la fois des fibres et des protéines. Comparées à d'autres noix, les amandes remportent la palme d'or pour leur effet satiétogène. Par contre, elles ne sont pas rassasiantes lorsque mangées seules, parce qu'elles ne contiennent pas d'eau. Il faut donc les combiner avec des aliments riches en eau, comme un fruit ou un yogourt. Ils ont un contenu élevé en gras, mais il s'agit de bons gras, essentiels à la santé. Il ne faut donc pas s'en priver. Aussi, les gras insaturés, comme ceux provenant des noix, graines, poissons et huiles végétales, se stockeraient possiblement moins facilement sous forme de graisse corporelle que les gras saturés retrouvés dans les gras animaux. Il n'existe d'ailleurs pas de lien entre la consommation de noix et le risque d'embonpoint.

TRUC À L'ÉPICERIE

Remplacez vos sacs à biscuits par des sacs de noix.

TRUCS À LA MAISON

Troquez vos plats de bonbons par des plats de noix.
Intégrez le beurre d'amande comme tartinade au déjeuner.

TRUC EN AUTO

Gardez des noix dans le coffre à gants en cas de fringales, au lieu d'arrêter acheter du chocolat ou des boissons gazeuses.

3. Le fromage à pâte dure. Si on le choisit à moins de 20 % de matières grasses, il constitue un bon aliment satiétogène à cause de sa richesse en protéines. Encore ici, le combiner à des crudités riches en eau serait un plus du point de vue du rassasiement.

Palmarès des aliments étudiés les plus satiétogènes

- Poisson
- Œufs
- Légumineuses
- Amandes
- Lait
- Yogourt
- Pomme
- Poire

- Pamplemousse
- Épinards
- Carotte
- Pain de seigle entier
- Pain à la farine de légumineuses
- Gruau de seigle
- Céréales de flocons de blé entier

LE SAVIEZ-VOUS ?

Concernant les aliments qui semblent prévenir la prise de poids, une revue systématique de la littérature parue en 2012 établit des liens probables ou possibles entre une consommation élevée de fibres alimentaires, la consommation de noix, de grains entiers, de fruits et de produits laitiers et la prévention de la prise de poids. Ce sont des résultats qui corroborent l'effet positif d'une alimentation à densité énergétique faible pour la gestion du poids.

En résumé, pour bénéficier de repas rassasiants et satiétogènes, il faut :

- une quantité adéquate de protéines provenant soit de la volaille, soit de viandes maigres, de poisson, de fruits de mer, de légumineuses, de lait ou de ses substituts à teneur faible en matières grasses ;
- des grains entiers ;
- beaucoup de fruits et de légumes.

Exemple d'un menu rassasiant et satiétogène

Déjeuner

- 1 ou 2 rôties de pain de grains entiers (glucides lents avec fibres)
- 1 œuf (protéines)
- 1 kiwi et 1 poire (fruits entiers riches en fibres et en eau)
- 1 thé (riche en eau)

Dîner

- 3 oz (90 g) de poitrine de poulet (protéines)
- 1/2 tasse à 1 tasse (100 à 200 g) de riz brun cuit (glucides lents et fibres)
- Salade avec avocat et olives (légumes riches en fibres et en eau)
- Fraises (fruit riche en fibres et en eau)
- Yogourt grec (protéines et calcium)

Souper
Pâté chinois aux lentilles et bœuf dont voici la composition :

- Lentilles et bœuf extramaigre (protéines, glucides lents riches en fibres)
- Chou-fleur en purée et pomme de terre (glucides lents et eau)
- Maïs en grains (glucides lents riches en fibres)
- Carottes cuites (légume riche en fibres et en eau)
- 30 g de fromage à 20 % et moins de matières grasses (protéines et calcium)
- Raisins (fruit riche en fibres et en eau)

Recette
CHILI *SIN CARNE*

Ingrédients

- 1/2 tasse (125 ml ou 83 g) d'orge perlé non cuit
- 1 1/2 tasse (375 ml) d'eau
- 1 c. à table (15 ml) d'huile d'olive extra vierge
- 1 oignon (100 g) haché
- 1 poivron vert (160 g) haché
- 1 gousse d'ail (3 g) sans le germe, hachée finement
- 28 oz (1 boîte ou 796 ml) de tomates en dés
- 1/2 c. à thé (2 ml ou 2 g) de sel de mer
- 1 c. à thé (5 ml) de sauce Worcestershire
- 2 c. à thé (10 ml ou 14 g) de miel
- 1 c. à thé (5 ml ou 1,5 g) d'origan
- 2 c. à thé (10 ml ou 5 g) de poudre de chili
- 19 oz (1 boîte ou 540 ml) de haricots rouges cuits

Préparation

1. Mettez l'orge mondé dans une casserole. Ajoutez l'eau et portez à ébullition. Couvrez et laissez mijoter à feu doux, jusqu'à ce que l'orge soit tendre (environ 45 minutes).

2. Dans une grande poêle, faites chauffer l'huile d'olive et faites-y revenir l'oignon, le poivron et l'ail pendant 5 minutes.

3. Ajoutez les tomates, les assaisonnements, les haricots et l'orge cuite.

4. Couvrez et laissez mijoter 1 h 15 à feu doux.

Donne 6 portions.

Aliments brûle-graisse ?

Aucun aliment n'a d'effet brûle-graisse significatif. Par contre, certains aliments semblent aider au maintien du poids perdu. Les thés vert et Oolong font partie de ces aliments, de même que le yogourt, le poisson, les noix de Grenoble, les arachides et les pistaches, les fruits frais et les fruits séchés. Une alimentation rassasiante peut contribuer au maintien du poids parce qu'elle modère la faim.

Collation poids stable

✓ Yogourt nature aux pruneaux et aux pistaches, accompagné d'un thé vert

Aliments affameurs

Les aliments affameurs sont des aliments qui ne procurent pas un long effet de satiété, nous affamant plus précocement que souhaité. Ils ont une densité énergétique élevée et contiennent beaucoup de l'un ou de l'autre des nutriments suivants : sucre, alcool, amidon, gras et sodium. Les aliments affameurs contiennent très peu ou pas de fibres et sont moins nutritifs que les aliments satiétogènes.

Quels sont ces affameurs ?

Les aliments affameurs sont ceux que l'on consomme souvent en trop grande quantité, parce qu'ils sont **facilement accessibles** et **prêts à manger,** comme les barres tendres, les barres de chocolat, les brioches, gâteaux, tartes, craquelins, biscottes, muffins, pain à sous-marin, galettes, biscuits et autres. D'autre part, on les consomme aussi facilement parce qu'ils constituent la base des **repas de restauration rapide** (frites, boissons gazeuses, hamburger), celle des **plats congelés très populaires** (lasagne, pizza) et celle de nos **grignotages préférés** (croustilles, biscuits, bonbons).

Présentement, on estime que de 30 à 40 % de la diète nord-américaine est composée d'amidon et de sucres raffinés provenant des aliments ci-dessus mentionnés. Non seulement ces aliments ne rassasient pas bien, mais en quantité trop élevée, ils nuisent à la santé (ils sont associés aux maladies cardiovasculaires et au diabète, notamment).

Dans son *Guide alimentaire canadien,* Santé Canada fait la recommandation suivante quant à ces aliments :

« Limiter la consommation d'aliments et boissons riches en calories, lipides, sucre ou sel (sodium), tels que : beignes et muffins, biscuits et barres granola, chocolat et bonbons, crème glacée et desserts surgelés, croustilles, nachos et autres grignotines salées, frites, gâteaux et pâtisseries, alcool, boissons aromatisées aux fruits, boissons gazeuses, boissons sportives et énergisantes, boissons sucrées chaudes ou froides. »

LE SAVIEZ-VOUS ?

Une revue systématique de la littérature parue en 2012 fait état de liens probables ou possibles entre la consommation de grains raffinés, de sucres, de desserts, de pain blanc, d'aliments à haute densité énergétique et de viandes, et la prise de poids et l'augmentation du tour de taille.

Gérer les quantités d'aliments affameurs

Pour arriver à perdre du poids, comprenons bien qu'il n'est pas question de bannir les aliments affameurs, car en quantité modérée, ils n'affectent pas le poids ni la santé et contribuent au plaisir de manger.

Il faut simplement les remettre à leur place ; ces aliments ne doivent pas envahir notre alimentation !

D'abord, il faut prendre conscience de la place qu'occupent les aliments affameurs dans notre alimentation, puis tenter de les réduire en les remplaçant en partie par des aliments plus satiétogènes, ou en combinant toujours un aliment affameur à un aliment satiétogène.

Exemple : vous avez le goût d'une pizza garnie… Allez-y, mais accompagnez-la d'une salade, afin de réduire spontanément le nombre de pointes de pizza dont vous aurez besoin pour vous sentir rassasié. Les aliments affameurs ne font pas engraisser directement, mais nous portent à manger plus au repas suivant et souvent plus tôt que souhaité, ce qui peut nuire au maintien du poids.

De plus en plus d'études démontrent le potentiel d'abus à l'égard de ces aliments affameurs. En effet, le mélange de sucre et de gras dans un aliment affecterait la grosseur de nos portions, en raison de son influence sur la « chimie » du cerveau. Il stimulerait les zones de plaisir du cerveau, ce qui inciterait à manger davantage les aliments qui contiennent beaucoup de gras et de sucre, comme les biscuits, la crème glacée, les pâtisseries, les croustilles (beaucoup de gras et d'amidon) et autres. L'effet de plaisir attirant l'emporterait ainsi sur les mécanismes normaux de contrôle de la faim.

Le fructose un possible responsable de la graisse abdominale

Le fructose libre ou HFCS (*High Fructose Corn Syrup*), repéré sur les étiquettes d'aliments sucrés sous l'appellation glucose/fructose, sème le doute quant à son impact négatif possible sur la graisse abdominale. Il semble qu'une grande consommation de fructose provenant notamment des boissons sucrées serait associée à une augmentation de l'obésité abdominale (viscérale), à un accroissement de la quantité de gras stockée dans le foie ainsi qu'à une recrudescence de la production de gras dans le système circulatoire après le repas. On ne sait pas encore pour l'instant si cet effet est attribuable au fructose seul ou à l'excès de calories provenant de ses aliments.

Ce fructose libre se retrouve concentré surtout dans les boissons sucrées et les pâtisseries commerciales. Le sirop de maïs à haute teneur en fructose est un édulcorant liquide qui a remplacé le sucre dans de nombreux produits transformés.

Sources de glucose-fructose
Boissons gazeuses*
Boissons aux fruits sucrées (punchs, cocktails, etc.)*
Yogourts aromatisés
Céréales à déjeuner
Fruits en conserve
Produits de boulangerie (viennoiseries, pâtisseries, gâteaux, tartes, etc.)*
Repas surgelés
Condiments : ketchup, confitures et gelées de fruits

*Sources les plus concentrées.

Boissons gazeuses et gras abdominal

Parmi les aliments affameurs, les boissons gazeuses sont probablement en tête de liste. Elles sont associées à la prise de poids et à l'accumulation de gras viscéral. Il semble maintenant évident que c'est l'excédent de calories qu'elles procurent ou leur forte concentration de fructose, ou les deux – associés au fait qu'elles ne contiennent aucun nutriment rassasiant –, qui sont à l'origine de leur impact négatif sur le poids.

Tableau des aliments affameurs

Sucres purs ou aliments riches en sucre et/ou en amidon	Aliments riches en sucre et/ou en gras	Aliments riches en amidon (sans fibres alimentaires)*	Aliments riches en gras et/ou en amidon	Aliments riches en alcool et/ou en sucre
Glucose-fructose (présent dans la plupart des aliments commerciaux)	Chocolat	Pain blanc	Frites	Vin
Sirop de maïs	Crème glacée	Pain à sous-marin blanc	Croustilles	Bière
Biscuits	Pâtisserie	Petit pain rond blanc	Nachos	Cocktail
Galettes	Gâteau avec crémage	Riz blanc	Patates pilées	Spiritueux
Beignes		Bagel blanc	Croissant	
Sucre blanc		Pain baguette blanc	Pogo	
Miel		Pain à salade blanc	Poutine	
Sirop d'érable		Pain kaiser blanc	Fondue parmesan	
Cassonade		Patate bouillie	Pizza garnie	
Confiture		Biscuit soda blanc	Pâtes Alfredo	
Bonbons		Biscotte	Croûte de tarte	
Boissons gazeuses		Grissol	Panure	
Jus de fruits		Biscotte de farine blanche de tout genre	Rouleaux impériaux	
Boisson aux fruits		Couscous	Huile	
Boissons énergisantes		Macaroni blanc	Beurre	
Céréales sucrées		Crêpe de farine blanche	Graisse	
Pouding jello		Vermicelle de riz	Vinaigrette	
Muffins commerciaux		Pita blanc	Mayonnaise	
Barres tendres		Tortillas blanc	Margarine	
Ketchup		Pain à hamburger et à hot-dog blanc		
Capuccino glacé				
Milk shake				

*Ces aliments sont des produits céréaliers raffinés, c'est-à-dire qui contiennent peu ou pas de fibres alimentaires. Ils sont donc moins satiétogènes que leur version grains entiers, mais sont tout de même nutritifs. Privilégiez le plus souvent possible les produits céréaliers de grains entiers et consommez la pomme de terre avec la pelure.

Quatre étapes pour se libérer des boissons gazeuses et des boissons sucrées

1. Remplacez les boissons sucrées ordinaires par un mélange d'eau gazéifiée et de jus de fruits naturel dans un ratio de 2 : 1 (pendant 3 semaines).

2. Réduisez le ratio eau gazéifiée et jus de fruits naturel à 3 : 1 (pendant 3 semaines).

3. Prenez de l'eau gazéifiée aromatisée au citron ou à la lime (sans succédané) (pendant 3 semaines).

4. Habituez-vous à l'eau nature.

Exemples de portions recommandées pour perdre du poids

Sachez qu'au-delà des portions mentionnées, respecter sa faim et son rassasiement est primordial. Il se peut donc que pour certains, le nombre de portions soit insuffisant et trop élevé pour d'autres.

Groupes d'aliments	Nombre de portions femme	Nombre de portions homme	À quoi correspond une portion ?
Fruits et légumes	7-8	8-10	• 1/2 tasse (125 ml) de légumes ou de fruits frais, congelés ou en conserve, ou de jus 100 % purs • 1 tasse (250 ml) de légumes-feuilles ou de salade • 1 fruit
Pain et substituts Dont au moins 3 portions de grains entiers	4-5	6-7	**À privilégier** • 1/2 tasse (100 g) de riz brun • 1/2 tasse (75 g) de pâtes alimentaires de grains entiers cuites • 1 tranche (35 g) de pain de grains entiers • 1/2 grande tortilla (35 g) de grains entiers • 1/2 tasse de boulgour (85 g), de quinoa (70 g), d'orge (80 g), de millet (90 g), de riz brun (100 g) ou de riz sauvage (90 g) cuit • 1 portion (30 g) de biscottes riches en fibres • 1 portion (30 g) de céréales de grains entiers **À prendre modérément** • 1/3 tasse (70 g) de riz blanc ou pâtes alimentaires blanches ou couscous • 1/2 pain hamburger ou hot-dog • 1/3 de bagel ou 1/3 de pain sous-marin 6 pouces • 5 cm (2 po) de pain baguette • 1/2 tortilla blanche
Lait et substituts	3	3	• 1 tasse (250 ml) de lait ou boisson de soya originale • 3/4 tasse de yogourt nature • 50 g de fromage léger (moins souvent que le lait et le yogourt)

Groupes d'aliments	Nombre de portions femme	Nombre de portions homme	À quoi correspond une portion ?
Viande et substituts	2	3	• 2,5 oz (75 g) de viande, volaille, poisson, fruits de mer, fromage • 2 œufs • 3/4 tasse (130 g) de légumineuses cuites • 150 g de tofu ferme • 1/4 tasse (30 g) de noix et de graines • 2 c. à table (30 g) de beurre d'arachide
Liquides	2 litres	3 litres	• 1 tasse (250 ml) d'eau • 1 tasse (250 ml) de thé • 1 tasse (250 ml) de café • 1 tasse (250 ml) de tisane • 1 tasse (250 ml) de lait • 1 tasse (250 ml) de boisson de soya
Aliments affameurs	1-2	1-2	• Une portion d'alcool • Quelques bouchées de dessert • Un biscuit • 2 morceaux de chocolat • 1 c. à soupe de tartinade sucrée (miel, confiture, choco-noisette) • 1/2 tasse (80 g) de crème glacée • Un petit bol de chips ou de frites

Petit rappel

Aliments affameurs : Aliments qui stimulent l'appétit et donnent envie de les manger en grande quantité sans procurer d'effet rassasiant majeur.

Aliments satiétogènes : Aliments qui rassasient rapidement ou qui coupent l'appétit plus longtemps.

Un duo sensé : aliments satiétogènes et aliments affameurs

Pour maigrir plus vite, certaines personnes pourraient être tentées d'éliminer complètement les aliments affameurs. Il s'agirait d'une grave erreur, car ces aliments font partie de notre culture alimentaire. Les supprimer radicalement ne ferait que les rendre d'autant plus attrayants. Le bon sens est donc de leur conserver une petite place et de les combiner à des aliments satiétogènes.

Prenons un cas concret. Le soir devant la télé, l'appel irrésistible des croustilles et d'une boisson gazeuse se fait sentir. Pour ne pas tomber dans la restriction totale, allez-y avec un petit bol de croustilles (10 à 15), assorti de crudités et d'une trempette légère, le tout accompagné d'une eau gazéifiée. Le croquant des légumes et le goût salé de la trempette viendront combler une partie du plaisir gustatif que vous procure les croustilles, alors que l'eau gazéifiée vous procurera la sensation de pétillant de la boisson gazeuse, beaucoup de calories en moins et des vitamines en plus. Encore mieux, remplacez les chips par du maïs éclaté sans gras. Dans une étude récente, on a découvert que 3 tasses de maïs éclaté sans gras comportant 100 calories rassasiaient mieux qu'une tasse de croustilles de 150 calories !

Lire les étiquettes pour connaître la qualité satiétogène des aliments

Lorsque le tableau de valeur nutritive est présent sur un produit alimentaire, vous pouvez utiliser cette information pour évaluer la qualité satiétogène de l'aliment concerné.

- Recherchez des produits alimentaires avec peu de sucre (7 g et moins) et peu de gras (7 g et moins) par portion.
- Privilégiez beaucoup de fibres (4 g et plus) ou beaucoup de protéines (6 g et plus).
- Évitez les aliments qui contiennent des gras trans.
- Recherchez les listes d'ingrédients épurées, pour éviter les nombreux additifs alimentaires.

Valeur nutritive		
par 125 ml (87 g)		
Teneur		% valeur quotidiennne
Calories 80		
Lipides 0,5 g		1 %
saturés 0 g		0 %
+ trans 0 g		
Cholestérol 0 mg		
Sodium 0 mg		0 %
Glucides 18 g		6 %
Fibres 2 g		8 %
Sucres 2 g		
Protéines 3 g		
Vitamine A	2 %	Vitamine C 10 %
Calcium	0 %	Fer 2 %

Les fruits, de même que les produits laitiers, contiennent du sucre naturel. Si vous êtes en présence d'un produit laitier ou d'un produit qui contient des fruits (ex. : céréales aux raisins secs) et dont la teneur en sucre est plus élevée que 7 g, c'est normal. Pour savoir si le produit contient du sucre ajouté, lisez la liste d'ingrédients.

Comment manger plus satiétogène au resto

On ne peut parler de gestion de poids sans parler des pièges du resto. Pour la plupart d'entre nous, plusieurs excès d'aliments non satiétogènes proviennent de nos visites au restaurant. Une étude a récemment révélé trois stratégies gagnantes pour perdre du poids ; limiter le nombre de visites au resto et cuisiner plus maison était l'une d'elles. Voici donc quelques trucs pour mieux manger au restaurant.

Manger avant d'aller au restaurant

Afin d'éviter de tomber dans la corbeille de pain et de biscottes (avec beurre), ingurgitant ainsi de 200 à 400 calories non satiétogènes dès l'arrivée au resto, prenez l'habitude, avant de partir, de manger un fruit frais, comme une pomme, de même que cinq ou six noix, afin de vous aider à patienter jusqu'à l'entrée ou au plat principal. Buvez de l'eau généreusement, ce qui permet de calmer temporairement l'appétit.

Choix d'entrées

Certaines entrées, comme les tartares, les fondues parmesan, les crèmes de légumes, les tempuras, les rouleaux impériaux, contiennent presque autant de calories et de gras qu'un plat principal, parfois même davantage. Choisissez des entrées légères comme des salades (en demandant la vinaigrette à part), un jus de légumes ou de tomate ou une soupe aux légumes. Ce qui est bien avec ce genre d'entrée, c'est que vous augmenterez votre consommation de légumes et que vous aurez ainsi un effet de remplissage qui vous permettra de moins manger au plat principal. L'autre solution consiste à se contenter d'une ou deux entrées comme repas, et de laisser tomber le plat principal.

Choix du plat principal

Il n'est pas nécessaire de toujours choisir du poisson pour manger léger. Souvent, ce n'est pas le choix de la viande qui fait problème, mais la façon dont elle est apprêtée et les aliments qui l'accompagnent. Ainsi, un filet mignon de 4 à 5 onces (entre 115 et 150 g) est un bon choix, pourvu qu'il ne soit pas accompagné de frites. De même, un poisson pané avec sauce pourrait être pire qu'un filet mignon avec pomme de terre au four. Donc, allez-y avec ce que vous avez envie de manger et ajustez les accompagnements, le type de cuisson ou la portion.

Envie de *fast food* ?

Choisissez les petits formats de hamburger et de frites. Prenez de l'eau plutôt qu'une boisson sucrée. Mieux encore, choisissez des hamburgers végétariens accompagnés de salade, et partagez à deux votre petit format de frites (si possible). Les viandes grillées au lieu de panées font aussi une bonne différence côté contenu en matières grasses et calories. Quand c'est possible, demandez un extra de légumes dans vos hamburgers ou sous-marins.

Choix de desserts

Les desserts de type fondant au chocolat, tarte aux pommes et gâteau au chocolat nougat peuvent contenir de 800 à 1400 calories. En plus de leur haute teneur en calories, ils incorporent beaucoup trop de sucre, ce qui aura pour effet de vous rendre moins efficace pour travailler en après-midi, à cause de leur impact sur le taux de sucre sanguin (glycémie). Quand vous avez vraiment envie de dessert, une option serait de le partager à deux ou de le manger au complet en vous promettant d'attendre d'avoir vraiment faim avant de manger le repas suivant. Aussi, avant d'ingurgiter un gros dessert, il vaut la peine de se demander : « En ai-je vraiment envie cette fois ? » Si la réponse est non, un bon café accompagné d'un petit biscuit de fantaisie ou d'un morceau de chocolat fera l'affaire.

Ne pas vider son assiette

Au restaurant, nous avons plus de difficulté qu'à la maison à laisser quelque chose dans notre assiette, parce que nous payons nos repas plus cher qu'à la maison. Pour ceux et celles qui sont incapables de gaspiller de la nourriture, il y a toujours l'option de rapporter l'excédent à la maison en demandant au serveur ou à la serveuse de faire le nécessaire (et en y allant d'un pourboire plus généreux). Dans certains restos reconnus pour offrir de grosses portions, vous avez aussi la possibilité de commander moins de plats et de partager avec les gens qui vous accompagnent.

Changer d'attitude pour changer son poids

Au-delà des modifications à apporter dans son alimentation pour perdre du poids, il est important de changer d'attitude envers la nourriture : il faut arrêter de s'affamer, de se restreindre, de se sentir coupable de manger certains aliments, d'alterner privation de nourriture et excès. Pour cela, il faut reconsidérer sa façon d'aborder la nourriture.

L'attitude du nourrisson

Lorsqu'on vient au monde, manger est un besoin uniquement physiologique. Quand le besoin se fait sentir, le bébé pleure et se tortille. Quand son besoin est assouvi, il se retire du sein ou pousse la bouteille de façon radicale, car il n'a plus faim. Pour un bébé, pas question d'être gourmand ou de manger quand il n'a pas faim. Il est sous les ordres de ses besoins physiologiques, un point c'est tout.

En grandissant, l'écoute des signaux de faim et de rassasiement est diminué, parfois même occulté complètement, parce que le plaisir de manger, la gourmandise, les horaires, le stress, les distractions prennent le dessus sur le moment adéquat pour manger et la quantité de nourriture dont le corps a besoin. Je mange parce que c'est l'heure et non parce que j'ai une vraie faim. Je mange parce que je m'ennuie, parce que je viens de voir une pub de bouffe à la télé, parce que c'est la fête d'un ami. Bref, je mange pour toutes sortes de considérations plus ou moins justifiées.

Cette distance entre les besoins réels du corps et les besoins conditionnés par des facteurs psychologiques, sociaux ou extérieurs à nous peuvent générer de l'embonpoint à long terme.

L'écoute des signaux de faim et de rassasiement

La plus importante des nouvelles stratégies pour bien gérer son poids consiste à apprendre à écouter les signaux de son organisme. Normalement, le corps connaît la quantité de nourriture dont il a besoin. Il faut donc apprendre ce qu'est la faim pour être en mesure de reconnaître la véritable faim.

Qu'est-ce que la faim ?

La faim n'est pas un « petit creux » qu'on ressent en regardant la télé, deux heures après le repas. C'est un véritable besoin physiologique qui se manifeste par des bruits et des contractions dans l'estomac, une minime perte de concentration et une légère baisse de l'énergie. On la ressent généralement de quatre à six heures après un repas équilibré.

La faim excessive

Par contre, si on attend trop avant de manger ou si le repas précédent n'était pas équilibré, les signes d'une faim excessive peuvent se manifester : étourdissements, grande fatigue, maux d'estomac et autres indispositions. Ces symptômes désagréables sont absolument à éviter, car c'est votre mécanisme de survie qui se met alors en marche. On tend dans ce cas à manger trop, trop vite et n'importe quoi.

La fausse faim

Il se peut que sans ressentir aucune faim, nous ayons une envie impérieuse de manger : parce qu'on s'ennuie, qu'on est stressé ou triste, que c'est le seul plaisir de la journée, que ça sent bon, etc. S'il arrive fréquemment que l'on mange pour des raisons de ce genre, il est temps de reconnaître que ce comportement est nuisible.

La fausse faim cache un problème. La nourriture vient combler un besoin qui n'est pas physiologique : besoin d'affection, d'écoute, de valorisation, de relaxation, de tendresse, de plaisir ou autre de cette nature. La fausse faim peut aussi nous indiquer que nous avons besoin de repos. Dans ce cas-ci, c'est un besoin physiologique qui n'est pas comblé.

Comment évaluer votre faim ?

Voici des exemples de signaux de faim :

- Mon estomac gargouille.
- J'ai une sensation de vide dans l'estomac, parfois accompagnée de petites crampes.
- Je ressens une baisse d'énergie, j'ai plus de difficulté à me concentrer.

Afin d'évaluer votre **niveau de faim**, prenez l'habitude de mettre une cote à votre niveau de faim physiologique avant le repas. Au bout d'un certain temps, la reconnaissance et l'écoute de la faim seront plus naturelles. Le but est d'atteindre le niveau 2 de l'échelle suivante :

0 = pas faim du tout
1 = petit creux
2 = faim normale (gargouillement, sensation de vide dans l'estomac, baisse d'énergie)
3 = faim intense (je meurs de faim)

La question qui tue : Ai-je vraiment faim ?

Se rassasier, sans plus

Quand on a bien mangé, assez mais pas trop, un **signal corporel** subtil se fait sentir : le corps n'a plus faim. Comme il faut un certain temps après le début du repas pour que cette sensation se manifeste, il est important de manger lentement. Les aliments qui nécessitent beaucoup de mastication, comme les crudités, permettent aussi d'allonger la durée du repas.

La sensation de **ventre plein** survient plus tard, quand on a mangé à la limite de la capacité de notre estomac ou davantage. On se sent bourré. Moins subtile, cette sensation comprend parfois une légère nausée. Mieux vaut arrêter de manger avant d'atteindre ce niveau.

Si vous mangez lentement et êtes attentif à l'apparition de la sensation de **rassasiement**, il se peut que vous n'ayez pas envie de terminer votre assiette.

Voici des exemples de **signaux de rassasiement** adéquats :

- Je n'ai plus faim et je me sens à l'aise dans mes vêtements.
- Mon repas semble moins savoureux qu'aux premières bouchées.
- Si on me volait mon assiette à ce moment-ci, ça ne me dérangerait pas.
- Je pense que je pourrais marcher d'un pas vif sans sentir de dérangements digestifs.
- J'ai retrouvé mon énergie et ma concentration.

Afin de bien l'évaluer, prenez l'habitude d'attribuer une cote à votre **niveau de rassasiement** après le repas. Au bout d'un certain temps, la reconnaissance et l'écoute du rassasiement seront plus naturelles. Le but est d'atteindre le niveau 2 de l'échelle qui suit :

0 = encore faim
1 = pas tout à fait rassasié
2 = bien rassasié, plaisir gustatif comblé, à l'aise dans mes vêtements, satisfaction
3 = trop plein
4 = trop bourré (je vais exploser)

Bref, en retrouvant le bébé en soi qui ajuste naturellement la quantité de nourriture en fonction de ses besoins physiologiques, vous regagnerez une grande liberté face à la nourriture, une meilleure énergie, un meilleur bien-être général et une meilleure gestion de votre poids.

L'attitude gourmande

Il est bien démontré que pour atteindre une satisfaction complète, autant psychologique que physiologique, ce que nous mangeons doit être bon et nous procurer une détente gustative. C'est ce qu'on appelle le plaisir hédonique. Manger un gros morceau de saumon non assaisonné, accompagné de légumes vapeur rassasiera très bien physiologiquement, mais puisqu'il ne procurera pas beaucoup de plaisir gustatif par l'absence de féculent et de condiments, il est fort probable que l'on soit tenté de manger encore après ce repas, histoire d'atteindre l'ultime plaisir hédonique. Le plaisir de manger est une composante essentielle du système de régulation de la prise alimentaire, et non la «cerise sur le gâteau».

En d'autres termes, la régulation de la prise alimentaire ne peut se faire correctement dès lors qu'on mange sans plaisir gustatif. On choisit ses aliments et on les mange pour y trouver du plaisir ; on s'arrête de manger parce qu'on est rassasié et qu'on a satisfait ce plaisir. Par ailleurs, si l'on néglige d'écouter son signal de vraie faim et qu'on attend trop avant de manger, la faim excessive nous fera manger trop, nos choix alimentaires ne seront composés que d'aliments procurant des sensations hédoniques fortes, comme la malbouffe et le sucre. C'est en mangeant au bon moment que l'on peut trouver un sain équilibre, grâce à un choix d'aliments santé procurant du plaisir.

Vous comprendrez donc ici que toute intention d'arrêter complètement de manger tel ou tel aliment tant apprécié, et ce, dans le seul but de maigrir, vous entraînera à coup sûr dans le cercle infernal de la perte et de la reprise de poids, appelé phénomène du yo-yo.

L'attitude intuitive

Après avoir attendu de ressentir la faim vient le temps de choisir ce que l'on va manger. Ce choix doit être fait en fonction du goût du moment et non d'un motif rationnel. Par exemple, vous avez le goût de manger des pâtes, mais vous vous dites qu'elles peuvent vous faire engraisser, alors vous optez pour une salade. Un choix rationnel peut être supporté une fois de temps en temps, mais à la longue, il risque de vous entraîner dans un état de frustration intense et de provoquer des rages et des compulsions alimentaires vers la consommation d'aliments non bénéfiques à la santé, comme des croustilles, du chocolat ou de la malbouffe, et d'entraîner ainsi une prise de poids. Par ailleurs, en choisissant les pâtes tant désirées, le respect du rassasiement doit demeurer, c'est-à-dire que vous ne mangerez peut-être pas votre portion habituelle.

L'attitude équilibrée

En poursuivant l'exemple précédent, le choix de pâtes étant fait en fonction de l'envie du moment, nous devons maintenant veiller à constituer un repas équilibré. N'ingurgiter que des pâtes au pesto, par exemple, ne permettrait pas d'avoir un niveau de satiété intéressant, car ce plat ne serait constitué que de glucides et de lipides, et de peu de protéines. Il est indispensable de s'assurer d'avoir en plus une source de protéines ainsi qu'un bon apport de légumes (deux groupes d'aliments rassasiants et satiétogènes). Donc, pour accompagner ces pâtes au pesto, on pourrait manger des légumes grillés et ajouter quelques lanières de poulet comme source de protéines, respectant ainsi l'assiette santé équilibrée.

L'attitude responsable

L'attitude responsable est la propension à se prendre en charge pour ses actes et choix alimentaires, au lieu de faire porter la responsabilité de ses excès sur le stress du travail, le repas pris chez des amis, la fin de semaine en amoureux, les vacances d'été, les publicités ou autres raisons du genre. Il revient à chacun d'exercer une grande vigilance quant à tous les facteurs pouvant inciter à manger trop.

Modifier ses pensées pour modifier son poids

Il existe une série de pensées qu'on pourrait appeler «pensées de sabotage», retrouvées chez les gens aux prises avec une problématique de poids. Être conscient de ces pensées et les transformer peut aider à mieux gérer notre apport de nourriture.

Pensées de sabotage	Pensées justes
«Je viens de manger il y a 30 minutes et j'ai encore faim. Je vais me chercher une galette.»	«Je n'ai pas faim, j'ai juste une rage de manger. Je n'ai pas besoin de cette galette, au fond.»
«Je ne peux supporter d'avoir un petit creux. Je dois manger.»	«Je peux tolérer un petit creux, même si c'est légèrement inconfortable. Je n'y penserai plus si je me concentre sur autre chose. Je mange quand je ressens une vraie faim, pas seulement un petit creux.»
«Si je mange beaucoup ce midi, j'éviterai d'avoir faim cet après-midi.»	«Il est correct de ressentir la faim en après-midi; si ça arrive, je prendrai une collation. Je préfère manger moins le midi, quitte à avoir besoin d'une collation plus tard, que de trop manger au repas et prendre du poids par la suite.»
«Ça ne fait pas beaucoup de différence si je mange quelques bouchées de plus, même si je n'ai plus faim.»	«Il est préférable que je respecte ma satiété plutôt que de me bourrer, car ces quelques bouchées en plus sont des calories excédentaires.»
«Je me sens irrité. Je vais manger et me faire plaisir.»	«Si je mange dans ce contexte, j'aurai deux problèmes: l'irritation reviendra certainement parce que le problème sous-jacent sera toujours présent; de plus, je me sentirai mal d'avoir mangé alors que je n'avais pas vraiment faim.»
«Je ne peux croire que j'ai repris du poids. J'ai échoué. J'arrête tous mes efforts.»	«Bon, j'ai repris du poids… La balance n'est pas toujours fiable. Je reprends mes bonnes pensées et habitudes alimentaires.»
«C'est injuste que des gens puissent manger ce qu'ils veulent sans engraisser, alors que moi, je ne peux pas.»	«Je suis content de ne pas manger comme eux. Je préfère maintenir ma santé et mon poids en étant vigilant.»
«Je ne peux plus prendre de dessert en essayant de mieux manger.»	«Un petit dessert peut faire partie d'un repas équilibré.»
«Je ne pourrai plus jamais manger à mon restaurant favori en changeant mes habitudes alimentaires.»	«Je mangerai de plus petites portions à mon restaurant favori.»

Pensées de sabotage	Pensées justes
« Je ne peux plus grignoter si je fais attention à mon alimentation. »	« Je vais planifier de bonnes collations. »
« Je devrai manger des plats santé mais fades si je change mes habitudes alimentaires. »	« Je mangerai des plats savoureux, mais mieux équilibrés, et je me sentirai plus énergique. »

Remplir son journal alimentaire

Puisqu'une fois ingérées, la nourriture et les boissons disparaissent, il est difficile de se rappeler ce que l'on a mangé cinq ou six heures après un repas. Il est plus facile de se souvenir du nombre de paires de chaussures que nous avons que de nos repas, car les souliers, eux, restent ! Ainsi, tenir un journal alimentaire peut aider à contrôler ce qu'on mangera à la collation ou au repas suivant. Si, en plus, on note le niveau de faim avant le repas et le niveau de rassasiement après l'écriture du journal alimentaire, cette discipline peut apporter de grands changements dans nos comportements alimentaires.

La place de l'exercice dans la diminution du gras abdominal

Même sans perte de poids sur la balance, l'exercice aérobique peut faire diminuer le gras abdominal de 10 à 20 %. Pourquoi cette fonte de graisse ne se manifeste-t-elle pas sur la balance ? Parce qu'une partie de la graisse a été remplacée par du muscle et que ce nouveau muscle pèse aussi lourd, mais occupe moins de place dans le corps. On peut donc changer de taille de pantalon sans pour autant avoir perdu du poids sur la balance. C'est pourquoi on suggère de se fier davantage à ses vêtements qu'à la balance pour évaluer les changements. Vous n'avez pas le temps de faire de l'exercice ? Sachez que seulement 20 minutes d'exercice par jour peut faire diminuer votre gras abdominal de 10 % ! En plus, l'exercice améliore les fonctions cardiovasculaires, augmente l'estime de soi et l'énergie, contribue à épargner la masse musculaire et j'en passe. L'important est de choisir une activité physique que l'on aime et de la pratiquer à une fréquence et à une intensité réaliste. Mieux vaut marcher deux fois 30 minutes par semaine que de ne rien faire du tout. Tous les petits pas supplémentaires comptent ; plus on fait de l'exercice, plus on y prend goût. Pour se faire guider vers le style d'activité physique qui nous convient, la fréquence et l'intensité souhaitées, une rencontre avec un kinésiologue peut être d'une grande utilité. Arrêtez de réfléchir et allez marcher !

Un cadeau à se faire : un podomètre

Ce petit appareil qu'on place à la taille calcule les pas quotidiens au sortir du lit, jusqu'au moment de se coucher. Il peut aider à stimuler votre motivation à marcher, car il vous permet de vous fixer des objectifs basés sur le nombre de pas recommandé par jour, soit de 7500 à 10 000 !

Conclusion

Entre le contrôle total de nos apports alimentaires et le laisser-aller à nos envies de bouffe quelles qu'elles soient, il existe un équilibre où on décide de la place qu'occuperont les aliments affameurs par rapport aux aliments satiétogènes, de même que les quantités que l'on prendra en fonction de nos signaux internes. Tout ceci afin de retrouver un bien-être physique et psychologique, une liberté alimentaire et un poids satisfaisant. Finis les interdits alimentaires, les pensées de sabotage, les régimes stricts. Retrouvons une alimentation satisfaisante à tous les points de vue en faisant des choix intelligents et bons.

CHAPITRE 6

Réduire l'inflammation

*De bons aliments anti-inflammatoires :
huile d'olive, noix du Brésil, saumon, grains
entiers, fruits (cerises, mûres, canneberges, etc.),
chocolat noir, raisin, gingembre, curcuma,
légumes (ail, oignon, brocoli).*

Raideur au lever du lit, douleurs aux genoux, mal de dos… Voici des signes qui nous rappellent que nous ne sommes plus jeune. Il s'agit peut-être de raideurs temporaires qui disparaissent durant la journée, ou encore d'une forme d'arthrite.

L'arthrite englobe une centaine d'affections dont les plus connues sont l'arthrose ou l'ostéoarthrite, la goutte, la fibromyalgie et l'arthrite rhumatoïde. Elle touche 4,5 millions de Canadiens et 9 à 10 millions de Français. Le dénominateur commun de toute forme d'arthrite est la douleur.

Même si on ne peut guérir l'arthrite, on peut à tout le moins, lorsqu'elle est détectée tôt, la maîtriser à l'aide de traitements appropriés qui combinent médicaments, interventions chirurgicales (dans certains cas), exercice, repos et techniques de protection des articulations.

Quant à l'impact de l'alimentation sur l'arthrite, on ne le connaît pas avec précision. De l'inflammation dite de bas grade et un stress oxydatif seraient sous-jacents à l'ostéoarthrite, mais aussi aux maladies de civilisation comme les maladies cardiovasculaires et le diabète. Différentes hypothèses ont été avancées concernant le potentiel anti-inflammatoire de certains aliments (poisson, fruits, légumes, huile d'olive) et pro-inflammatoire d'autres aliments (viandes grasses, produits transformés, etc.). En plus de l'âge, du sexe, du tabagisme, de la consommation d'alcool et de l'activité physique, l'alimentation pourrait jouer un rôle important en ce qui a trait au niveau d'inflammation de l'organisme.

De plus, plusieurs chercheurs établissent un lien possible entre l'arthrite et des sensibilités alimentaires (réactions négatives à des aliments comme les céréales contenant du gluten et les produits laitiers). Des carences en certains nutriments pourraient aussi prédisposer à l'arthrite (sélénium, vitamines A, C, E, K).

Même si, à l'heure actuelle, les études sont manquantes pour confirmer le lien entre arthrite et alimentation, il sera question dans ce chapitre des aliments et habitudes alimentaires qui pourraient avoir une influence dans le développement et, possiblement, la progression de l'arthrite.

L'ostéoarthrite ou l'arthrose

L'ostéoarthrite est la forme d'arthrite la plus commune. Elle touche 3 millions de Canadiens, soit 1 personne sur 10. Aux États-Unis, on estime que 27 millions d'Américains sont touchés par l'ostéoarthrite et que d'ici 2030, 25 % de la population en sera touchée, soit 67 millions d'Américains. Raideurs et douleurs articulaires, manque de flexibilité, inflammation et craquements sont des symptômes d'ostéoarthrite. Ces symptômes débutent généralement après 40 ans et progressent lentement. L'ostéoarthrite affecte seulement certaines articulations, soit celles des hanches, des mains, des genoux et du bas du dos.

Les causes de l'ostéoarthrite ne sont pas bien connues, mais certains facteurs augmentent le risque d'en être atteint : l'âge, l'hérédité, le surplus de poids, des traumatismes articulaires (entorses, fractures, luxations), des mouvements répétitifs, la pratique intense de certains sports (soccer, tennis, etc.), un manque d'activité physique qui diminue le tonus musculaire, etc.

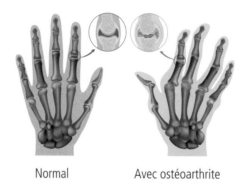

Normal   Avec ostéoarthrite

Perdre du poids et du tour de taille

Oui, encore une fois, il semble que le surplus de poids soit un facteur majeur de développement de l'ostéoarthrite. C'est facile à comprendre, puisqu'un surplus de poids sur les articulations n'est pas souhaitable.

Selon les études, pour chaque livre de poids perdu, il y a 4 livres en poids de moins sur les articulations. Perdre aussi peu que 10 livres peut réduire le risque de 50 % de développer de l'ostéoarthrite chez les femmes.

De plus, perdre 15 livres peut réduire de 50 % la douleur aux articulations chez une personne souffrant d'ostéoarthrite et de surplus de poids.

Mais ce n'est pas tout : de nouvelles études ont révélé que certaines molécules appelées « adipokines » pourraient jouer un rôle dans le développement et la progression du processus de dégénération du cartilage chez les gens en surpoids. Les adipokines sont des molécules produites par le tissu graisseux, et elles auraient un impact possiblement négatif sur les articulations. Dans l'arthrose, certaines adipokines induiraient localement la production de molécules pro-inflammatoires, aboutissant à la dégradation du cartilage.

Donc, voilà une double raison de tenter de perdre au moins 5 à 10 % de son poids pour améliorer la santé de ses articulations (si on est en surpoids) et par le fait même sa santé en général.

Le **chapitre 5** est consacré aux recommandations alimentaires pour perdre du poids et améliorer son tour de taille. Consultez-le pour plus de détails.

Voici un résumé des grands principes de la perte de poids :

✓ Mettez au menu beaucoup d'aliments rassasiants (légumes, noix, fruits, lait, yogourt, grains entiers, légumineuses, poisson).

✓ Mangez en toute conscience
  • en respectant vos signaux de faim et de rassasiement ;
  • en mastiquant lentement ;
  • en prenant le temps de bien goûter.

✓ Diminuez les aliments affameurs (sucre, desserts, féculents raffinés, malbouffe, boissons sucrées, etc.).

✓ Changez vos pensées ; n'abandonnez pas vos bonnes habitudes au moindre obstacle.

✓ Engagez-vous dans un programme d'exercice régulier (activités que vous aimez et fréquence et intensité réalistes).

Les aliments pro et anti-inflammatoires

L'inflammation est la réponse normale et naturelle du corps à une blessure. Par ailleurs, l'inflammation chronique ou inflammation dite « de bas grade » (*low-grade inflammation*) peut promouvoir la maladie. L'inflammation chronique peut passer inaperçue pendant des années, mais éventuellement mener à des maladies plus sérieuses comme les maladies cardiovasculaires, le cancer, le diabète, l'Alzheimer ou l'arthrite.

Il est difficile de tracer une ligne nette entre les aliments pro-inflammatoires et ceux anti-inflammatoires, car leur impact est lié à la quantité, à la fréquence de consommation et au métabolisme de chacun. Par exemple, un coureur à pied pourrait manger deux sandwichs au pain blanc après un entraînement et ne pas avoir plus d'inflammation que s'il avait mangé une salade de quinoa et pois chiches, parce que ses muscles seront en mesure de brûler rapidement les glucides du pain, en raison de l'exercice qui a précédé le repas. De plus, le petit dessert pris après un repas équilibré, dont la teneur totale en calories est raisonnable, ne devrait pas générer d'inflammation, surtout si le repas comprenait des fruits et des légumes et que la personne ne souffre pas d'embonpoint.

L'objectif est donc de consommer une majorité d'aliments qui ne sont pas associés à l'inflammation, et une minorité d'aliments associés à l'inflammation. Il faut surtout ne pas manger plus que pour satisfaire nos besoins.

Un modèle d'alimentation qui procure beaucoup d'aliments anti-inflammatoires et peu d'aliments pro-inflammatoires est la diète méditerranéenne. Dans plusieurs études, on constate que l'adoption d'une telle diète, **même sans perte de poids,** peut réduire les marqueurs de l'inflammation.

Même si une alimentation se rapprochant de la diète méditerranéenne peut réduire les marqueurs de l'inflammation, elle ne constitue pas une garantie pour prévenir ou soulager l'arthrite, car nous ne possédons pas d'études démontrant son effet direct sur le développement de l'arthrite.

Les aliments anti-inflammatoires

Les fruits et les légumes
Dans plusieurs études, on rapporte qu'un apport élevé en fruits et en légumes est associé à un faible niveau d'inflammation. Plus spécifiquement, un tel apport serait associé à moins d'ostéoarthrite de la hanche. Parmi les légumes, ceux de la famille des alliacées (ail, oignon, poireaux et échalotes) se sont montrés particulièrement protecteurs. Un composé du brocoli, le sulforaphane, pourrait aussi prévenir la destruction du cartilage, possiblement en bloquant l'action d'enzymes qui le dégradent. Quant aux fruits, des données récentes suggèrent que les cerises seraient très anti-inflammatoires. Les canneberges, les mûres, les raisins rouges le seraient également. Mais ce qu'il faut retenir, c'est de manger la plus grande variété et quantité de fruits et de légumes possible.

Oméga-3
Il est bien connu que les gras de la famille des oméga-3 ont des effets anti-inflammatoires, qui se révéleraient surtout efficaces chez les personnes souffrant d'arthrite rhumatoïde (une forme d'arthrite associée à beaucoup d'inflammations). Dans l'alimentation, il y a des oméga-3 qui proviennent des végétaux (lin, canola, chia, chanvre, soya, noix de Grenoble) et d'autres qui proviennent du poisson. Les oméga-3 de source marine seraient plus anti-inflammatoires que ceux de source végétale. Pour la population en général et pour les gens souffrant d'ostéoarthrite, deux repas de poisson gras par semaine (procurant une moyenne de 500 mg par jour d'oméga-3 marin) seraient suffisants pour exercer un effet préventif anti-inflammatoire.

Pour les gens souffrant d'arthrite rhumatoïde, il semble qu'une dose plus élevée soit nécessaire (soit 2,7 g par jour d'oméga-3 marin) pour réduire la douleur, le nombre d'articulations douloureuses, la durée des raideurs matinales et, dans certains cas, l'utilisation de médicaments anti-inflammatoires non stéroïdiens s'avère utile.

Cette quantité s'obtient difficilement par l'alimentation seule : on y arrive en consommant **3 repas** de 150 g (5 oz) de poisson gras par semaine, plus 1 g par jour d'oméga-3 en **suppléments** (AEP et ADH combinés).

Mais avant de vous lancer dans l'augmentation massive de votre apport en oméga-3, notamment par le moyen de suppléments, parlez-en à votre médecin et n'arrêtez surtout pas votre médication.

Poissons les plus riches en oméga-3

Poissons	Oméga-3 (EPA + DHA) / 150 g de poisson cuit
Hareng de l'Atlantique ou du Pacifique	3 g
Saumon de l'Atlantique sauvage	2,7 g
Sardines du Pacifique	2,1 g
Maquereau bleu	2,1 g
Truite arc-en-ciel d'élevage	1,7 g

L'huile d'olive

En plus d'être l'une des huiles les plus recommandées, l'huile d'olive contient beaucoup d'antioxydants et posséderait des propriétés anti-inflammatoires. Il faut toutefois la choisir extravierge ou de première pression à froid. L'huile d'olive légère ou vierge a été raffinée, ce qui lui a fait perdre une partie de ses antioxydants. Une cuillerée à soupe (15 ml) par jour suffirait.

Alcool

Une consommation modérée d'alcool semble associée à moins de risque d'arthrite rhumatoïde. En plus de l'alcool, le vin rouge, tout comme les raisins rouges d'où il provient, contient du resvératrol, qui aurait des propriétés anti-inflammatoires. Par ailleurs, trop d'alcool contribue à d'autres problèmes de santé (maladies cardiovasculaires, diabète, etc.) et augmenterait la production de cytokines pro-inflammatoires. Tenez-vous-en à des quantités modérées, soit une consommation par jour pour les femmes et deux pour les hommes. En cas de goutte, limitez au maximum votre consommation d'alcool. De plus, certaines personnes souffrant d'ostéoarthrite peuvent voir leurs symptômes s'accentuer en prenant de l'alcool. Il faut donc tenir compte de sa tolérance individuelle.

Curcuma et gingembre

La curcumine du curcuma et le gingérol du gingembre empêcheraient la fabrication de molécules inflammatoires. La biodisponibilité de la curcumine est faible, mais elle est grandement augmentée par la présence de poivre. Ajoutez ces épices dans différentes préparations comme les trempettes ou les sautés de légumes, et consommez le gingembre qui accompagne les sushis !

Recette
TREMPETTE AU CURCUMA

Ingrédients

- 1/3 tasse (85 g) de yogourt nature
- 1/3 tasse (80 g) de mayonnaise
- 1 c. à thé (2 g) de curcuma en poudre
- Poivre au goût
- 1 c. à thé (7 g) de miel

Préparation

Mélangez tous les ingrédients et trempez-y vos légumes préférés !

Les grains entiers

La consommation de grains entiers (boulgour, riz brun, orge, pain de grains entiers, avoine, quinoa, etc.) serait associée à un faible niveau d'inflammation. On ne sait pas quels constituants des grains entiers leur confèrent leur propriété anti-inflammatoire : fibres, nutriments ou acide phénolique ? C'est à l'étude.

Outre le déjeuner où ils sont souvent présents dans l'alimentation des gens (céréales riches en fibres, pains de grains entiers, etc.), les grains entiers sont encore trop absents de nos boîtes à lunch et de nos repas de souper.

Des trucs pour en manger plus

Lors de votre prochaine épicerie, essayez la version blé entier ou grains entiers d'un aliment que vous achetez généralement de farine blanche (pâte, pain pita, bagel, biscottes, etc.).

- Essayez le quinoa : il cuit rapidement et il est très polyvalent.
- Achetez des mélanges de riz (brun, rouge et sauvage).
- Achetez des flocons d'avoine à l'ancienne, au lieu du gruau instantané en enveloppe.

Cuisson de base du quinoa, du riz brun et de l'orge

Ingrédients	Quinoa blanc	Riz brun	Orge perlé	Orge mondé*
Céréales	1 tasse (250 ml) ou 180 g	1 tasse (250 ml) ou 195 g	1 tasse (250 ml) ou 195 g	1 tasse (250 ml) ou 195 g
Eau	1 tasse (250 ml)	1 tasse (250 ml)	1 1/2 tasse (375 ml)	1 1/2 tasse (375 ml)
Bouillon de légumes (facultatif)	1 tasse (250 ml)	1 1/4 tasse (315 ml)	1 1/2 tasse (375 ml)	1 1/2 tasse (375 ml)
Huile d'olive	1 c. à table ou 15 ml	1 c. à table ou 15 ml	1 c. à table ou 15 ml	1 c. à table ou 15 ml
Assaisonnement	1 feuille de laurier	1/2 c. à thé d'herbes de Provence séchées	1 feuille de laurier	1 feuille de laurier
Cuisson à feu doux	15-20 minutes	35 minutes	45 minutes	1 h 30

*Faire tremper l'orge mondé dans trois à quatre fois son volume d'eau avant de le faire cuire réduit son temps de cuisson. L'orge perlé prend moins de temps à cuire, mais il est un peu moins nutritif, car il a été poli. Par ailleurs, il contient tout de même des fibres qui sont réparties dans les grains et non juste à l'extérieur de ceux-ci.

Préparation

Mettre dans une casserole l'eau, le bouillon, l'huile et les assaisonnements. Porter à ébullition. Baisser le feu et ajouter la céréale. Faire mijoter à couvert selon le temps mentionné. Laisser reposer à couvert 10 minutes. À l'aide d'une fourchette, détacher les grains. Laisser refroidir ou servir comme tel.

Les noix

Les noix auraient des propriétés anti-inflammatoires en raison de leur contenu en bons gras, en magnésium et en acide ellagique.

Cacao

Le cacao (poudre de cacao) ainsi que les produits riches en cacao (chocolat à 70 % et plus de cacao) réduiraient l'inflammation.

Vitamines C, E et caroténoïdes

Une alimentation riche en vitamines C et E, et en caroténoïdes, est associée à moins d'inflammation de bas grade, tel que démontré par des études épidémiologiques. Par contre, la prise de ces vitamines en suppléments ne procure pas les mêmes effets. Les fruits et les légumes contribuent à l'apport en vitamine C et en caroténoïdes, et les huiles végétales, noix et graines à l'apport en vitamine E. Au lieu de prendre des suppléments, tournez-vous vers les fruits, légumes, huiles végétales, noix et graines qui, en plus des caroténoïdes et vitamines C et E, contiennent beaucoup d'autres nutriments.

TRUCS CULINAIRES

Faites vos vinaigrettes maison en utilisant de l'huile d'olive extra vierge et amusez-vous à varier la provenance de vos huiles d'olive (Espagne, Crète, Italie, etc.) pour y découvrir des saveurs différentes.

Recettes
VINAIGRETTES AUX BONNES HUILES

Balsamique et huile d'olive

- 1/2 tasse (125 ml) d'huile d'olive extra vierge
- 1/3 tasse (75 ml) de vinaigre balsamique
- 1 c. à table (15 ml ou 22 g) de miel
- 1 c. à table (15 ml) d'origan frais haché
- Sel et poivre

Huile de noix et canola

- 1/3 tasse (75 ml) d'huile de noix
- 1/4 tasse (60 ml) d'huile de canola
- 1/4 tasse (60 ml) de vinaigre de vin rouge
- 1 c. à table (15 ml) de moutarde de Dijon
- 1 c. à table (15 ml) de sirop d'érable
- Sel et poivre

Source : www.ricardocuisine.com (Consulté en août 2013).

Trucs à l'épicerie

Procurez-vous une huile extravierge pour consommer crue (car elle est anti-inflammatoire) et, pour la cuisson, une huile d'olive légère ou vierge qui a été raffinée et qui résiste mieux à la cuisson…

Les aliments pro-inflammatoires

Gras trans et gras saturés

Les gras qui semblent le plus être associés à l'inflammation sont les gras trans et les gras saturés. Les gras trans se retrouvent dans les plats préparés qui contiennent du shortening ou de l'huile végétale partiellement hydrogénés. Il faut donc faire attention aux produits surgelés (amuse-gueules, pizza), à certains desserts commerciaux (tarte aux pommes, baklava, croissants, beignes, danoises, biscuits aux brisures de chocolat, etc.) et aux aliments frits dans les restaurants. Les gras saturés en excès serait aussi associés à l'inflammation. Les aliments riches en gras saturés sont les viandes grasses, les charcuteries, le fromage, la crème, le beurre, le lait entier ainsi que les pâtisseries et repas à base de ces aliments.

Aliments à index glycémique élevé

Les diètes à index glycémique élevé, c'est-à-dire comprenant beaucoup de féculents raffinés et de sucres, provoquent de l'hyperglycémie (taux élevé de glucose dans le sang) et un stress oxydatif qui contribueraient à créer de l'inflammation dite de bas grade. Il est donc important de modérer la quantité d'aliments à index glycémique élevé.

Liste partielle d'aliments à index glycémique élevé

Bière, boissons gazeuses, limonade, couscous, pain blanc, farine blanche, pâtes alimentaires, riz blanc, pain baguette, pommes de terre en purée, frites, céréales à déjeuner sucrées, gâteaux, tartes, etc.

Les oméga-6 en excès aux oméga-3

En nutrition, il existe une compétition entre certains nutriments. C'est le cas des oméga-3 et des oméga-6, deux acides gras essentiels. Quand on consomme trop de gras oméga-6, présent dans les huiles de maïs, de tournesol, de carthame ou de pépins de raisin, et peu de gras oméga-3 provenant de poissons gras, d'huile de canola ou de lin, il peut se développer de l'inflammation. Ce ne sont pas les oméga-6 en tant que tels qui sont néfastes, mais leur trop grande proportion par rapport aux oméga-3 qui nuit à la production de molécules anti-inflammatoires. La plupart des gens consomment beaucoup d'oméga-6, mais pas toujours assez d'oméga-3.

C'est la raison pour laquelle on suggère de privilégier les huiles qui contiennent des oméga-3, comme l'huile de canola, de soya, de lin et de noix, ou encore l'huile d'olive, qui contient très peu d'oméga-6. On recommande aussi d'inclure dans son alimentation les graines riches en oméga-3, comme les graines de lin, de chia ou de chanvre.

Les glycotoxines ou « produits de glycation avancée » (AGE)

L'alimentation moderne contient beaucoup d'aliments cuits à haute température. La cuisson à haute température génère des « produits de glycation avancée » (AGE) appelés glycotoxines. Ces molécules créent une forme de rouille dans l'organisme (molécules hautement oxydantes) et sont associées au développement de plusieurs maladies dont l'arthrite. De plus en plus d'études établissent un lien entre les aliments dont l'indice glycotoxique est élevé et une inflammation silencieuse qui, à la longue, mine les fonctions normales de l'organisme.

Les glycotoxines sont produites lors de la réaction entre les sucres d'un aliment et les constituants des protéines (acides aminés). Cette réaction est aussi appelée réaction de Maillard. La croûte grillée de la viande cuite sur le barbecue et le croustillant des frites sont des exemples de réaction de Maillard. Les cuissons à températures élevées comme le grillage, le braisage, le rôtissage, la cuisson au barbecue et la friture génèrent plus de glycotoxines que les cuissons douces (pochage, ébullition, vapeur, mijoteuse, etc.). La teneur en glycotoxines des aliments cuits est de 10 à 100 fois plus élevée que lorsqu'ils sont crus.

Les aliments qui contiennent le plus de glycotoxines sont les aliments riches en gras du règne animal, comme les viandes grasses, le poulet frit avec la peau, les charcuteries, les fromages gras et les aliments de restauration rapide. Même des aliments sains comme le saumon et le tofu peuvent contenir beaucoup de glycotoxines s'ils sont frits.

En mangeant moins de viande et de volaille grasses, de fromage gras, de charcuteries et d'aliments de restauration rapide, et en diminuant les modes de cuisson à température élevée, on diminue de même l'ingestion de glycotoxines et possiblement le niveau d'inflammation dans l'organisme.

Teneur en glycotoxines de certains aliments selon le mode de cuisson

Cuisson au four/grillé/frit		Bouilli/poché/feu doux/conserve	
Saucisse de bœuf (90 g) grillée au four (230 °C, 5 min)	10 143	Saucisse de bœuf (90 g) bouillie (100 °C, 7 min)	6 736
Bacon (2 tranches) frit 5 min	11 905	Bacon (2 tranches) cuit au micro-ondes 3 min	1 173
Big Mac grillé	7 800	Végéburger (100 g) cuit au four, 200 °C, 8 min	198
Poitrine de poulet panée (90 g), cuite au four (25 min, avec peau) Poulet rôti BBQ	8 965 16 000	Poitrine de poulet pochée (90 g) (15 min, sans peau)	968
Thon grillé (90 g) (avec vinaigrette)	4 635	Thon en conserve (90 g) (dans l'eau)	407
Tofu grillé (90 g)	3 696	Tofu bouilli (90 g) (5 min)	565
1 œuf au plat	1 237	1 œuf poché (à feu très doux, 5 min) 1 œuf cuit dur (bouilli 10 minutes)	27 180
Pomme de terre blanche (100 g) (frite)	1 522	Pomme de terre blanche (100 g) (bouillie, 25 min)	17

Source : « Advanced glycation end products in foods and a practical guide to their reduction in the diet », *Journal of the American Dietetic Association*, juin 2010.

TRUCS CULINAIRES

Les glycotoxines commencent à se former de façon significative à 248 degrés Fahrenheit (120 degrés Celsius). Étant donné que la cuisson à la mijoteuse se produit dans un liquide, la quantité de glycotoxines formées est très réduite. La mijoteuse est un excellent moyen de réduire de façon très importante la formation de ces molécules néfastes.

Note sur les viandes et l'inflammation

Une consommation élevée de viande pourrait générer de l'inflammation, surtout chez les gens en surpoids. Chez ceux qui n'ont pas de surplus de poids, une consommation modérée de viande ne semble pas causer plus d'inflammation. Par ailleurs, réduisez l'utilisation des modes de cuisson à haute température comme le barbecue et la friture et choisissez des viandes maigres.

Aliments au potentiel anti-inflammatoire et aliments au potentiel pro-inflammatoire

Groupes d'aliments	Anti-inflammatoires	Pro-inflammatoires	Neutres	Effet anti-inflammatoire incertain
Fruits et légumes	Tous			
Pain et substituts	Grains entiers : orge, riz brun, quinoa, épeautre, blé concassé (boulgour), Freekeh (blé vert), flocons d'avoine, flocons de sarrasin, pain de seigle entier, craquelins de seigle, pain intégral, pâtes de grains entiers	Grains et céréales raffinés : pain blanc, petit pain blanc, bagel blanc, riz instantané, céréales sucrées, galette de riz, craquelins de farine blanche		
Lait et substituts		Fromage gras (cheddar, parmesan, etc.) (teneur élevée en glycotoxines)	Privilégier le lait et le yogourt, car ils sont moins riches en gras que le fromage, la crème et le beurre.	
Viande et substituts	Poissons gras (saumon, truite, maquereau, sardines, etc.) cuits sans rôtissage Noix de Grenoble, amande, noisette, etc. Graines de lin, chia, chanvre	Viandes, volailles et poissons frits, rôtis ou grillés (teneur élevée en glycotoxines)	Cuisson sans rôtissage : viandes maigres (quantité modérée) Poulet Œuf Poissons maigres préparés selon des modes de cuisson sains	Légumineuses (haricots, lentilles, pois) et produits de soya
Boissons	Vin avec modération	Boissons énergisantes, boissons, gazeuses, cocktail de fruits Bière		Thé vert, café

Groupes d'aliments	Anti-inflammatoires	Pro-inflammatoires	Neutres	Effet anti-inflammatoire incertain
Autres	Huile d'olive extra vierge Curcuma, gingembre Chocolat noir	**Gras trans** Peuvent être présents dans : pâte à tarte, margarine, biscuits, craquelins, pâtisseries, friture, etc. **Gras saturés** Fromage gras, viandes grasses, crème, beurre, charcuteries **Glycotoxines** (*fast food*, friture, viandes grasses grillées, tout aliment très rôti, frit ou grillé) **Aliments à I.G.* élevé** Sucres, desserts, féculents et céréales raffinés, frites, croustilles, patates pilées		
Nutriments	**Vitamines C, E et caroténoïdes** (présents en abondance dans fruits, légumes, noix et huiles) **Fibres** (présentes en abondance dans fruits, légumes, noix et grains entiers)	**Oméga-6** (en excès, peuvent être pro-inflammatoires) : huile de maïs, de tournesol, de pépins de raisin, de carthame, margarines faites de ces huiles		

*Index glycémique.

Sélénium et arthrite

Des déficiences légères en sélénium sont associées à une progression plus rapide de l'arthrite. La source la plus concentrée de sélénium est la noix du Brésil. On retrouve également du sélénium dans les huîtres, les poissons et les arachides.

Vitamine K et ostéoarthrite du genou

Des déficiences légères en vitamine K sont associées à un risque plus élevé d'ostéoarthrite du genou. Les légumes verts feuillus sont les meilleures sources pour en obtenir. Une seule demi-tasse de chou frisé cuit contient cinq fois notre besoin quotidien en vitamine K !

Voici les 10 meilleures sources de vitamine K :

- Chou frisé
- Épinards
- Fanes de navet, pissenlit et betterave
- Bette à carde
- Rapini
- Laitue mesclun
- Scarole
- Choux de Bruxelles
- Brocoli

Attention
Si vous prenez du Coumadin, qui éclaircit le sang, n'augmentez pas votre apport en vitamine K sans surveillance médicale, afin de ne pas affecter l'effet du Coumadin.

Vitamine D

Selon certaines études, l'arthrite progresserait plus rapidement chez les gens qui ont des taux sanguins faibles de vitamine D. Faites vérifier votre taux de vitamine D par des analyses sanguines et complétez votre alimentation avec un supplément si nécessaire. Les sources de vitamine D sont le poisson gras, le lait, les boissons végétales enrichies, les œufs et certains produits enrichis comme les margarines et les yogourts.

Acidité et arthrite

Certaines personnes croient que limiter les aliments acides (orange, pamplemousse, lime, citron, tomate) ou de la famille des solanacées (poivron, aubergine, tomate, pomme de terre) pourrait réduire l'inflammation. Or, cette thèse ne s'appuie sur rien de solide. Éliminer ces aliments vous priverait de précieux antioxydants aux propriétés anti-inflammatoires.

Régimes alternatifs contre l'arthrite

Quand la médication ou le changement des habitudes de vie ne viennent pas à bout de la douleur et de la perte de mobilité liées à l'arthrite, certaines personnes se tournent vers les thérapies alternatives en espérant trouver des solutions à leur problème. Parmi les diètes populaires, on retrouve le jeûne, la diète végétalienne ou végétarienne, les régimes méditerranéens, la diète d'élimination ou le régime hypotoxique.

Le jeûne

Même si le jeûne peut atténuer les symptômes lors d'arthrite rhumatoïde, il est démontré que les symptômes reviennent dès qu'on recommence à manger normalement. Le jeûne est associé à une perte de tissu musculaire qui, à long terme, pourrait avoir des conséquences néfastes sur les articulations.

Le régime végétarien et méditerranéen

Les régimes végétariens se sont révélés bénéfiques chez certaines personnes atteintes de polyarthrite rhumatoïde. Cet effet pourrait être attribuable à la diminution de l'apport en certains types de gras saturés et à l'augmentation de l'apport en fruits, en légumes et en grains entiers, facteurs susceptibles de jouer un rôle dans l'inflammation. Par ailleurs, le régime méditerranéen semble aussi procurer certains bénéfices aux gens atteints d'arthrite rhumatoïde. Il est plus simple à suivre qu'un régime 100 % végétarien.

En bref, les ouvrages spécialisés ne disent pas encore clairement si les régimes mentionnés sont efficaces pour améliorer l'état des populations atteintes de maladies inflammatoires comme l'arthrite. Quoi qu'il en soit, on gagne à consommer plus de végétaux et de bon gras !

Le régime sans gluten ou sans produits laitiers

Le gluten est montré du doigt comme facteur qui pourrait contribuer à l'inflammation. Pourtant, l'allergie au gluten ou maladie cœliaque ne touche qu'un pour cent de la population. La maladie cœliaque est un désordre digestif causé par une réaction immunitaire au gluten. Il existe des tests pour vérifier si nous souffrons de cette forme d'allergie. Ceux qui en sont atteints doivent exclure totalement et à vie le gluten de leur alimentation.

Par ailleurs, sans être atteintes de maladie cœliaque, certaines personnes seraient sensibles au gluten. La prévalence de la sensibilité non cœliaque au gluten au sein de la population est à l'heure actuelle inconnue.

La seule façon de savoir si le gluten nous cause des problèmes est de le retirer de notre alimentation et de le réintroduire au bout de quelques semaines, tout en notant la régression ou l'évolution des symptômes. Il est suggéré de se faire suivre par un ou une nutritionniste si on décide d'éviter le gluten pour vérifier notre tolérance. Avant d'exclure le gluten de votre alimentation, demandez à votre médecin de passer un test pour vérifier si vous avez ou non la maladie cœliaque.

Récemment, les chercheurs ont découvert d'autres constituants du blé (inhibiteurs enzymatiques) qui attaqueraient la muqueuse intestinale en causant de l'inflammation. Sommes-nous tous sensibles à cet effet? La réponse à cette question n'est pas connue, mais il est certain que nous ne le sommes pas tous au même degré.

Pour ce qui est des produits laitiers, de récentes études n'ont pu démontrer le rôle pro-inflammatoire ni anti-inflammatoire des produits laitiers chez des populations en santé. Qu'en est-il des populations malades? Ça reste à démontrer.

Le régime hypotoxique

Le régime actuellement en vogue au Québec et qui exclut le gluten et les produits laitiers est le régime hypotoxique. Ce régime élimine aussi les cuissons qui provoquent la formation de glycotoxines. Il a été popularisé par Jacqueline Lagacé, qui s'est elle-même guérie d'une arthrite sévère grâce au régime hypotoxique. Le concepteur du régime est à l'origine le Dr Jean Seignalet. Pour traiter de nombreuses maladies, le Dr Seignalet préconisait le retour au régime alimentaire ancestral qui a prévalu pendant des millions d'années, communément appelé régime hypotoxique.

Il est à noter que, présentement, les études scientifiques sont insuffisantes pour promouvoir ce type de régime, qui exclut les produits laitiers et le gluten de manière générale. Par contre, basé sur l'expérience individuelle, ce type de régime semble apporter du soulagement chez certains individus.

N.B.: Ce régime n'est pas pour tout le monde et n'a pas pour objectif la perte de poids. Le suivre dans un tel but pourrait mener à d'autres problématiques dont une reprise de poids à moyen terme, car beaucoup d'aliments sont à éliminer. Il est important de se rappeler que l'acte de manger implique une notion de plaisir.

Comme ce régime est relativement difficile à suivre, il est conseillé d'être suivi par un ou une nutritionniste pour assurer un équilibre alimentaire et éviter les carences ainsi que des pertes de poids non intentionnelles, qui sont possibles si le régime n'est pas suivi adéquatement.

Recommandations nutritionnelles concernant le régime hypotoxique

Les produits laitiers, qui sont interdits dans ce régime, doivent absolument être remplacés par des substituts enrichis en calcium et en vitamine D, car il y a un risque de carence si on les évite complètement. Il est à noter que seule la boisson de soya contient une quantité de protéines semblable au lait de vache. Comme le régime hypotoxique limite la consommation de boisson de soya à une tasse par jour, les autres boissons de substitution telles que la boisson d'amande ou de riz enrichie sont préconisées dans ce régime. Par contre, comme ces deux options contiennent très peu de protéines et que celles-ci ne sont pas complètes, il faut s'assurer de combler adéquatement ses besoins en protéines en privilégiant les noix et les graines, les légumineuses, la volaille, le poisson, etc.

Concernant le gluten, comme l'alimentation nord-américaine est largement basée sur le blé, le retrait de tous les produits à base de blé et d'autres céréales déconseillées doit être compensé par l'ajout de nouvelles céréales, question d'éviter les manques en fibres, en vitamines du complexe B et en glucides. Il est donc important d'intégrer des céréales sans gluten (quinoa, riz brun, millet, sarrasin, amaranthe, tef) et de ne pas simplement supprimer tous les produits céréaliers de notre alimentation.

La goutte

La goutte est une forme d'arthrite inflammatoire très douloureuse. Ce qui cause la douleur, c'est la cristallisation d'acide urique dans les articulations. L'acide urique est dérivé des purines qui sont produites à la suite de la mort naturelle de nos cellules. Une incapacité héréditaire à métaboliser efficacement l'acide urique serait la cause de son accumulation.

Plusieurs facteurs liés au style de vie peuvent mener à la goutte : un surplus de poids, une consommation élevée de viande rouge et de fruits de mer riches en purines, ainsi qu'une consommation élevée d'alcool comme la bière, qui est également riche en purines. L'alcool limite l'élimination de l'acide urique des reins. Certains médicaments comme les diurétiques peuvent également augmenter le risque de goutte.

Pour prévenir les crises de goutte, il est suggéré :

- d'avoir un poids santé (la perte de poids doit être lente et graduelle) ;
- de favoriser une alimentation équilibrée, riche en fruits et en légumes ;
- de boire beaucoup de liquide (au moins 2 litres par jour dont 50 % est de l'eau) ;
- de restreindre l'alcool : buvez tout au plus une consommation par jour, et pas plus de trois fois par semaine.

Lors de crises de goutte, il est suggéré :

- d'éviter l'alcool ou de se limiter à un verre à la fois, pas plus de trois fois par semaine ;
- d'éviter les aliments riches en purines et de consommer avec modération les aliments modérés en purines (restreindre surtout les quantités de viande, de poisson et de fruits de mer ; pendant un épisode de crise, favoriser une alimentation plus végétarienne) ;
- de favoriser une alimentation équilibrée, riche en fruits et en légumes ;
- de boire beaucoup de liquide (2 à 3 litres par jour dont 50 % est de l'eau) ;
- d'éviter les aliments très riches en gras.

Teneur en purines de divers aliments

FORTE TENEUR EN PURINES (150-825 mg/100 g)	TENEUR MODÉRÉE EN PURINES (50-150 mg/100 g)
• Anchois (363 mg/100 g) • Cervelle (195 mg/100 g) • Cœur • Crevettes (234 mg/100 g) • Extraits de viande (160-400 mg/100 g) • Foie (veau ou bœuf – 233 mg/100 g) • Gibier • Hareng (378 mg/100 g) • Maquereau (246 mg/100 g) • Pétoncles • Ris de veau (825 mg/100 g) • Rognons (bœuf – 200 mg/100 g) • Sardines (295 mg/100 g)	• Asperges • Champignons • Chou-fleur • Épinards • Farine d'avoine • Fruits de mer : crabe, homard, huîtres • Légumineuses : fèves, lentilles, haricots • Pain et céréales à grains entiers • Petits pois • Poissons d'eau douce et de mer • Potages à base de bouillon de viande • Son et germe de blé • Viande : bœuf, agneau, porc, veau, etc.

Adapté de : *Classification de divers aliments selon leur contenu en purines. Manuel de nutrition clinique en ligne.* Goutte. www.opdq.org

COMPLÉMENTS NATURELS
POUR SOULAGER L'ARTHRITE

N.B. : Plusieurs produits de santé naturels comportent des contre-indications relativement à certains médicaments, ou sont contre-indiqués lors de la grossesse ou de l'allaitement. Avant de vous procurer un produit de santé naturel, demandez l'avis de votre médecin ou pharmacien.

Sulfate de glucosamine
Le rôle de la glucosamine dans le traitement de l'ostéoarthrite a fait l'objet d'un nombre impressionnant d'études au cours des dernières années. Malheureusement, les résultats sont mixtes, certaines études ayant révélé des résultats positifs et d'autres non. Et dans les études où les résultats ont été positifs, l'effet demeure toutefois modeste. C'est pourquoi la glucosamine n'est plus recommandée comme traitement naturel de premier choix contre l'ostéoarthrite.

Oméga-3
Dans les cas d'arthrite rhumatoïde, un supplément d'oméga-3 pour compléter la consommation de poisson gras pourrait contribuer à réduire la douleur, le nombre d'articulations douloureuses, la durée des raideurs matinales et dans certains cas l'utilisation de médicaments anti-inflammatoires non stéroïdiens.

Piment de Cayenne
Le cayenne contient un ingrédient actif : la capsaïcine. En usage externe, les crèmes contenant de la capsaïcine sont reconnues comme relativement efficaces contre les douleurs causées par l'ostéoarthrite.

Boswellie

La résine de boswellie figure parmi les produits de santé naturels les plus employés à l'heure actuelle par les patients souffrant de maladies articulaires. La résine de cet arbre fait partie de la médecine ayurvédique de l'Inde et porte le nom de *Indian frankincense*. Les recherches à ce jour suggèrent que la résine de boswellie pourrait apporter certains effets bénéfiques aux personnes souffrant d'ostéoarthrite du genou, notamment.

Conclusion

L'alimentation optimale pour prévenir ou ralentir l'arthrite n'est pas connue avec précision, mais les aliments et les modifications du style de vie qui pourraient avoir un effet positif contre l'arthrite peuvent aussi aider à prévenir d'autres maladies associées à niveau d'inflammation de bas grade, comme les maladies cardiovasculaires et le diabète. Soyons donc proactifs!

CHAPITRE 7

Prendre
soin de son cœur

*De bons aliments pour le cœur : saumon,
maquereau, sardines, huile d'olive extra vierge,
noix, huile de canola, soya, avoine, psyllium,
orge, légumineuses, lait et yogourt faibles en gras,
fruits et légumes.*

Vous connaissez quelqu'un qui a fait un infarctus dans votre entourage ? Un de vos proches en est décédé ? On vous a dit récemment que votre pression ou votre cholestérol étaient un peu trop élevés ? Tout ça indique que même si vous vous sentez en bonne santé, vous devez prendre soin de votre cœur.

Personne ne peut nier le rôle fondamental du cœur dans notre survie. Le cœur est un muscle dont la taille correspond à un peu plus que la grosseur de votre poing. Il bat chaque jour environ 100 000 fois et pompe environ 7200 litres (1900 gallons) de sang. Le rôle du cœur est en effet de pomper le sang gorgé d'oxygène et d'éléments nutritifs vers tous les tissus, organes et cellules du corps par un réseau complexe d'artères, d'artérioles et de capillaires. Son travail est aussi de retirer le dioxyde de carbone et les déchets produits par les cellules. Le sang appauvri en oxygène retourne au cœur à travers les veines. Notre cœur a aussi besoin d'oxygène et d'éléments nutritifs pour fonctionner ; après une inspiration, le sang chargé d'oxygène arrive des poumons et entre dans le cœur.

Les maladies cardiovasculaires (MCV) sont nombreuses (athérosclérose, fibrillation auriculaire, angine, arythmie, insuffisance cardiaque, etc.). Les maladies des vaisseaux coronaires ou coronariennes sont les plus courantes. Elles surviennent quand les vaisseaux sanguins du cœur deviennent obstrués ou rétrécis, ce qui limite ou empêche le sang riche en oxygène d'atteindre votre cœur. Ce genre de maladies peut causer des douleurs thoraciques, appelées angines, ou même une crise cardiaque.

Les maladies cardiovasculaires sont une des premières causes de mortalité au Canada. Elles sont responsables du tiers des décès au Canada, surpassant toute autre maladie.

La prévention des maladies cardiovasculaires

Heureusement, les maladies cardiovasculaires peuvent être **prévenues à 80 %** si l'on adopte de bonnes habitudes de vie, dont une saine alimentation, de l'exercice physique et l'arrêt de la cigarette.

Plusieurs facteurs de risque nous prédisposent aux MCV. Par ailleurs, il y a plusieurs facteurs de risque que l'on peut contrôler :

Facteurs de risque qu'il est possible de contrôler :

- ✓ Hypertension artérielle
- ✓ Hypercholestérolémie
- ✓ Diabète
- ✓ Embonpoint
- ✓ Consommation excessive d'alcool
- ✓ Sédentarité
- ✓ Tabagisme
- ✓ Stress

Si vous êtes un homme de plus de 40 ans ou une femme de plus de 50 ans, ou postménopausée et en bonne santé, votre médecin vous prescrira des analyses de sang pour vérifier vos lipides sanguins (cholestérol, triglycérides) et votre taux de sucre. Par ailleurs, si l'une ou l'autre des conditions suivantes vous concerne, il se peut qu'on prescrive plus tôt des analyses sanguines : vous fumez, vous êtes atteint de diabète, vous avez des antécédents familiaux de maladies cardiovasculaires, vous souffrez d'hyperlipidémie, de problèmes d'érection, de maladies rénales, d'obésité, et j'en passe…

À partir de vos résultats de cholestérol, de bon cholestérol (HDL), de taux de sucre, de tension artérielle et considérant votre âge, votre sexe et le fait que vous êtes fumeur ou non fumeur, votre médecin pourra déterminer votre score de risque de MCV. Ce score est basé sur l'étude Framingham (appelé score de risque Framingham ou SRF), qui porte le nom de la ville américaine où il a été élaboré, afin de déterminer votre risque de développer une maladie cardiovasculaire sur 10 ans. À partir de ce score, on détermine les traitements appropriés (modification des habitudes de vie, médicaments, etc.) selon votre niveau de risque.

En fait, les médecins évaluent maintenant le **taux de cholestérol** de façon relative. L'évaluation considère la présence d'autres facteurs de risque de **maladies cardiaques**.

Par exemple, pour des taux identiques de mauvais cholestérol :

- un homme fumeur âgé de 65 ans souffrant en plus d'hypertension et ayant un tour de taille élevé sera considéré comme à risque élevé. On lui recommandera de modifier ses habitudes de vie en vue de diminuer son taux de mauvais cholestérol.
- une femme de 36 ans non fumeuse et sans hypertension avec un poids santé sera considérée comme à faible risque malgré un taux de mauvais cholestérol trop élevé. On ne visera pas les mêmes réductions du taux de mauvais cholestérol et ce sera moins urgent.

Prévenir les maladies cardiovasculaires (MCV)

Les recommandations (2012) de la Société canadienne de cardiologie pour réduire le risque de maladies cardiovasculaires (MCV) sont les suivantes :

1. Tous les individus devraient adopter des habitudes alimentaires pouvant réduire leur risque de MCV.
   - Apport adéquat en calories pour maintenir ou atteindre un poids santé.
   - Alimentation riche en fruits, légumes, grains entiers et aliments contenant des gras insaturés comme les noix, les huiles et le poisson.
   - Alimentation modérée en gras totaux, sans gras trans et faible en gras saturés.
   - Limiter le cholestérol total à 300 mg si vous êtes en bonne santé.

2. Tout le monde devrait faire au moins 150 minutes d'activité physique d'intensité modérée à élevée par semaine, en périodes de 10 minutes ou plus pour réduire le risque de MCV.

3. Cesser le tabac et limiter l'alcool à 30 g et moins par jour, soit l'équivalent de 1 ou 2 consommations par jour.

Pour les gens atteints d'hypercholestérolémie, d'hypertriglycéridémie ou encore d'hypertension

La diète méditerranéenne ainsi que la diète Dash sont toutes deux recommandées pour réduire l'hypertension, améliorer le profil lipidique et diminuer le risque de MCV.

Pour diminuer le taux de cholestérol, on suggère d'intégrer des stérols végétaux, des fibres solubles, des noix et du soya – en plus des autres recommandations ci-dessus – et de limiter le cholestérol total à 200 mg.

Comment PRÉVENIR ou TRAITER les facteurs de risque des MCV ?

Les matières grasses à prendre en compte

Quand il est question de prévention des MCV ou des stratégies pour baisser son taux de cholestérol (hypercholestérolémie), on s'attarde toujours dans un premier temps aux matières grasses. Certaines sont bénéfiques (oméga-3, 6 et 9), d'autres nuisibles en excès (saturés), d'autres carrément dangereuses (trans). Et bien que le cholestérol ne soit pas une matière grasse en tant que telle, il peut aussi être nuisible en excès.

Mettez fin à la consommation de gras trans

Les **gras trans** industriels, qui se forment durant l'**hydrogénation** des huiles végétales, contribuent à augmenter le cholestérol total et le mauvais cholestérol (LDL). Ils font également diminuer le bon cholestérol (HDL). Seulement 5 grammes par jour de gras trans industriels augmenteraient de 29 % le risque de maladies cardiovasculaires. On parle de gras trans industriels par opposition aux gras trans naturellement présents dans les produits laitiers et qui ne sont pas néfastes pour la santé. On trouve notamment des gras trans dans les **plats préparés** à partir de shortening ou d'huiles végétales hydrogénées – ou partiellement hydrogénées – tels que les pâtes à tarte, les craquelins, les tortillas, les biscuits, les croissants, les muffins, les chocolats commerciaux, les croustilles, certaines céréales, etc.

Voici les termes qui indiquent la présence de gras trans : shortening végétal, huile végétale hydrogénée, huile végétale partiellement hydrogénée, gras végétal, margarine végétale. Heureusement pour les consommateurs canadiens, depuis décembre 2005, l'étiquette des aliments transformés doit indiquer leur contenu en gras trans. Depuis 2007, l'industrie alimentaire fait un grand effort pour les éradiquer à la suite des recommandations de Santé Canada.

Concernant les **gras trans naturels** que l'on retrouve dans les **produits laitiers**, une étude clinique menée par des chercheurs de l'Université Laval, à Québec, a démontré qu'ils ne seraient pas néfastes pour le cœur, même dans des quantités assez élevées (environ 4 g par jour).

Un peu d'histoire au sujet des gras trans

En 1902, pour remplacer le beurre qui était cher en France, un certain Paul Sabatier inventa un procédé pour solidifier l'huile afin d'en faire de la margarine ; l'hydrogénation était née. À cette époque, on faisait de la margarine à partir d'huile de coton. La découverte de l'hydrogénation des huiles était une grande avancée, car les produits issus de ce procédé (margarine et shortening) se conservaient longtemps et coûtaient moins cher.

Toutefois, après la Deuxième Guerre mondiale, la crainte des gras saturés contenus dans le beurre, le saindoux et l'huile de coton fera naître une technique baptisée «hydrogénation partielle», qui permettra aux margariniers de remplacer l'huile de coton par des huiles plus insaturées, soit celles de maïs et de soya. L'hydrogénation est un procédé industriel qui modifie la configuration des molécules issues de gras végétaux (le plus souvent de soya, de maïs ou de canola), afin d'obtenir un produit qui ressemble au beurre (margarine) ou au saindoux (shortening). Malheureusement, lors de l'hydrogénation partielle, il se forme des acides gras trans. C'est la raison pour laquelle on recommande maintenant de choisir des margarines non hydrogénées.

Même si l'industrie alimentaire a fait beaucoup d'efforts pour les éradiquer, il en reste encore dans certains aliments d'épicerie et de restaurants.

Ne vous étonnez pas de voir sur certains produits la mention «huile végétale hydrogénée», alors que sur l'étiquette, il y a zéro gras trans. C'est que l'hydrogénation totale des huiles, contrairement à l'hydrogénation partielle, produit très peu de gras trans et surtout des gras saturés, ce qui est juste un peu moins nuisible…

La liste noire des gras trans

Consultez toujours le tableau d'information nutritionnelle pour les repérer. Certains des produits suivants pourraient ne pas en contenir.

- Les margarines hydrogénées ou dures, et le shortening
- Les abaisses de tarte (tarte aux pommes, pâté au poulet, etc.)
- Les repas surgelés
- La friture (frites, croquettes, poulet frit)
- Les desserts commerciaux (beignes, muffins, tartes, gâteaux, biscuits, barres tendres)
- Les croustilles, le maïs à éclater, les croissants et les craquelins

- La crème fouettée
- Les soupes en conserve ou en poudre

Pourquoi peut-on retrouver dans la liste d'ingrédients de l'huile hydrogénée mais aucun gras trans ?

La quantité d'huile hydrogénée présente dans le produit alimentaire peut être très faible. Si ce produit contient moins de 0,2 g d'acides gras trans par quantité de référence et portion déterminée, la teneur en gras trans indiquée dans le tableau de valeur nutritive peut être de «0 g», et le produit peut afficher la mention «sans gras trans».

Attention au cholestérol alimentaire

Le médecin vous a mentionné que votre taux de cholestérol était trop élevé, de même que votre taux de mauvais cholestérol, appelé LDL ? En plus, il semble que votre bon cholestérol, appelé HDL, soit trop bas… Vous faites donc de l'hypercholestérolémie.

L'hypercholestérolémie n'est pas une maladie. Il se peut même que cela n'entraîne aucune conséquence néfaste. Il reste qu'avoir un **taux trop élevé de cholestérol**, en conjonction avec d'autres éléments entrant dans le calcul du score de risque Framingham – dont le tabagisme, le diabète et l'hypertension artérielle –, augmente le risque d'être atteint de troubles cardiovasculaires.

 ## LE SAVIEZ-VOUS ?

Le foie produit environ 75 % du cholestérol présent dans l'organisme, et les aliments fournissent les 25 % restants.

Le taux de cholestérol LDL est communément appelé «mauvais cholestérol» ou «encrasseur» parce qu'il véhicule le cholestérol produit par le foie vers les cellules, ce qui cause l'encrassement des artères lorsqu'il est en excès.

Le taux de cholestérol HDL est appelé «bon cholestérol» ou «vidangeur» parce qu'il nettoie les artères en ramenant l'excès de cholestérol vers le foie, afin de l'éliminer par la bile.

Avoir trop d'encrasseur (cholestérol LDL) et pas assez de vidangeur (cholestérol HDL) n'est pas une situation idéale.

Le **cholestérol de source alimentaire** n'est pas essentiel, puisque l'organisme peut en fabriquer par lui-même. En excès, il a tendance à faire monter le mauvais cholestérol (LDL), surtout lorsqu'il est accompagné de gras saturés. Si votre taux de cholestérol est normal, vous pouvez vous permettre jusqu'à 300 mg de cholestérol par jour. Par contre, s'il est trop élevé, visez plutôt 200 mg par jour. Seuls les aliments d'origine animale contiennent du cholestérol. De façon générale, si vous êtes du genre carnivore, beurre et crème, et que vous aimez les déjeuners de type œufs, bacon, saucisses, fromage et patates rissolées, il va vous falloir effectuer plusieurs ajustements…

Sources très élevées et élevées de cholestérol alimentaire

Aliments	150 mg et plus de cholestérol À consommer très occasionnellement	Aliments	50-100 mg de cholestérol À consommer modérément (contiennent aussi des gras saturés)
Foie cuit (bœuf ou porc) 75 g (2 1/2 oz)	266-297	Bœuf et porc, diverses coupes 75 g (2 1/2 oz)	46-74
Rognons cuits (bœuf, veau, agneau, porc) 75 g (2 1/2 oz)	360-593	Poulet ou dinde, diverses coupes 75 g (2 1/2 oz)	56-99
Calmars cuits 75 g (2 1/2 oz)	195	Viandes hachées cuites (agneau, bœuf, porc, poulet, dinde) 75 g (2 1/2 oz)	53-96
Crevettes cuites 75 g (2 ½ oz)	150	Charcuteries (mortadelle, jambon, dinde, salami) 75 g (2 1/2 oz)	43-68
1 gros jaune d'œuf cuit	200	Saucisses (porc, bœuf, chorizo) 75 g (2 oz)	52-66

Le déjeuner du bûcheron est « anticœur »...

- 2 œufs frits
- 2 rôties de pain blanc avec beurre
- 1 saucisse
- 2 tranches de bacon
- 200 g de patates rissolées

1342 kcal, 93 g de lipides, 448 mg cholestérol, 28 g de gras saturés, 2637 mg de sodium, rien de moins !

Comment le transformer ?

- 2 rôties de blé entier avec margarine non hydrogénée
- 1 œuf poché
- 1 c. à table de beurre d'arachide
- Fèves au lard (en mettant le lard de côté)
- Fruits frais

Combien d'œufs par semaine si votre cholestérol est trop élevé ?

Un seul jaune d'œuf contient 200 mg de cholestérol. Les recommandations antérieures limitaient la consommation d'œufs à 3 ou 4 par semaine pour les gens avec de l'hypercholestérolémie, incluant les œufs présents dans les recettes. La recommandation est maintenant de 1,5 jaune d'œuf par semaine, ce qui est très bas. En matière de nutrition, il faut toujours considérer l'alimentation dans son ensemble. Si vous mangez très peu de viande, il se peut que vous puissiez manger plus de 1,5 jaune d'œuf par semaine. Bien que les œufs oméga-3 soient un bon choix, ils contiennent autant de cholestérol. Si vous aimez beaucoup les œufs mais que vous faites de l'hypercholestérolémie, consommez plus de blanc que de jaune, car le blanc d'œuf ne contient pas de cholestérol. Vous pouvez aussi vous procurer des blancs d'œufs concentrés de la marque Egg Beaters.

En prévention

Si vous ne faites pas d'hypercholestérolémie, vous pouvez consommer 4 ou 5 œufs par semaine sans problème, pourvu que vous ne les fassiez pas cuire dans le beurre !

Réduire les gras saturés

Les gras saturés contribuent à la hausse du mauvais cholestérol (LDL). Ils ne devraient pas représenter plus de 7 % de notre apport calorique total. En réduisant notre apport à 7 % des calories, on réduit de 14 % le risque de mourir d'une maladie cardiovasculaire. Si vous êtes un **homme**, dont le besoin quotidien moyen en énergie est de 2500 calories, vous ne devriez pas consommer plus de **20 g de gras saturés** par jour. Si vous êtes une **femme**, dont le besoin est de 1800 calories, vous ne devriez pas dépasser **15 g par jour**.

Pour atteindre la cible de 7 % ou 15 g de gras saturés pour les femmes et 20 g pour les hommes, vous devez apprendre à lire le tableau d'information nutritionnelle qui se trouve sur les produits alimentaires. Repérez la grosseur de la portion, puis vérifiez le nombre se trouvant à côté de « gras saturés ».

Dans l'exemple qui suit, 9 g de gras saturés est une trop grande quantité, sachant qu'on ne doit pas dépasser 15 à 20 g par jour. Le fameux tableau d'information nutritionnelle est présent sur la plupart des produits achetés en épicerie ; cependant, pour la viande, la volaille et le poisson frais, on ne trouve pas de tableau d'information nutritionnelle, de même qu'il est difficile de connaître la teneur en gras saturés des aliments pris au restaurant.

On peut retrouver une grande quantité de gras saturés dans des produits transformés comme la pizza, la lasagne et tout ce qui est pané. Savoir repérer la teneur en gras saturés sur les

Valeur nutritive		
pour 1 portion (270 g) excluant les ingrédients facultatifs		
Teneur	% valeur quotidiennne	
Calories 410		
Lipides 15 g		23 %
saturés 9 g + trans 0 g		43 %
polyinsaturés oméga-6 0,7 g		
polyinsaturés oméga-3 0,2 g		
Cholestérol 115 mg		
Sodium 260 mg		11 %
Glucides 51 g		17 %
Fibres 3 g		13 %
Sucres 1 g		
Protéines 16 g		
Vitamine A		25 %
Vitamine C		6 %
Calcium		10 %
Fer		20 %

étiquettes est primordial. En général, là ou il y a de la viande, du fromage et de la crème, il y a des gras saturés.

Tableau des sources élevées de gras saturés et des solutions de rechange

Sources élevées de gras saturés	Quantité de gras saturés (g par portion usuelle)	Solutions de rechange	Quantité de gras saturés (g par portion usuelle)
Huile de coco	12 g/15 ml	Huile d'olive	1,9 g/15 ml
Ailes de poulet	11,5 g/6 ailes	Ailes de poulet sans la peau, cuites au four	4,3 g/6 ailes
Fromage cheddar régulier	10,5 g/50 g	Fromage cheddar faible en gras (18 % m.g.)	5,8 g/50 g
Saucisses de porc	8,2 g/90 g (cuites)	Saucisses similiviande	1,8 g/90 g (cuites)
Bœuf haché régulier	7,5 g/90 g (cuit)	Bœuf haché extramaigre	3,7 g/90 g (cuit)
Beurre	7 g/15 ml	Margarine non hydrogénée	1,5 g/15 ml
Croissants	6,6 g/1 moyen (60 g)	Muffin anglais	0,2 g/muffin
Lait entier (3,25 % m.g.)	6,2 g/250 ml	Lait 1 % m.g.	0,8 g/250 ml
Crème glacée	4,7 g/1 boule (125 ml)	Yogourt glacé	2,1 g/ 1 boule (125 ml)
Croquettes de poulet	4,5 g/6 croquettes	Burger poitrine de poulet	2,7 g/burger
Yogourt méditerranéen 7 % m.g.	4,5 g/100 g	Yogourt 2 % m.g.	1 g/100 g
Pepperoni	4,5 g/ 30 g	Jambon	1 g/30 g
Pâté au poulet	3,9 g/1/4 de pâté ou 100 g	Poitrine de poulet sans la peau	2,5 g/90 g (cuit)
Crème 35 % m.g.	3,3 g/15 ml	Crème 15 % m.g.	1,4 g/15 ml
Biscuits aux brisures de chocolat	3 g/3 biscuits	Biscuits d'avoine	1,5 g/3 biscuits
Beignes	2,5 g/1 beigne (50 g)	Muffin maison (petit)	1,2 g/1 muffin
Salade César	2 g/1 tasse	Salade vinaigrette huile d'olive et vinaigre balsamique	0,5 g/1 tasse
Cretons de porc	1,5 g/30 ml	Cretons végétariens	0,3 g/30 ml

La viande

En plus de contenir des gras saturés, la viande et les charcuteries contiennent beaucoup de cholestérol. Si vous êtes un grand mangeur de viande, vous devrez réduire vos portions et vous tourner vers les coupes de viandes maigres.

Modérez votre consommation de viande rouge (incluant bœuf, veau, porc, agneau, gibier, etc.) à moins de 500 g par semaine. Tentez de ne pas dépasser 100 g de viande cuite chaque fois, ce qui correspond à la grosseur d'un jeu de cartes.

Les coupes de viande maigres à privilégier
N.B. : Ces coupes de viande par 100 g (cuite) contiennent moins de 4 g de gras saturés par portion.

Coupes	Volaille*	Veau	Bœuf	Porc	Agneau	Gibier et autre viande maigre
Coupes de viande les plus extra-maigres (moins de 7,5 % de m.g.)	Poulet et dinde sans la peau (partie blanche) Canard sauvage	Côtelette Rôti d'épaule Bifteck de palette Veau haché Cuisseau Veau à ragoût Escalope	Noix de ronde Bifteck ou rôti d'intérieur de ronde Pointe de surlonge	Longe		Chevreuil Caribou Autruche Perdrix Émeu Bison Wapiti Sanglier Castor Cheval Chèvre
Coupes de viande les plus maigres (moins de 10 % de m.g.)	Viande brune de la dinde sans la peau Bernache	Veau haché	Longe, contre-filet, haut de surlonge Bœuf haché extramaigre Rôti de côtes croisées Flanc Bœuf à ragoût		Jarret	Orignal Lapin domestique

Source : Institut universitaire de cardiologie et de pneumologie de Québec. *Les meilleurs choix de viande pour la santé.*
*La volaille n'est pas considérée comme une viande rouge. Sa chair est généralement plus maigre.

D'autres conseils concernant la viande
Consommez très occasionnellement les charcuteries (trop grasses, trop salées) et les viandes froides, le jambon et la dinde (maigres, mais trop salés).

- Retirez tout gras visible avant la cuisson.
- Retirez la peau de la volaille.

- Utilisez peu de matières grasses à la cuisson.
- Utilisez des méthodes de cuisson de la viande qui ne requièrent pas de gras (poêlon à rainures, poêle antiadhésive, cuisson au four sans gras).

Par quoi remplacer la viande ?

Les substituts à la viande sont la volaille, le poisson, les fruits de mer, les œufs, les légumineuses et les noix.

Considérant que nous mangeons 14 repas principaux par semaine, voici comment vous pourriez répartir vos sources de protéines :

Viande et substituts	Nombre de repas par semaine
Viande maigre (incluant bœuf, porc, veau, agneau)	3
Poisson	3
Poulet ou dinde	3
Légumineuses	4
Noix	2
Œufs	Si hypercholestérolémie : 1 x (1,5 œuf entier + 1 blanc d'œuf) Sans hypercholestérolémie : 2 x 2 œufs

 ## ERREUR À NE PAS FAIRE

Remplacer ceci...	Par ceci
Le gras de la viande, de la charcuterie, du beurre, de la crème, du fromage	*Biscottes, pâtes, riz, pain, aliments sucrés, etc.*

Mauvais choix : pour manger moins gras, vous réduisez votre portion de viande et mettez plus de riz blanc (glucides).

 ## VOICI CE QU'IL FAUT FAIRE

Remplacer ceci...	Par ceci
Le gras de la viande, du beurre, de la crème	*Poisson, noix, graines, huiles d'olive et de canola*

Le mieux est de réduire la viande et d'ajouter une portion de salade avec vinaigrette à l'huile d'olive, et de ne pas mettre plus de riz. Encore mieux, remplacez la viande par du poisson et le riz blanc par du riz brun.

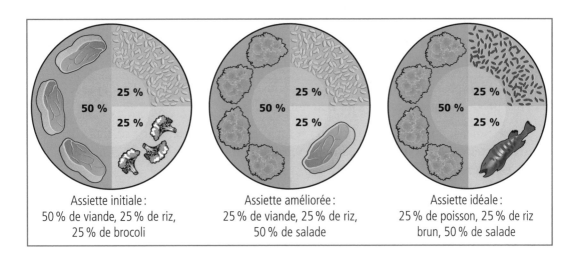

Assiette initiale :
50 % de viande, 25 % de riz, 25 % de brocoli

Assiette améliorée :
25 % de viande, 25 % de riz, 50 % de salade

Assiette idéale :
25 % de poisson, 25 % de riz brun, 50 % de salade

L'erreur de l'industrie alimentaire a été de réduire le gras dans les aliments en le remplaçant par des glucides (amidon, sucre, fructose, etc.). Le résultat ? Consommer trop de glucides raffinés et concentrés peut favoriser l'obésité abdominale. Le fructose, notamment, peut faire augmenter les triglycérides. En bref, les produits sans gras ne sont pas toujours les meilleurs choix, car ils ne contiennent pas non plus de bons gras, si importants !

Produits laitiers et gras saturés

Les produits laitiers contiennent des gras saturés. Depuis longtemps, pour prévenir le risque de MCV, on recommande aux gens de choisir des produits laitiers faibles en gras (lait écrémé ou 1 % m.g., yogourt à 0 % ou 1,5 % m.g., fromage partiellement écrémé à 15 ou 20 % m.g.).

Par ailleurs, plusieurs recherches publiées dans les dernières années démontrent que la consommation de produits laitiers serait associée à une diminution du risque de maladies cardiovasculaires, et que les produits laitiers plus riches en matières grasses seraient aussi bénéfiques que ceux à faible teneur en matières grasses. L'hypothèse est que dans les produits laitiers, d'autres composants comme le calcium, les protéines et certains peptides, le phosphore, le potassium, la vitamine D, la vitamine K2 et les acides gras seraient liés à la prévention de facteurs de risque des MCV, comme l'hypertension.

Cela veut-il dire qu'on peut revenir aux produits laitiers gras, comme le lait 3,25 % et les fromages gras ? Ça reste à confirmer, mais il ne semble pas y avoir de grands avantages à consommer des produits laitiers totalement écrémés.

Par ailleurs, la plupart des gens ne consomment pas suffisamment de portions de produits laitiers, tel que recommandé par les organismes de santé. Puisque les produits laitiers faibles en gras sont généralement moins appréciés quant au goût, une façon d'augmenter nos portions serait peut-être de choisir ceux qui sont un peu plus gras.

Prenons le cas du yogourt nature : il a généralement meilleur goût lorsqu'il est à plus de 2 % de gras. En définitive, il est mieux de prendre un yogourt nature 2 % avec des fruits frais que de choisir un yogourt 0 % à la confiture de fruits contenant du sucre ajouté. Et mieux vaut une petite quantité de fromage à 25 % m.g. qui nous satisfait qu'une même quantité de fromage 4 % qui nous rend malheureux et insatisfait…

Il y a aussi l'hypothèse selon laquelle les produits laitiers fermentés (fromage, yogourt) agiraient différemment des produits non fermentés, concernant leur effet sur le mauvais cholestérol.

Notez bien, par contre, que le beurre, la crème et la crème glacée n'offrent pas les bénéfices des produits laitiers, car ils sont peu nutritifs.

En résumé, si votre taux de cholestérol est très élevé et que sont présents chez vous d'autres facteurs de risque comme l'hypertension et un surplus de poids, limitez tout de même les produits laitiers gras.

Par ailleurs, au stade de la prévention, il ne semble pas utile d'éviter strictement tous les produits laitiers riches en gras.

D'autres sources de gras saturés

Tous les aliments qui contiennent du gras contiennent des gras saturés. Ainsi, dans le règne végétal, les noix, graines et huiles contiennent des gras saturés. Par contre, la proportion de gras saturés par rapport aux bons gras (dits insaturés) est faible; c'est pourquoi on ne recommande pas de diminuer les noix et les graines, qui sont au contraire associés à moins de MCV.

Cela dit, il existe quatre exceptions à cette règle : la noix de coco, le coprah, la fève de cacao et les fruits du palmier dont on extrait de l'huile ou du beurre, et qui sont tous très riches en gras saturés. Quant à l'huile de palme, elle est extraite de la pulpe des fruits du palmier à huile, alors que l'huile de palmiste est tirée du noyau des fruits.

On devrait sans aucun doute modérer la consommation d'huile de coprah, de palme ou de palmiste. Par contre, il semble que le gras du cacao et celui du coco seraient neutres sur le plan cardiovasculaire.

Concernant le cacao, comme il est une excellente source d'antioxydants très bénéfiques pour la santé, il est moins montré du doigt comme source de gras saturés à modérer.

Par contre, le chocolat au lait (qui contient peu de cacao) peut contenir de mauvais gras saturés. Privilégiez le chocolat noir à plus de 70 % de cacao qui comporte du beurre de cacao parmi les ingrédients.

L'huile de coco, bonne ou mauvaise ?

Depuis quelques années, l'huile de coco se voit attribuer plein de vertus santé et se fait vanter de ne pas être associée aux MCV. Qu'en est-il vraiment ?

L'huile de coco contient beaucoup de gras saturés, mais tout comme les gras saturés du cacao, ils ne semblent ni bon ni mauvais du point de vue de leur effet sur les lipides sanguins.

D'autre part, il faut absolument éviter l'huile de coco partiellement hydrogénée, parce qu'elle contient des gras trans.

L'huile de coco vierge, tout comme le cacao, est une source d'antioxydants qui lui conférerait certains avantages. Elle a une délicate saveur de noix sucrée et est un bon choix culinaire lorsqu'on prépare des curry ou des plats à saveur tropicale.

Mais malgré sa probable neutralité sur les lipides sanguins, l'huile de coco ne surpasse pas les effets bénéfiques des huiles d'olive et de canola. Ainsi, tant que nous ne possédons pas plus de preuves sur son innocuité lors d'hypercholestérolémie, l'huile de coco ne devrait être utilisée que de façon limitée par les gens qui ont un taux trop élevé de cholestérol.

Les gras saturés en résumé

Sources de gras	En prévention des maladies cardiovasculaires	Si dyslipidémies (cholestérol trop élevé)
Gras saturés des viandes	À réduire	À réduire
Gras saturés des produits laitiers	Neutre	À réduire surtout : fromages, beurre, crème, fromage à la crème, crème glacée et lait 3,25 % m.g.
Huile de palme, de palmiste, de coprah	À réduire	À réduire
Huile de coco vierge	Neutre	À réduire
Cacao	Neutre	À modérer

Beurre ou margarine ?

Le beurre est naturel mais très riche en gras saturés (5 g par 10 ml). Pour sa part, la margarine, même hydrogénée, est un produit très transformé qui contient par ailleurs beaucoup moins de gras saturés (1 g par 10 ml). Lors d'hypercholestérolémie, mieux vaut privilégier les margarines non hydrogénées. Cependant, pour les personnes dont le cholestérol est normal, un beurre santé peut être un compromis plus naturel.

Recette
BEURRE SANTÉ

Ingrédients

- 1/2 tasse (125 ml) de beurre fondu salé
- 1/3 tasse (80 ml) d'huile d'olive extra vierge
- 3 c. à table (45 ml) d'huile de canola

Préparation

Une fois le beurre fondu au micro-ondes, fouettez-le avec l'huile d'olive et de canola.

Mettez la préparation dans un contenant de plastique avec couvercle et conservez-la au réfrigérateur.

Donne 25 portions de 2 c. à thé (10 ml).

Trucs : Vous pouvez faire le beurre santé en utilisant seulement le beurre et l'huile d'olive. Toutefois, cette recette ne contiendra pas d'oméga-3.

Valeur nutritive		
pour 2 c. à thé (10 ml) de beurre santé		
Teneur		% valeur quotidiennne
Calories 70		
Lipides 8 g		12 %
saturés 3 g + trans/Trans 0,2 g*		16 %
Polyinsaturés 1 g		
Oméga-6 0,5 g		
Oméga-3 0,2 g		
Mono-insaturés 4 g		
Cholestérol 10 mg		3 %
Sodium 30 mg		1 %
Potassium 1 mg		0 %
Glucides 0 g		0 %
Fibres 0 g		8 %
Sucres 0 g		
Protéines 0 g		
Vitamine A 35 ER		4 %
Vitamine C 0 mg		0 %
Calcium 1 mg		0 %
Fer 0 mg		0 %
Phosphore		0 %
*Les gras trans proviennent du beurre et sont de source naturelle.		

Les aliments bénéfiques pour le cœur

Pour un cœur en santé, il faut prendre un virage alimentaire plus végétal et peu transformé : des légumes, des fruits, des grains entiers et des produits faits de grains entiers, des noix, des graines, des beurres de noix, des légumineuses et des huiles végétales. On doit substituer une partie des aliments du règne animal par des aliments du règne végétal et choisir des aliments du règne animal moins gras, à l'exception des poissons, dont les espèces à chair grasse sont à privilégier.

Quelques idées pour un virage végétal et moins gras

Choix animal ou choix gras	Solution de rechange végétale	Solution de rechange animale, santé
Fromage, œuf, cretons	Beurre d'arachide, beurre d'amande, beurre de noix d'acajou, beurre de noisette, végécretons	Blanc d'œuf, fromage maigre Cretons maigres
Viande, charcuterie	Lentilles, haricots, pois, tofu, charcuterie végétarienne Yves Veggie	Viande maigre, poisson, volaille, pétoncles, homard
Beurre	Margarine non hydrogénée	Beurre santé (voir recette p. 133)
Pâtisseries, biscuits, beignes	Muffins maison, fruits, noix, compote sans sucre	Yogourt
Crème glacée	Sorbet	Lait glacé
Vinaigrette crémeuse	Vinaigrette à l'huile d'olive et vinaigre balsamique	
Fromage feta dans la salade	Avocat, noix	Fromage feta allégé
Lasagne	Lasagne végétarienne	Lasagne avec bœuf haché extra-maigre et fromage allégé avec pâtes de blé entier
Frites, hamburger, boissons gazeuses	Végéburger, salade, eau	Burger de poitrine de poulet, burger de poisson non pané

Les bons gras

On trouve plusieurs bons gras, dits insaturés. On les appelle communément oméga-3-6-9. En consommant tous les jours des formes variées de bons gras (huiles d'olive ou de canola, poisson, noix, graines variées, avocat), nos chances sont très élevées d'obtenir suffisamment de bons gras. Tous les bons gras sont associés à une diminution du risque de maladies cardiovasculaires. Par ailleurs, ce sont les oméga-3 de source marine qui sont les plus déficients ; il est donc important de faire un effort pour en consommer davantage. Concernant les huiles, ou les produits qui en contiennent (vinaigrettes, mayonnaises, margarines non hydrogénées), Santé Canada recommande de deux à trois cuillères à table (30 à 45 ml) par jour pour obtenir nos bons gras. Cela représente, par exemple, 10 ml de margarine non hydrogénée sur le pain du matin, 15 ml d'huile d'olive dans la salade du midi et 5 ml d'huile de canola pour la cuisson du souper, pour un total de 30 ml.

Types de gras	Acides gras monoinsaturés oméga-9	Acides gras oméga-3	Acides gras oméga-6
	À augmenter	À augmenter	Modérément
Sources Végétales	Huile d'olive Huile de canola Huile de noisette Huile d'arachide Graine de sésame Aveline Noisette Amande Noix de cajou Pistache Pacane Avocat Noix de macadamia Olives	Huile et graines de lin Noix de Grenoble Graines de Salba Graines de chia Haricots de soya Huile de noix Huile et graines de chanvre	Huile de carthame Huile de pépins de raisin Huile de tournesol Huile de maïs Huile de noix* Huile de germe de blé Huile de soya* Huile de sésame Noix de Grenoble Noix du Brésil Noix de pin Graines de tournesol Graines de citrouille
Sources animales ou marines	Poisson	Saumon Truite Sardines* Hareng Maquereau	Viandes Abats Œufs

*Ces huiles contiennent à la fois des oméga-3 et des oméga-6.

TRUCS CULINAIRES

Les meilleures huiles pour la cuisson

À la base, une huile n'est pas faite pour être chauffée, car la chaleur intense dégrade les acides gras. Un signe de dégradation est lorsque l'huile fume : il se dégage de la fumée des substances potentiellement cancérigènes. En raffinant les huiles, on augmente leur point de fumée ; elles peuvent ainsi mieux résister à la chaleur. Toutes les huiles végétales raffinées ont des points de fumée relativement élevés (plus de 230 °C). C'est pourquoi les huiles de première pression à froid ne devraient pas être chauffées, car leur point de fumée est plus bas sauf exception pour l'huile d'olive extra vierge.

Pour les sautés légers, choisissez :

L'huile d'olive incluant l'huile d'olive extra vierge (ne pas choisir la plus chère, car elle sera chauffée), l'huile de canola raffinée, l'huile de tournesol à teneur moyenne en acide oléique.

Pour la friture, choisissez :

L'huile d'olive raffinée (légère ou pure), l'huile d'arachide.

Pour la cuisson au four, choisissez :

L'huile de canola, d'olive, de pépins de raisin, de tournesol, de carthame, de soya, de maïs ou encore la margarine non hydrogénée.

Huiles à consommer crues seulement

L'huile d'olive extra vierge d'épiceries spécialisées (plus chère) ou les huiles de première pression à froid (huile de lin, huile de noix de Grenoble, etc.). Ces huiles doivent être achetées dans des bouteilles de verre foncées, afin de les protéger de l'oxydation par la lumière. À l'exception de l'huile d'olive, elles devraient être conservées au froid.

Le poisson

Le poisson est sans contredit l'aliment le plus bénéfique pour le cœur. Sa consommation est nettement associée à une diminution du risque de maladies cardiovasculaires (MCV). De plus, les gens qui en consomment le plus vivraient en moyenne 2,2 années de plus après 65 ans. Les Méditerranéens peuvent consommer jusqu'à cinq repas de poisson par semaine ; leur alimentation est clairement liée à moins de risque de MCV.

Les poissons à chair grasse comme le saumon, la truite, le maquereau, la sardine et le hareng sont riches en oméga-3 à chaîne longue, appelés acide docosahexaénoïque (DHA) et acide eicosapentaénoïque (EPA). L'effet du poisson sur le cœur serait surtout attribuable aux oméga-3, mais possiblement aussi aux protéines qu'il contient ainsi qu'au sélénium.

L'objectif pour avoir un cœur en santé est de consommer entre 250 et 500 mg d'oméga-3 (DHA et EPA) par jour.

Exemples pour atteindre la cible poisson !

Consommer 100 g de crevettes + 90 g de saumon de l'Atlantique sauvage + 90 g de truite arc-en-ciel (élevage) en une semaine permet d'obtenir en moyenne 430 mg par jour d'EPA et de DHA.

Consommer dans la même semaine 100 g de tilapia + 1 boîte de thon blanc (170 g) + 90 g de maquereau permet d'obtenir en moyenne 400 mg par jour d'EPA et de DHA.

Tableau des principales sources d'EPA et de DHA

1000 à 2000 mg EPA+DHA/100 g cuit	500 à 1000 mg EPA+DHA/100 g cuit	0 à 500 mg EPA+DHA/100 g cuit
Hareng de l'Atlantique ou du Pacifique (2 g)	Truite arc-en-ciel sauvage (988 mg)	Langouste (480 mg)
Saumon de l'Atlantique sauvage (1,8 g)	Sardines de l'Atlantique (982 mg)	Huître d'élevage (440 mg)
Sardines du Pacifique (1,4 g)	Omble chevalier, autochtone (900 mg)	Pétoncle d'élevage (365 mg)
Maquereau bleu (1,4 g)	Thon blanc (germon) en conserve (862 mg)	Crevette nordique du Saint-Laurent (315 mg)
Truite arc-en-ciel d'élevage (1,1 g)	Moules d'élevage (782 mg)	Palourde d'élevage (284 mg)
	Truite saumonée (565 mg)	Anguille (189 mg)
	Goberge de l'Atlantique (542 mg)	Tilapia (135 mg)
		Crabe des neiges (175 mg)
		Homard (84 mg)

Consommation responsable de poisson

Il n'y a pas qu'au Canada qu'on recommande de manger plus de poisson, mais à plusieurs endroits du globe. Bien que souhaitable, cette hausse de consommation peut cependant avoir un impact négatif sur la santé de nos océans. Il est donc crucial de faire des choix responsables lors de nos achats de poissons.

L'organisme Greenpeace, voué à la protection de l'environnement, a dressé une liste rouge des poissons à ne pas consommer à cause de l'impact négatif sur l'environnement qu'entraîne leur pêche ou leur élevage. Tentez d'éviter de consommer les poissons qui se trouvent sur cette liste.

Liste rouge de Greenpeace

- Aiglefin (petit gade)
- Bar du Chili
- Crabe royal
- Crevette tropicale
- Espadon
- Flétan de l'Atlantique
- Flétan du Grœnland
- Goberge de l'Alaska
- Hoki de la Nouvelle-Zélande
- Hoplostète orange
- Lotte
- Mactre de Stimpson
- Merlu
- Morue de l'Atlantique
- Raies et pocheteaux
- Requin
- Saumon d'élevage de l'Atlantique
- Saumon rouge (sockeye) du fleuve Fraser

Méthodes de pêche du poisson

Il serait idéal d'obtenir des renseignements quant aux méthodes utilisées pour pêcher le poisson que nous achetons, mais cette information est difficile à obtenir. Il faudrait opter pour les poissons pêchés de la manière suivante : pêche à la traîne, à la canne ou avec sennes coulissantes, car il s'agit de modes de pêche durables qui contribuent à la préservation de la santé des océans.

Recette
TRUITE MARINÉE

Ingrédients

- 450 g de filet de truite
- 1/4 tasse (60 ml) de jus de citron
- 1/4 tasse (60 ml) d'huile d'olive
- 1/4 tasse (60 ml) de sirop d'érable
- 3 g (60 ml) d'aneth frais
- 2 échalotes françaises hachées finement
- Sel de mer et poivre, au goût

Préparation

Enlevez la peau de la truite. Coupez-la en petits cubes ou en tranches fines. Mélangez tous les ingrédients. Laissez mariner 24 heures. Servez sur des feuilles d'endive.

Source : Mon ami Michel Lucas

TRUC À L'ÉPICERIE

Acheter au moins un poisson très riche en oméga-3 par semaine (saumon, truite, hareng, sardines ou maquereau), en grande quantité afin d'en avoir pour deux repas !

Manger des noix

Qu'il s'agisse d'arachides, d'amandes, de noisettes, de noix de Grenoble, de noix du Brésil ou de pistaches, il semble que manger des noix est l'une des meilleures habitudes que l'on puisse adopter. Si vous faites du cholestérol, sachez qu'une consommation de noix de 30 à 67 g par jour pourrait réduire le mauvais cholestérol de 5 à 10 %, en plus de tous les autres bénéfices connus, dont la relation entre les noix et une meilleure gestion du poids. Par ailleurs, cette quantité de noix doit prendre la place d'autres aliments pour ne pas augmenter notre apport calorique total.

À noter que 30 g (1/4 tasse) de noix fournit environ 200 calories et peut remplacer une portion de viande !

Achetez des noix diverses en écales. L'écale conserve mieux leur fraîcheur. De plus, le fait de devoir les écaler avant de les manger nous évite d'en manger trop ! Conservez vos noix sans écales au réfrigérateur, car leur teneur en acides gras insaturés les rend sensibles à l'oxydation. Recherchez les noix crues ou rôties à sec, et évitez les noix rôties à l'huile et salées, qui sont moins intéressantes…

Alcool et cœur

La consommation modérée d'alcool (1 ou 2 consommations par jour) semble aider à augmenter le bon cholestérol (HDL) et à diminuer le risque de MCV. Par ailleurs, une quantité trop élevée peut faire augmenter les triglycérides !

Qu'est-ce qu'une consommation modérée ?

Il est difficile de donner une définition précise de « quantité modérée », puisque la tolérance à l'alcool varie d'un individu à l'autre. Néanmoins, voici certains repères que font valoir les différents organismes de référence au Canada :

- Femmes : ne pas boire plus de 2 verres standards par jour et limiter sa consommation à 10 verres standards par semaine.
- Hommes : ne pas boire plus de 3 verres standards par jour et limiter sa consommation à 15 verres standards par semaine.
- Ne pas boire tous les jours.

Qu'est-ce qu'une portion d'alcool ?

- 340 ml (12 oz) de bière
- 140 ml (5 oz) de vin
- 45 ml (1,5 oz) de spiritueux

Faut-il commencer à boire pour la santé du cœur ?

Non. Il existe bien d'autres mesures moins risquées que de commencer à prendre de l'alcool pour la santé du cœur : manger plus de poisson ou faire de l'exercice, par exemple. Par ailleurs, si vous prenez déjà de l'alcool, assurez-vous que votre consommation n'est pas trop élevée, sans quoi vous nuirez à votre cœur plutôt que de l'aider. En ce qui a trait à la quantité d'alcool, il faut respecter la posologie !

Manger méditerranéen : une option pour la santé du cœur ?

Une abondante littérature démontre les bienfaits de cette diète pour réduire l'hypertension, améliorer le profil lipidique et diminuer le risque de MCV. La diète méditerranéenne peut même améliorer le bilan lipidique sans perte de poids.

Les origines de la diète méditerranéenne

Lorsqu'on parle de «régime méditerranéen», on fait plus particulièrement référence à l'alimentation traditionnelle des îles grecques de Crète et de Corfou – d'où l'appellation de «régime crétois».

L'intérêt pour ce type d'alimentation provient d'une recherche (*The Seven Countries Study*) réalisée par Ancel Keys dans les années 1950, qui démontrait que, malgré une alimentation élevée en matières grasses et un système de soins de santé relativement rudimentaire, les habitants de ces îles (ainsi que ceux de l'Italie méridionale) jouissaient d'une excellente espérance de vie à l'âge adulte, en plus d'afficher un taux de maladies coronariennes très faible.

Plus tard, le professeur Serge Renaud – découvreur de ce que l'on a appelé en nutrition «le paradoxe français» – publiait une recherche (*The Lyon Diet Study*) qui révélait que les sujets ayant déjà été victimes d'un premier infarctus et qui adoptaient une alimentation de type crétois avaient un taux d'infarctus et d'accidents vasculaires cérébraux réduit de 75 %, tandis que le groupe soumis seulement à une diète faible en matières grasses ne connaissait qu'une réduction de 25 %.

Depuis la publication de cette étude dans la respectée revue médicale *The Lancet*, en 1994, la popularité de l'alimentation méditerranéenne s'est répandue dans le monde entier. D'ailleurs, les études scientifiques ne cessent de prouver son efficacité dans la prévention de nombreuses maladies.

Mentionnons que les Crétois – qui affichent toujours le taux le plus bas de mortalité cardiovasculaire au monde – mangent encore aujourd'hui de façon traditionnelle, consommant très peu d'aliments importés et transformés.

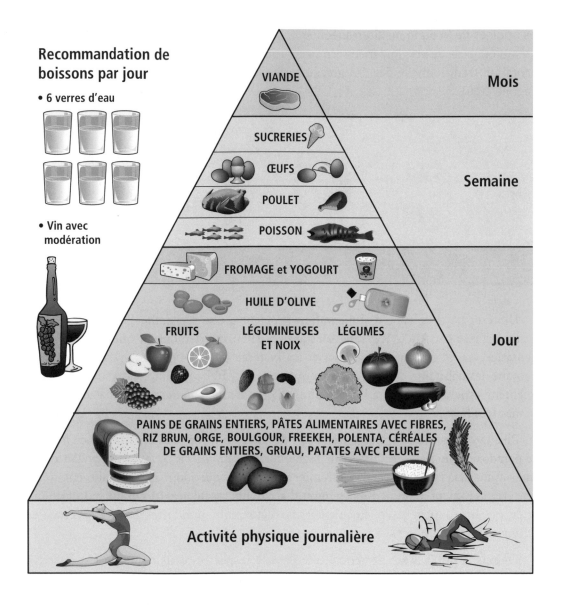

Recommandation de boissons par jour

- 6 verres d'eau
- Vin avec modération

VIANDE — Mois

SUCRERIES
ŒUFS
POULET
POISSON — Semaine

FROMAGE et YOGOURT
HUILE D'OLIVE
FRUITS **LÉGUMINEUSES ET NOIX** **LÉGUMES** — Jour

PAINS DE GRAINS ENTIERS, PÂTES ALIMENTAIRES AVEC FIBRES, RIZ BRUN, ORGE, BOULGOUR, FREEKEH, POLENTA, CÉRÉALES DE GRAINS ENTIERS, GRUAU, PATATES AVEC PELURE

Activité physique journalière

Les grandes lignes du régime méditerranéen

- Abondance de produits céréaliers complets (orge, boulgour, freekeh, etc.)
- Abondance de fruits et de légumes
- Abondance d'ail, d'oignon, d'épices et d'aromates
- Utilisation de l'huile d'olive comme corps gras
- Consommation quotidienne de légumineuses, de noix et de graines
- Consommation quotidienne de yogourt et de fromage
- Consommation quotidienne, mais modérée, de vin rouge
- Grande consommation de poisson (plusieurs fois par semaine)
- Consommation limitée de poulet et d'œufs (quelques fois par semaine)
- Consommation limitée d'aliments sucrés (quelques fois par semaine)
- Consommation très limitée de viande rouge (quelques fois par mois)

Est-il raisonnable de promouvoir cette diète à toute la population nord-américaine ?

Théoriquement, oui, mais en pratique, pas tout à fait. Le fait est que la diète méditerranéenne recommande 5 portions de poisson par semaine et 4 repas de légumineuses, en plus d'une réduction importante de la viande à quelques fois par mois. Pour la majorité de la population, il se peut qu'elle représente un trop grand pas et des objectifs difficilement atteignables à court terme, dans un contexte où la consommation de poisson et de légumineuses est actuellement très peu élevée. Par ailleurs, s'en inspirer plutôt que de l'appliquer intégralement serait plus réaliste.

De plus, les Méditerranéens profitent d'un ensoleillement à l'année, ce qui leur procure une synthèse régulière de vitamine D. Pour les gens des pays nordiques, la vitamine D doit provenir de l'alimentation et des suppléments, car l'ensoleillement dont ils bénéficient est faible. Il est important d'intégrer beaucoup de poisson gras, source de vitamine D (surtout le saumon, le maquereau et les sardines), ainsi que du yogourt enrichi de vitamine D. Si vous décidez d'adopter le régime méditerranéen, il serait préférable de prendre un supplément de 400 UI de vitamine D3 quotidiennement.

Si vous faites de l'hypercholestérolémie, voici d'autres conseils nutritionnels :

Connaissez-vous les phytostérols ?

Les phytostérols appartiennent à la même famille que le cholestérol, mais ils sont de source végétale, contrairement au cholestérol qui est de source animale.

Au Canada, il n'existe pas d'apports nutritionnels recommandés en phytostérols. Toutefois, plusieurs organismes de santé recommandent aux personnes atteintes d'hypercholestérolémie – ou à risque de maladies du cœur comme les diabétiques de type 2 – de consommer 2 g de phytostérols par jour.

Un tel apport permettrait de réduire de 5 à 8 % la quantité de «mauvais cholestérol» (LDL) circulant dans le sang.

Parce que leur structure chimique est semblable à celle du cholestérol, les phytostérols se positionnent au site d'absorption du cholestérol et empêchent l'absorption du cholestérol d'origine animale.

Mais pour obtenir les bienfaits des phytostérols, nous devons les introduire dans une alimentation équilibrée, riche en légumes, en fruits et en fibres, et faible en gras saturés et trans.

Où trouve-t-on les phytostérols ?

Les principales sources alimentaires de phytostérols sont les huiles, les graines et les noix. Par ailleurs, il faudrait consommer de trop grandes quantités de noix et de graines pour obtenir 2 g ou 2000 mg de phytostérols. Depuis quelques années, les entreprises alimentaires peuvent ajouter des phytostérols dans leurs produits. On en retrouve donc dans certaines margarines ou dans certains jus ou yogourts à boire. On en trouve même dans des multivitamines ! La plupart des produits enrichis de phytostérols procurent 1 g de stérols par portion ou un peu plus. En prenant une ou deux portions de ces produits chaque jour, idéalement en deux fois, on peut aider à faire diminuer le mauvais cholestérol.

Sources de phytostérols

Aliments	Portion	Teneur (mg)
Graines de sésame déshydratées	1/4 tasse (60 ml)	264
Pistaches rôties à sec	1/4 tasse (60 ml)	77
Graines de tournesol ou noix de pin déshydratées	1/4 tasse (60 ml)	59
Margarine	2 c. à thé (10 ml) de margarine	1000
Jus enrichis de stérols	1 tasse (250 ml) de jus	1000
Yogourt à boire enrichi de stérols	100 ml de yogourt à boire	1600

Manger du soya est un plus

Le soya contient un ingrédient actif nommé isoflavone. En grande quantité, les isoflavones feraient diminuer le mauvais cholestérol de 3 à 5 % environ. Par ailleurs, la quantité requise d'isoflavones pour avoir un impact – soit 102 mg par jour – est le double de la quantité normalement consommée au Japon. Pour obtenir cette quantité, il faudrait consommer 1/2 bloc de tofu (227 g), 202 g de miso (une pâte de soya fermenté) ou 2 tasses (500 ml) de boisson de soya par jour.

Il est possible aussi que l'effet positif de la consommation de soya sur le taux de mauvais cholestérol soit lié au fait qu'il contribue à un apport plus faible en gras saturés, car il prend la place de la viande ou des produits laitiers.

Des fibres solubles pour le cœur

Il existe deux types de fibres, soit les fibres solubles et insolubles. Les fibres solubles présentes en grande quantité dans l'avoine, l'orge, les légumineuses, le sarrasin, les fruits et les légumes, se lieraient au cholestérol dans l'intestin et empêcheraient son absorption. De plus, elles produisent des acides gras libres à chaîne courte, qui limitent la production de cholestérol par le foie. Il est donc important d'en consommer beaucoup.

La prise de 10 g de fibres solubles par jour peut diminuer le mauvais cholestérol (LDL) d'environ 3 à 5 %. Des apports de 10 g à 25 g pourraient être encore plus bénéfiques. Un apport élevé en fibres solubles peut par contre occasionner des désagréments intestinaux. Il est donc recommandé d'augmenter sa consommation graduellement et de boire beaucoup d'eau.

Quelques bons trucs pour plus de fibres solubles quotidiennement

✓ Au déjeuner, alternez les céréales à l'avoine, les céréales All-Bran Buds, le gruau et le pain de son d'avoine.

✓ Ajoutez dans vos yogourts et vos compotes soit du son d'avoine, des graines de lin moulues ou des graines de chia.

✓ Mangez chaque jour deux des fruits suivants : orange, poire, prunes, mangue, pomme, pêche, banane.

Les meilleures sources de fibres solubles

Aliments	Portions	Quantité de fibres solubles (g)
Fruit de la passion	125 ml (1/2 tasse)	6,5
Haricots noirs cuits	175 ml (3/4 tasse)	5,4
Fèves de Lima cuites	175 ml (3/4 tasse)	5,3
Fèves de soya rôties	60 ml (1/4 tasse)	3,5
Enveloppes de psyllium ou Métamucil sans sucre	5 ml (1 c. à thé)	3
Haricots rouges cuits	175 ml (3/4 tasse)	2,6-3,0
Tofu frit	175 ml (3/4 tasse)	2,8
All-Bran Buds avec psyllium	30 g (1/3 tasse)	2,7
Fèves au lard avec sauce tomate	175 ml (3/4 tasse)	2,6
Son d'avoine cuit	175 ml (3/4 tasse)	2,2
Avocat	1/2 fruit	2,1
Pois chiches cuits	175 ml (3/4 tasse)	2,1
Choux de Bruxelles cuits	125 ml (1/2 tasse)	2
Galette de soya (burger)	85 g (1 galette)	2
Figues séchées	60 ml (1/4 tasse)	1,9
Graines de chia ou de lin	30 g (2 c. à table)	1,8
Orange	1 moyenne	1,8
Patate douce, cuite sans peau	125 ml (1/2 tasse)	1,8
Asperges cuites	125 ml (1/2 tasse)	1,7
Navet cuit	125 ml (1/2 tasse)	1,7
Edamames cuites	125 ml (1/2 tasse)	1,5
Brocoli cuit	125 ml (1/2 tasse)	1,2-1,5
Poire avec la peau	1 moyenne	1,1-1,5
Flocons d'avoine	250 ml (1 tasse)	1,5
Gruau cuit	175 g (3/4 tasse)	1,4
Céréales de son (pas en flocons)	30 g (1/3 tasse)	1,4
Muffin au son d'avoine	1 moyen (57 g)	1,4
Abricots crus avec la peau	3	1,4
Nectarine crue avec la peau	1 moyenne	1,4
Chou collard cuit	125 ml (1/2 tasse)	1,3

Aliments	Portions	Quantité de fibres solubles (g)
Aubergine	125 ml (1/2 tasse)	1,3
Mangue	1/2	0,7-1,1
Prunes séchées	3	1,1
Pêche	1 moyenne	1,1-1,3
Pomme	1 moyenne	1,0
Banane	1 moyenne	0,7

Adapté de : *Fibre Content of Some Common Foods*. Les diététistes du Canada. www.dietitians.ca (Consulté le 27 juin 2013).

Recette

SALADE MEXICAINE DE HARICOTS NOIRS

Ingrédients

- 2 tasses (500 ml ou 365 g) de haricots noirs cuits
- 2 tomates (240 g) en morceaux
- 1 1/2 tasse (375 ml ou 260 g) de maïs en grains frais, en conserve ou congelé
- 1 poivron vert (165 g) en dés
- 1 petit piment fort (45 g) vidé et émincé
- 1/4 tasse (60 ml ou 40 g) d'oignon en dés
- 2 c. à table (30 ml ou 15 g) d'échalote hachée

Vinaigrette

- 1/4 tasse (60 ml) d'huile d'olive extra vierge
- 3 c. à table (45 ml) de vinaigre de cidre de pomme non filtré, non pasteurisé
- 1 gousse d'ail (3 g) émincée
- 1/2 c. à thé (2 pincées ou 1 g) de cumin en poudre
- 1 c. à thé (5 ml ou 2 g) de coriandre séchée
- 1 c. à thé (5 ml) de miel
- 1/2 c. à thé (3 ml ou 3 g) de sel (à omettre en cas d'hypertension)
- 1/2 c. à thé (2 pincées ou 1 g) de poivre

Préparation

1. Dans un grand bol, combinez les haricots, les tomates, le maïs, le poivron, le piment, l'oignon et l'échalote.

2. Dans un petit bol, fouettez les ingrédients de la vinaigrette : l'huile, le vinaigre, le cumin, la coriandre, le miel, le sel, le poivre et l'ail.

3. Versez sur la première préparation et bien mélanger.

4. Réfrigérez 1 ou 2 heures avant de servir.

Recette

SMOOTHIE AVOCAT-POMME-SOYA

Ingrédients
- 1 tasse (250 ml) de boisson de soya à la vanille
- 1 avocat
- 1 pomme

Préparation

Mettez tous les ingrédients dans le mélangeur électrique et consommez immédiatement, car l'oxydation rapide de l'avocat réduit le temps de conservation du smoothie.

Donne 3 portions.

Perdre du poids

Si notre poids est trop élevé, mais surtout notre tour de taille, les faire diminuer procurera des effets sur les lipides sanguins ($\downarrow$ LDL, $\uparrow$ HDL, $\downarrow$ TG). Une perte de 10 à 20 livres a souvent un impact majeur sur nos lipides sanguins, de même que sur la pression artérielle et sur le taux de sucre. Par ailleurs, même sans perte de poids, modifier son alimentation en faveur d'aliments sains (la diète méditerranéenne notamment) peut aussi provoquer une réduction des facteurs de risque de maladies cardiovasculaires.

La perte de poids et du gras abdominal est l'objet du chapitre 5, intitulé *Déjouer l'augmentation du tour de taille*.

Vous faites de l'hypertriglycéridémie

On parle d'**hypertriglycéridémie** quand il y a une **quantité anormalement élevée** de triglycérides dans le sang. Ce trouble constitue un réel danger pour la santé cardiovasculaire. Il existerait en effet un lien entre un taux élevé de triglycérides et le **risque** d'infarctus du myocarde ou d'angine, de même que de décès par maladie cardiovasculaire. Les triglycérides sont un type de gras sous lequel la graisse est stockée. Lorsqu'on mange plus que notre besoin, le taux d'insuline s'élève de façon importante ; cette insuline favorise la conversion des calories excédentaires en triglycérides.

Quels sont les facteurs qui peuvent faire augmenter les triglycérides ?

✓ Alimentation trop riche en gras
✓ Alimentation trop riche en sucres, particulièrement en fructose
✓ Trop d'alcool
✓ Excès de poids
✓ Diabète
✓ Maladies rénales

Limiter la consommation de sucres ajoutés en cas d'hypertriglycéridémie

La plupart des gens n'en sont pas conscients, mais la consommation trop élevée de **glucides cachés**, particulièrement les sucres simples ajoutés dans toutes sortes de **produits alimentaires**, peut contribuer à l'hypertriglycéridémie.

Selon l'OMS, on devrait viser un maximum de 10 % de nos calories provenant de sucres ajoutés, ce qui veut dire environ 40 g de sucres ajoutés par jour pour les femmes et 50 g pour les hommes.

Certains aliments sains contiennent des sucres ajoutés (yogourt, lait au chocolat, céréales de grains entiers, etc.). Si on a besoin de couper le sucre, la priorité n'est pas dans ces aliments-là. Il faut plutôt viser à réduire les aliments sucrés et peu nutritifs comme ceux-ci :

- Gâteaux et pâtisseries
- Biscuits et barres granola du commerce
- Crème glacée et desserts surgelés
- Chocolat et bonbons
- Tartinades sucrées (caramel, tartinade de chocolat et noisette, confiture, etc.)
- Beignes et muffins du commerce
- Boissons aromatisées aux fruits
- Boissons gazeuses
- Boissons sportives ou énergisantes
- Boissons sucrées chaudes ou froides (café moka, cappuccino glacé, thé glacé, etc.)

Les suppléments d'oméga-3 contre l'hypertriglycéridémie

Une réduction jusqu'à 25 % des triglycérides peut être obtenue avec un apport élevé en oméga-3, soit de 2000 à 4000 mg par jour. On est loin de la quantité de 250 à 500 mg par jour pour la population en général. Pour obtenir cette quantité par l'alimentation, il faudrait manger 180 g (6 oz) de poisson gras par jour, ce qui est irréaliste.

Dans les cas d'**hypertriglycéridémie grave**, le médecin traitant peut prescrire jusqu'à 2000 mg et même 4000 mg d'AEP et d'ADH par jour. Cette dose doit être prise sous surveillance médicale.

Hypertriglycéridémie et syndrome métabolique

Accompagné d'autres facteurs, un taux élevé de triglycérides peut mener au syndrome métabolique. Ce dernier est un ensemble de perturbations du métabolisme qui augmentent le risque de diabète de type 2 et de MCV. Les personnes qui souffrent du syndrome métabolique voient augmenter de 75 % leur risque de mourir de MCV.

Une combinaison de trois ou plus des facteurs suivants est associée au syndrome métabolique. L'obésité abdominale est une cause majeure de ce syndrome.

- Obésité abdominale

Le tour de taille est supérieur à 88 cm (35 po) chez les femmes et à 102 cm (40 po) chez les hommes.

- **Taux élevé de triglycérides sanguins**: ce taux est égal ou supérieur à 1,7 mmol/l (150 mg/dl).
- **Hypertension**: la tension artérielle est égale ou supérieure à 130 mm Hg/85 mm Hg.
- **Faible taux de «bon» cholestérol (HDL)**: inférieur à 1,03 mmol/l (40 mg/dl) chez les hommes et à 1,29 mmol/l (50 mg/dl) chez les femmes.
- **Glycémie élevée**: égale ou supérieure à 6,1mmol/l ou 110 mg/dl.

Vous faites de l'hypertension

Les causes exactes de l'**hypertension** ne sont pas clairement définies, mais l'obésité et le stress peuvent l'aggraver, de même que certaines mauvaises habitudes alimentaires comme une alimentation trop riche en sodium. La pierre angulaire du traitement de l'hypertension est la modification des habitudes de vie, bien que ce soit parfois insuffisant.

Les recommandations des organismes de santé pour les personnes hypertendues ou à risque élevé d'hypertension sont de suivre un **régime alimentaire** riche en fruits et en légumes frais, en produits laitiers à faible teneur en gras, en fibres alimentaires solubles, en céréales à grains entiers et en protéines d'origine végétale et pauvre en gras saturés, en cholestérol et en sel (**diète DASH**). La diète DASH est fréquemment recommandée pour réduire l'hypertension. Elle rassemble les recommandations décrites plus haut en plus de mettre l'accent sur la réduction du sodium.

Réduire son apport en sodium pour faire baisser sa pression artérielle

Réduire son apport en sodium, en plus des autres mesures décrites plus haut, peut contribuer à faire baisser grandement la tension artérielle.

Le sodium est indispensable à la santé, car il est essentiel à la transmission nerveuse et joue un rôle fondamental dans la pression osmotique extracellulaire. En excès, par contre, il crée de la rétention d'eau et peut faire augmenter la pression de 2 à 8 mm de mercure.

Quand il est question de sel, il est important de mentionner d'entrée de jeu que notre apport en sodium ne provient pas tant de la salière que des aliments transformés que nous achetons. Et plusieurs de ces aliments sont relativement sains (pain, jus de légumes, fromage, céréales, etc.). Nous consommons en moyenne 1000 mg de sodium en trop par jour, soit 30% en excès; c'est énorme, et il ne s'agit que d'une moyenne… En fait, près de 79% des femmes et 95% des hommes québécois présentent des apports en sodium supérieurs à l'apport maximal tolérable de 2300 mg.

> Quatre-vingt-huit pour cent de l'apport quotidien moyen en sodium provient des **aliments transformés (77%) et du sel ajouté (11%)**. Seulement 12% provient du sodium naturellement présent dans les aliments.

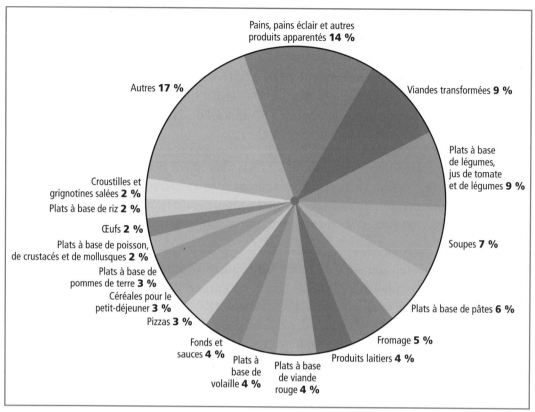

Pains, pains éclair et autres produits apparentés **14 %**

Autres **17 %**

Viandes transformées **9 %**

Plats à base de légumes, jus de tomate et de légumes **9 %**

Croustilles et grignotines salées **2 %**

Plats à base de riz **2 %**

Œufs **2 %**

Plats à base de poisson, de crustacés et de mollusques **2 %**

Plats à base de pommes de terre **3 %**

Céréales pour le petit-déjeuner **3 %**

Pizzas **3 %**

Fonds et sauces **4 %**

Plats à base de volaille **4 %**

Plats à base de viande rouge **4 %**

Produits laitiers **4 %**

Fromage **5 %**

Plats à base de pâtes **6 %**

Soupes **7 %**

Source : Santé Canada. *Vie saine. Le sodium.* www.sc-hc.gc.ca (Consulté le 27 juin 2013).

Le saviez-vous ?

Seulement 30 % de la population souffrant d'hypertension connaîtront une amélioration de leur état en diminuant la consommation de sel ; on appelle ces gens « les hypertendus sensibles au sel ». Ces gens sont :

- les personnes de 45 ans et plus ;
- les Canadiens de race noire ;
- les diabétiques ;
- les personnes ayant une insuffisance rénale.

Même si réduire le sodium ne provoque pas d'effet positif sur la tension artérielle chez tout le monde, Santé Canada recommande à l'ensemble de la population de réduire ses apports en sodium, car certaines études suggèrent qu'un excès de sodium accroît les risques d'ostéoporose, de cancer de l'estomac, d'asthme et de calculs rénaux.

Comment réduire notre apport en sodium

1. Apprendre à interpréter la teneur en sodium des aliments et à connaître la limite à ne pas dépasser.

2. Cuisiner maison avec le moins d'ingrédients transformés possible, donc avec le plus d'aliments frais et bruts possible.

3. Choisir les produits qui ont une teneur en sel réduite.

4. Utiliser les rehausseurs de saveur sans sodium.

---

1 APPRENDRE À INTERPRÉTER LA TENEUR EN SODIUM DES ALIMENTS ET CONNAÎTRE LA LIMITE À NE PAS DÉPASSER

En cas d'hypertension, la quantité permise de sodium n'est pas déterminée avec exactitude. On suggère de s'en tenir à 1500 à 2300 mg (65 à 100 mmol) de sodium par jour.

Dans le tableau d'information nutritionnelle, vous avez la teneur en sodium de l'aliment en mg ainsi que le pourcentage de la valeur quotidienne. Au lieu de vous empêtrer dans des calculs, vous pouvez vous référer au pourcentage de la valeur quotidienne. Visez un pourcentage qui correspond à moins de 15 % de la valeur totale admise pour la journée.

Dans l'exemple qui suit, 36 %, c'est beaucoup trop !

Valeur nutritive	
pour 1 bol (300 g)	
Teneur	% valeur quotidiennne
Calories 440	
Lipides 19 g	**29 %**
saturés 4 g + trans 0,2 g	**21 %**
Cholestérol 35 mg	
Sodium 850 mg	**36 %**
Glucides 53 g	**18 %**
Fibres 4 g	**16 %**
Sucres 6 g	
Protéines 15 g	
Vitamine A	**45 %**
Vitamine C	**4 %**
Calcium	**20 %**
Fer	**20 %**

---

2 CUISINER MAISON AVEC LE MOINS D'INGRÉDIENTS TRANSFORMÉS POSSIBLE, DONC AVEC LE PLUS D'ALIMENTS FRAIS ET BRUTS POSSIBLE

Fruits, légumes, poisson, poitrine de poulet, viande maigre, huile végétale, herbes fraîches, herbes séchées, lait, yogourt, œufs, riz, pâtes, pommes de terre, noix et graines ne contiennent pas de sel ajouté. En créant des recettes à partir d'aliments non transformés, votre apport en sodium diminuera énormément.

Un produit affichant *faible teneur en sodium* ne peut contenir plus de 140 mg de sodium, selon la loi sur l'étiquetage nutritionnel, ce qui donne 6 % comme pourcentage de la valeur quotidienne. Un produit sans sel ne peut contenir plus de 5 mg.

Les petits cachottiers du sodium

- Pain naan (pain indien) : 600 mg
- Légumineuses en conserve : 500 mg par 1/2 tasse (beaucoup moins si rincées)
- Céréales Rice Krispies : 330 mg par 30 g
- Fromage cottage : 335 mg pour 1/3 tasse (80 g)
- Pain multigrain : 150 mg pour une tranche

Si vous devez réduire votre apport en sodium de façon importante, voici ce qu'il faut faire :

Remplacer ceci…	Par ceci
Vinaigrette commerciale	Vinaigrette maison à base d'huile d'olive ou de canola
Jus de légumes ou de tomate en conserve	Jus de légumes faible en sodium ou jus de légumes fait à l'extracteur
Jambon, poitrine de dinde	Poitrine de poulet cuite maison, viande à fondue
Potages, crèmes, soupes et bouillons du commerce	Potages, crèmes, soupes et bouillons faits maison et non salés, soupe à faible teneur en sodium du commerce (moins de 15 % de la valeur quotidienne recommandée)
Viandes et poissons en conserve, salés, fumés, marinés	Bœuf, veau, agneau, dinde, poulet, porc, lapin, canard, poissons frais Marinade maison sans sel
Beurre d'arachide, noix et graines salées	Arachides, noix, graines non salées, beurre d'arachide sans sel ou 100 % naturel
Fromage cottage	Yogourt
Sel, sel de céleri, céleri en flocons, sel d'oignon, sel d'ail, sel de légumes de type Herbamare, glutamate monosodique, sauces : barbecue, chili, HP, soya, teriyaki, VH, Worcestershire et autres sauces du commerce, ketchup, moutarde de Dijon, relish, marinades, olives, attendrisseurs de viande	Poivre, épices et fines herbes, moutarde sèche, vinaigre, sauce brune maison sans sel Succédanés du sel comme : Club House, No Salt, Mrs. Dash et Mc Cormick

Remplacer ceci...	Par ceci
Craquelins, biscottes, biscuits à la levure chimique, crêpes, gaufres du commerce et autres produits de boulangerie contenant du bicarbonate de sodium, de la levure chimique, du sel ou du glutamate monosodique Céréales à cuisson instantanée	Céréales à déjeuner : céréales cuites (cuisson lente) sans sel, crème de blé, gruau, son d'avoine Blé soufflé ou riz soufflé, blé filamenté Toutes les céréales froides sans sel ajouté Pain, biscottes sans sel Orge, quinoa, pâtes alimentaires et riz cuits sans sel, diverses farines natures
Légumes préparés avec du sel, légumes en conserve courants, pommes de terre instantanées, légumes congelés salés (pois verts), légumes marinés	Légumes frais et légumes cuits sans sel, légumes congelés sans sel, légumes en conserve faibles en sodium ou sans sel ajouté
Fèves au lard ou à la sauce tomate en conserve, légumineuses en conserve	Légumineuses cuites sans sel, haricots secs, pois et lentilles séchés, haricots de Lima congelés, sans sel
Margarine salée ou beurre salé	Huile, margarine sans sel ou beurre non salé
Bretzels	Maïs soufflé nature, non salé
Burger de poulet pané et frites	Burger de poulet grillé avec salade et vinaigrette à part
Pizza pepperoni fromage	Pizza sur tortilla ou croûte mince, au poulet et aux légumes

 4 UTILISER LES REHAUSSEURS DE SAVEUR SANS SODIUM

Ce qui donne du goût sans ajout de beaucoup de sel :

- Poivre, épices et fines herbes, moutarde sèche, poudre de cari, vinaigre (balsamique particulièrement), citron, lime, poudre d'ail, poudre d'oignon
- Succédanés du sel comme : Club House, Garno, No Salt, Mrs. Dash, Mc Cormick ou Herbamare diet

Exercice et prévention des MCV

L'exercice est au cœur des stratégies pour prendre soin... de son cœur ! Tout le monde devrait faire au moins 150 minutes d'activité physique modérément intense, ou 75 minutes d'activité à intensité élevée par semaine, en périodes de 10 minutes ou plus, afin de réduire le risque de MCV. De plus, si votre bon cholestérol est trop bas, sachez que l'exercice l'augmentera de 5 à 10 %.

Si vous n'êtes pas actif, pensez d'abord aux activités physiques que vous aimez (marche, jardinage, golf, natation, etc.).

Se rappeler ce qu'on aimait faire lorsqu'on était jeune est une bonne façon d'identifier une activité physique que l'on appréciera. Aimez-vous vous balader en vélo dans la forêt ?

Dans ce cas, vous pourriez peut-être opter pour le vélo de montagne. Seriez-vous heureux de nager dans un lac ? Il serait alors temps de vous inscrire dans un groupe de natation. Vous préférez la solitude et la contemplation ? La marche en forêt est peut-être pour vous !

Il faut d'abord identifier les activités que l'on aime, puis ajuster l'intensité, la fréquence et la durée. Si votre choix se porte sur la marche – une activité à intensité modérée –, l'objectif serait d'en venir à marcher 150 minutes par semaine ou 2 h 30 en cinq fois 30 minutes, par exemple. Si vous optez pour la course à pied – une activité à intensité élevée –, votre objectif pourrait être de courir 75 minutes, soit 1 h 15 par semaine, trois fois 25 minutes, par exemple.

L'important est de se mettre en mouvement graduellement. Plus vous ferez d'exercice, mieux votre cœur se portera et plus vous aurez de force et de résistance pour en faire davantage. Les meilleurs spécialistes pour vous aider à faire les bons choix sont les kinésiologues. N'hésitez pas à les consulter.

Exemples d'activités physiques d'intensité modérée et élevée

	Activités d'intensité modérée : 150 minutes (2 h 30) par semaine	Activités d'intensité élevée : 75 minutes (1 h 15) par semaine
Exercices et loisirs	Marche, danse, vélo (lent), patin à glace et patin à roues alignées, équitation, canot, yoga	Jogging ou course à pied, vélo (rapide), circuit d'entraînement avec poids, natation, saut à la corde, danse aérobique, arts martiaux
Sports	Ski alpin, golf, volleyball, softball, baseball, badminton, tennis (double)	Ski de fond, soccer, hockey, tennis (simple), racquetball, basketball
Activités domestiques	Tonte de la pelouse, entretien du jardin	Creuser, transporter, maçonnerie, menuiserie
Activités professionnelles	Travail qui implique de marcher et de soulever des objets (mécanicien, agriculteur, concierge)	Travail très manuel (foresterie, construction, pompier)

COMPLÉMENTS NATURELS ET NUTRITIONNELS CONTRE L'HYPERCHOLESTÉROLÉMIE

Huile de poisson

À raison de 2000 à 4000 mg par jour, les huiles de poisson pourraient contribuer à faire baisser les triglycérides sanguins. Cette dose élevée doit être recommandée sous surveillance médicale.

Pureté des suppléments d'oméga-3. Afin de vous assurer que le supplément d'oméga-3 que vous achetez est exempt de contaminants, vérifiez deux choses :

Il doit avoir un NPN (numéro de produit naturel) délivré par la Direction des produits de santé naturels de Santé Canada. Ce bureau encadre les produits de santé naturels vendus au Canada et demande des preuves de contrôle de la qualité.

Il doit être listé 5 étoiles sur le site de l'International Fish Oil Standard (IFOS) www.ifosprogram.com, une référence en matière de pureté des huiles de poisson.

Psyllium
Le psyllium vendu dans le commerce sous le nom Métamucil est une source très élevée de fibres solubles. Il est parfois recommandé pour diminuer le mauvais cholestérol, bien que ses effets soient modestes. Si vous prenez du Métamucil, commencez par de petites quantités, buvez beaucoup d'eau et espacez de 1 ou 2 heures la prise de suppléments de psyllium et de médicaments.

Levure de riz rouge
La levure de riz rouge semble bel et bien efficace pour faire baisser de façon significative le cholestérol sanguin. La levure de riz rouge est un champignon microscopique cultivé sur du riz et possédant une teinte rouge. L'un des ingrédients actifs de la levure de riz rouge, la monacoline K, est chimiquement identique à la lovastatine, un médicament prescrit en cas d'hypercholestérolémie, d'où ses effets sur le cholestérol sanguin. Elle pourrait représenter une alternative pour les gens intolérants aux statines.

Le problème avec la levure de riz rouge vendue sur le marché nord-américain, c'est qu'il existe de grandes variations dans la quantité d'ingrédients actifs selon les produits. Les suppléments de levure de riz rouge devraient contenir 4 % de monacolines, dont 2 % de monacoline K.

Par ailleurs, la levure de riz rouge possède certains des même effets indésirables et contre-indications que les statines. Les contre-indications pour les suppléments de levure de riz rouge sont : femmes enceintes ou qui allaitent, jeunes de moins de 18 ans ; maladie hépatique ou rénale ; hypersensibilité aux statines ; taux anormalement élevés de transaminase (enzyme dont le taux sérique s'élève en cas d'infarctus ou d'hépatite virale).

La **levure de riz rouge** peut provoquer des étourdissements et des problèmes digestifs qui sont toutefois rares et généralement bénins. Il arrive qu'elle cause des problèmes musculaires qui peuvent être graves.

Avant de prendre de la levure de riz rouge en remplacement d'un traitement médical aux statines, parlez-en à votre médecin et veillez à prendre un supplément dont la concentration en ingrédients actifs est assurée et adéquate.

Conclusion
Nos habitudes de vie ont une forte incidence sur les maladies cardiovasculaires. Nous avons donc entre les mains le pouvoir de les prévenir et même de ralentir leur progression. La nutrition joue un rôle central dans cette prévention.

CHAPITRE 8

Gérer ses problèmes de sucre

De bons aliments pour mieux gérer ses problèmes de sucre : légumineuses, son d'avoine, flocons d'avoine, boulgour, orge, noix, seigle, psyllium, légumes, céréales riches en fibres.

Glycémie trop élevée à jeun, prédiabète, intolérance au glucose, résistance à l'insuline… Vous avez entendu ces termes dans le bureau du médecin durant votre rendez-vous annuel ?

Si celui-ci vous confirme que vous avez un prédiabète, le risque de développer un diabète de type 2 est **d'environ 30 % sur 3 ans**. Heureusement, grâce à des modifications d'habitudes de vie (perte de poids, alimentation ajustée sur le plan des glucides, exercice physique), on peut réduire de 50 % le risque de développer un diabète de type 2. Une perte aussi modeste que 5 à 10 % de son poids initial peut améliorer le contrôle du taux de sucre.

Il faut agir vite pour prévenir le diabète. S'il est déjà là, il faut tout mettre en œuvre pour bien gérer son taux de sucre, car ses conséquences pour la santé peuvent être importantes.

Qu'est-ce que le diabète ?

Le diabète est une maladie chronique incurable où l'on retrouve une production insuffisante d'insuline de la part du pancréas ou un défaut dans son utilisation par les cellules, ce qui fait monter le taux de sucre dans le sang (hyperglycémie). Un des rôles de l'insuline est de faire pénétrer le glucose (sucre) provenant des aliments dans les cellules afin de produire de l'énergie. Si l'insuline fait défaut, les cellules ne peuvent pas recevoir d'énergie et le sucre s'accumule dans le sang, causant l'hyperglycémie. Trop de sucre dans le sang provoque des complications au niveau des nerfs, des yeux, du cœur et des vaisseaux sanguins. Notamment, les gens qui ont le diabète courent de deux à quatre fois plus de risque de maladies cardiovasculaires que la population en général.

Différence entre les diabètes de type 1 et 2

Le diabète de type 1

Le diabète de type 1 apparaît dans l'enfance, à l'adolescence ou chez les jeunes adultes. Dans ce type de diabète, il y a absence totale de production d'insuline. Les gens qui en sont atteints dépendent pour vivre de doses injectées d'insuline. À l'heure actuelle, il est impossible de prévenir le diabète de type 1, mais la recherche se poursuit en ce sens.

Le diabète de type 2

On l'appelle aussi «diabète de l'adulte», bien qu'il soit en forte croissance chez les plus jeunes. Il se caractérise par la résistance à l'insuline que développe l'organisme. Il faut savoir que 90 % des diabétiques sont atteints de diabète de type 2. Après 40 ans, le surplus de poids et le manque d'activité physique contribuent à l'apparition d'un diabète de type 2. Des facteurs génétiques aussi y contribuent. Il est maintenant clair que l'excès de tissu adipeux accélère la progression du diabète de type 2 : 80 à 90 % des personnes atteintes de ce diabète ont un excès de poids ou sont obèses.

En 2012, la Fédération internationale du diabète (FID) estimait à 371 millions le nombre de personnes atteintes dans le monde. On prévoit qu'en 2030, il y aura 1 adulte sur 10 de touché. En 2009, au Canada, la prévalence du diabète était de 6,8 %, ce qui correspond à 2,4 millions de Canadiens.

Recommandations pour bien gérer son taux de sucre

L'alimentation joue un rôle majeur dans la gestion du taux de sucre, appelé «glycémie» en termes médicaux. Les recommandations qui suivent dressent les grandes lignes d'une meilleure gestion de son taux de sucre.

Par ailleurs, si vous souffrez de diabète, il est recommandé de recevoir les conseils personnalisés d'un ou une diététiste nutritionniste pour élaborer un plan d'alimentation sur mesure. Le ou la nutritionniste prendra en compte dans ses recommandations le type de diabète (type 1, type 2, gestationnel), l'âge, le sexe, le poids, le genre et la dose de médicaments prescrits, ainsi que le degré d'activité physique, car tous ces facteurs influencent les recommandations alimentaires.

L'hémoglobine glyquée, qu'est-ce que ça mange en hiver ?

Lorsqu'on est diabétique, pour s'assurer que le traitement médical et les recommandations nutritionnelles sont adéquats, le médecin se servira du taux d'hémoglobine glyquée ou glycosylée (HbA1c) dans le sang, qui reflète les glycémies des trois derniers mois. Ce test permet de savoir si votre glycémie se situe dans les valeurs cibles ou si elle est en moyenne trop élevée. Les mesures de la glycémie à l'aide d'un glycomètre permettent de connaître le taux de sucre au moment où on l'utilise. Il se peut que le taux de sucre soit trop élevé à un moment, mais ce qui compte, c'est qu'en moyenne, il soit dans les normes. Les dosages de la glycémie et de l'hémoglobine glyquée sont donc complémentaires.

Recommandations pour mieux gérer son taux de sucre

1. Perdre du poids si l'on fait de l'embonpoint ou si l'on souffre d'obésité, et faire de l'exercice régulièrement.

2. Contrôler l'apport en glucides et les types de glucides.

3. Augmenter l'apport en fibres alimentaires en privilégiant les fibres solubles.

4. Réduire les gras saturés.

5. Intégrer des aliments clés comme les noix et le poisson.

6. Réduire l'oxydation.

---

1 SI VOUS SOUFFREZ D'EMBONPOINT OU D'OBÉSITÉ, TENTEZ DE PERDRE QUELQUES KILOS ET METTEZ-VOUS À L'EXERCICE.

Si vous avez un prédiabète, les recherches ont démontré que perdre 7 % de son poids initial (ou environ 7 kilos (15 livres) si vous pesez 90 kilos (200 livres)) et faire de l'exercice modérément – comme marcher 30 minutes par jour, 5 jours par semaine – peuvent réduire de presque 60 % le risque que vous développiez le diabète !

> Le but n'est pas d'atteindre son poids idéal. Cinq à sept kilos peuvent faire une énorme différence !

Une perte aussi modeste que 5 à 10 % de son poids initial peut améliorer la sensibilité des cellules à l'insuline, le contrôle du taux de sucre, la maîtrise de l'hypertension et des taux trop élevés de lipides (gras) dans le sang. C'est la perte de gras abdominal qui aura l'impact le plus positif sur le contrôle du sucre. Pour mesurer votre tour de taille, référez-vous au chapitre 5 sur la perte de poids, intitulé *Déjouer l'augmentation du tour de taille.*

Tour de taille et risque de développer des problèmes de santé

Tour de taille cible	Risque de développer des problèmes de santé
Homme ≥ 102 cm (40 pouces)	Élevé
Femme ≥ 88 cm (35 pouces)	Élevé

En diminuant vos portions, en consommant des aliments glucidiques avec modération (pain, riz, pâtes, desserts, biscuits, jus, boissons gazeuses, etc.) et en augmentant les aliments non glucidiques ou faiblement glucidiques (légumes, noix, poisson, légumineuses, etc.), on réduit les calories totales et on se sent mieux rassasié, d'où une perte de poids à prévoir. Par ailleurs, le processus de perte de poids est un projet à long terme qui doit s'accompagner de changements graduels et réalistes devant absolument inclure l'activité physique.

En faisant de l'activité physique pendant la période de perte de poids et après, on peut espérer maintenir son poids plus facilement, car l'exercice procure de nombreux avantages en ce qui concerne le métabolisme :

- augmentation de la dépense calorique quotidienne (évite le phénomène du plateau dans la perte de poids);

- lors de l'exercice, les cellules graisseuses libèrent des gras dans la circulation, qui seront à leur tour éventuellement brûlés par les muscles;

- l'exercice physique procure un effet coupe-faim temporaire, ce qui aide à manger en moins grande quantité;

- pratiquer de l'exercice physique d'endurance (marche rapide, patin à roues alignées, vélo, natation, ski de fond, etc.) entraîne une augmentation de la capacité des muscles à utiliser le gras comme source d'énergie.

2 CONTRÔLEZ VOTRE APPORT EN GLUCIDES ET LES TYPES DE GLUCIDES.

Si votre taux de sucre est trop élevé, vous devez contrôler votre apport en glucides et les types de glucides ingérés.

Petit cours 101 sur les glucides

Les glucides présents dans les aliments influencent directement votre taux de sucre sanguin.

Les glucides sont une grande famille qui comprend trois membres :

- l'amidon;
- le sucre;
- les fibres alimentaires.

L'amidon est contenu naturellement dans la farine, le pain, le riz, le couscous, les pâtes, les céréales, les grains entiers, les légumineuses et certains légumes comme les pommes de terre.

Le sucre peut être naturellement présent dans les aliments (sous forme de lactose dans le lait ou sous forme de glucose et fructose dans les fruits) ou on peut l'ajouter à plusieurs aliments.

Quant aux fibres, ce sont des glucides qui ne sont pas absorbés; elles n'apportent donc pas de calories et ne stimulent pas la sécrétion d'insuline. C'est pourquoi les aliments riches en fibres sont à privilégier.

Diminuez d'abord la quantité totale de glucides, surtout si vous avez du poids à perdre.

Pour la plupart des gens, les excès de glucides proviennent des produits de boulangerie, des pâtes, du riz, des biscottes, des pommes de terre et des aliments avec sucre ajouté, comme les boissons sucrées.

Trucs rapides pour diminuer les glucides

- En collation ou lors de grignotages, au lieu de vous tourner vers des aliments denses en glucides comme des muffins, galettes, biscuits, barres tendres enrobées, barres de chocolat ou gâteaux, privilégiez les fruits, noix, yogourt, lait, crudités, fromage, haricots de soya rôtis, biscottes aux graines de citrouille (Ryvita), boissons de soya, barres tendres faibles en sucre (8 g et moins dans le tableau de valeur nutritive), etc.

- Comme dessert, si vous avez la dent sucrée, un bon truc est de manger un morceau de chocolat à votre goût – que vous pouvez vous procurer en portions individuelles – et de le déguster lentement. C'est une astuce qui peut vous éviter de tomber dans des desserts plus sucrés.

- Limitez vos portions de pâtes, couscous, riz ou patates à 2/3 tasse cuits (la grosseur de votre poing) par repas, ou prenez un maximum de deux tranches de pain.

- N'accumulez pas les sources d'amidon et de sucre au même repas. Si vous aviez du pain dans votre lunch, ne prenez pas de dessert sucré comme des biscuits.

- Enlevez le dessus d'un hamburger, d'un sous-marin ou d'un panini, pour ne consommer que la partie du dessous.

- Sur vos rôties, privilégiez les sources de protéines (beurre d'arachide, beurre de noix, œuf ou fromage) au lieu de la confiture, du caramel ou des tartinades chocolatées.

- Au restaurant, laissez tomber le pain de la corbeille et demandez plus de légumes dans votre assiette.

- Osez laisser du riz, des pâtes ou du pain au restaurant, car les portions sont souvent trop généreuses.

- Si l'envie de manger un dessert est forte, ne videz pas votre assiette. Gardez-vous plutôt de la place pour le dessert et partagez-le à deux.

- Remplacez les boissons gazeuses, thé glacé et jus par de l'eau pétillante, du lait ou un café au lait sans sucre.

- Rage de sucre? Mâchez de la gomme sans sucre si ce n'est pas la vraie faim.

Tous ces petits gestes réduiront la quantité totale de glucides dans votre alimentation.

Trucs pour combler le goût de sucre... sans trop en prendre

- 1 chocolat de fantaisie
- 1 biscuit de marque LU au chocolat noir
- Une portion de brownies intelligents (voir recette plus loin dans ce chapitre)
- Deux dattes fraîches

Halte aux diètes très faibles en glucides

Certaines diètes proposent de réduire les glucides sous les 50 g par jour ; c'est le cas de la diète Atkins, notamment. Si notre taux de sucre est trop élevé, on pourrait être tenté de suivre ce genre de diète pour le diminuer rapidement. Par ailleurs, il faut savoir que moins du quart (23 %) de la sécrétion d'insuline par l'organisme est provoquée par une hausse du taux de sucre dans le sang. D'autres facteurs entrent en ligne de compte, comme le nombre de calories du repas, le temps que prend l'estomac pour se vider, la sécrétion des hormones intestinales, le degré d'obésité, l'âge et même le sexe.

Il n'est pas recommandé de s'astreindre à une diète si pauvre en glucides pour obtenir des résultats. Le risque d'abandonner ce genre de diète est élevé, car beaucoup d'aliments en sont exclus. De plus, ce type de diète ne permet pas de réduire à long terme le taux de cholestérol.

Une stratégie pour gérer votre taux de sucre : mangez vos légumes en premier !

Une méthode simple pour réduire votre consommation de glucides consiste à manger de grandes portions de légumes (salade, crudités, légumes vapeur, etc.) en début de repas, avant de manger les autres sources de glucides (pain, pâte, riz, fruits, etc.). Les légumes n'ont pas beaucoup d'impact sur la glycémie et rassasient beaucoup à cause de leur forte teneur en eau et en fibres.

Dans une étude menée auprès de Japonais diabétiques, cette simple méthode a permis aux participants d'obtenir un meilleur contrôle de la glycémie qu'avec le système traditionnel de calcul des glucides, en changeant simplement l'ordre dans lequel ils consommaient leurs aliments. Les légumes peuvent aider à manger de moins grosses portions et à ralentir l'absorption des glucides du repas.

Faites de meilleurs choix de glucides

Tous les aliments sources de glucides ne sont pas égaux quant à leur effet sur notre taux de sucre sanguin. Il est connu qu'un aliment qui goûte très sucré – comme un gâteau – peut faire monter rapidement le taux de sucre ; la relation de cause à effet est facile à comprendre. Mais en présence d'autres aliments, il nous faut connaître un principe de nutrition qu'on appelle l'index glycémique.

Cet index nous renseigne sur l'effet qu'aura un aliment sur notre glycémie. La fera-t-il monter lentement ou rapidement ?

Pour donner une idée de l'effet des aliments sur la glycémie, le glucose pur a été pris comme référence, car il est le sucre qui la fait grimper le plus rapidement. On lui a attribué la note de 100. Une forte élévation du taux de sucre provoque aussitôt une forte sécrétion d'**insuline**, dont le rôle est justement de le faire diminuer. Lors de prédiabète, il existe une résistance des cellules à l'effet de l'insuline, ce qui fait que le sucre reste dans le sang au lieu d'entrer dans les cellules, causant ce qu'on appelle de l'hyperglycémie.

Les aliments sont généralement classés selon qu'ils ont un index glycémique faible (moins de 55), moyen (de 56 à 69) ou élevé (plus de 70).

Les fruits, légumes, produits laitiers, viande, volaille, poisson, fruits de mer et noix ont des index glycémiques bas ou contiennent peu ou pas de glucides ; ils sont donc à favoriser. Parmi le groupe du pain et substituts, il y a de grandes variations dans les index glycémiques ; il est donc intéressant de connaître et de privilégier ceux dont l'IG est faible ou moyen, et de consommer moins souvent ceux dont l'IG est élevé. De façon générale, les aliments riches en fibres ont des index glycémiques plus bas.

Aliments sources de glucides (amidon), selon leur index glycémique

Sources de glucides	IG bas (moins de 55)	IG moyen (de 56 à 69)	IG élevé (plus de 70)
Pain	Pain aux neuf céréales Pain de seigle noir (*pumpernickel*)	Pain de blé entier Pain de seigle Pain pita Baguette traditionnelle française	Pain blanc Petit pain blanc Bagel blanc
Céréales à déjeuner	All-Bran All-Bran Buds Son d'avoine Céréales Red River Gruau à cuisson lente	Grape-Nuts Shredded Wheat Gruau à cuisson rapide Mini-Wheats Crème de blé Müslix Life	Son de maïs Corn Flakes Rice Krispies Weetabix Cheerios Golden Graham Special K
Accompagnement	Orge perlé et mondé Boulgour Pâtes alimentaires blanches et de blé entier Riz étuvé et à grains longs Quinoa Freekeh Maïs en grains	Riz basmati Riz brun Riz sauvage Couscous	Riz à grains courts
Autres amidons	Igname Craquelins Ryvita aux graines de citrouille Lentilles Pois chiches Haricots rouges Pois cassés Haricots de soya Fèves au lard	Pommes de terre nouvelles/blanches Maïs soufflé Minces au blé Soupe aux pois	Pomme de terre au four Russet Patates frites Bretzels Galettes de riz Craquelins

Inconvénients de l'index glycémique

Le principe de l'index glycémique n'est pas parfait, car il ne considère pas la portion généralement consommée de l'aliment. Ainsi, un aliment peut avoir un index glycémique moyen (donc recommandé), mais contenir beaucoup de glucides. C'est le cas du spaghetti, dont l'index glycémique est de 49 (donc faible) mais qui contient beaucoup de glucides dans une portion normale. Pour résoudre cette faiblesse de l'IG, un nouveau principe est né appelé «charge glycémique». Bien que très intéressant, ce principe nécessite beaucoup de mathématiques pour être appliqué; donc il ne s'adresse pas à tout le monde. Aussi, lors d'un même repas, nous mangeons ensemble plusieurs aliments qui vont influencer l'index glycémique total du repas.

Le secret de la diète méditerranéenne quant à son effet positif sur le diabète

Les Méditerranéens ont dans leur diète des grains entiers qui font partie des aliments à plus faible index glycémique : ce sont l'orge, le freekeh (blé vert grillé) et le boulgour (blé concassé). Ajoutez ces grains à vos menus quotidiens pour mieux gérer votre taux de sucre.

- Pilaf à l'orge
- Soupe à l'orge
- Orge en remplacement du riz
- Salade taboulé avec boulgour au lieu du couscous
- Boulgour dans la soupe

Recette

SOUPE MÉDITERRANÉENNE FREEKEH, POULET ET CORIANDRE

Ingrédients

- 1 oignon haché
- 2 c. à table (30 ml) d'huile d'olive
- 300 g de poitrine de poulet en petits cubes
- Sel au goût
- 1/2 c. à thé (2 ml ou 1 g) de poivre
- 1 1/2 c. à thé (7 ml ou 3 g) de paprika
- 1/2 c. à thé (2 ml ou 1 g) de piment fort en flocons
- 1/2 boîte (400 ml ou 415 g) de tomates en dés
- 2 c. à table (30 ml ou 33 g) de pâte de tomate
- 1,5 litre de bouillon de poulet
- 1/2 tasse (125 ml ou 145 g) de freekeh* non cuit
- 1 boîte (540 ml) de pois chiches en conserve, rincés et égouttés
- 1/2 tasse (125 ml ou 9 g) de coriandre fraîche
- 1 citron

Préparation

1. Faites revenir un oignon haché finement dans l'huile avec le poulet.
2. Ajoutez le sel, le poivre, le paprika et le piment fort.
3. Une fois la viande et les oignons dorés, ajoutez les tomates et faites revenir quelques minutes.
4. Ajoutez la pâte de tomate et le bouillon et amenez à ébullition.
5. Après ébullition, ajoutez le freekeh, laissez bouillir quelques minutes puis baissez le feu, couvrez et laissez mijoter environ 30 minutes.
6. Ajoutez les pois chiches. Avant de servir, hachez finement la coriandre fraîche et ajoutez-la dans la soupe. Dans le bol de service, ajoutez un filet de jus de citron.

*Le freekeh est tiré de grains de blé vert qui sont séchés puis grillés.
Recette gracieusement fournie par : Nesrine Ragguem, nutritionniste

Combien faut-il consommer de glucides par jour?

Cela varie selon qu'on est prédiabétique ou diabétique, selon la médication, le poids, l'activité physique, l'âge et le sexe. Une rencontre avec un ou une nutritionniste permet de connaître avec plus de précision la quantité de glucides à consommer par jour.

Par ailleurs, il existe des quantités approximatives recommandées selon le sexe, le fait d'avoir à perdre du poids ou non, ainsi que le niveau d'activité physique.

Afin de mieux gérer votre taux de sucre, vous pouvez vous familiariser avec ces quantités approximatives de glucides et la lecture des étiquettes.

Quantité de glucides à consommer par jour selon le sexe, le poids et l'activité physique*

Sexe	Quantité de glucides pour réduire le poids	Quantité de glucides pour maintenir le poids	Quantité de glucides si l'on est actif
Femme	135-180 g 45-60 g/repas	180-225 g 60-75 g/repas	225-270 g 75 g-90 g/repas
Homme	180-225 g 60-75 g/repas	225-270 g 75 g-90 g/repas	270-315 g 90 g-105 g/repas

*On peut prendre moins de glucides aux repas et en garder pour les collations, selon le besoin.

Prenons un exemple: vous êtes un homme atteint de prédiabète et vous devez perdre du poids. Vous n'êtes pas médicamenté pour l'instant. Vous n'êtes pas très actif. La quantité de glucides à consommer par jour serait entre 180 et 225 g, et par repas entre 60 et 75 g.

Voici un tableau pratique, mais non exhaustif, sur la **teneur en glucides** de chaque **groupe d'aliments**. Un **échange** est une portion qui procure des quantités fixes de glucides (ex.: un échange de féculents égale 15 g de glucides, un échange de fruit égale 15 g de glucides). Ce système d'échange correspond à celui de l'association Diabète Québec.

Rappelez-vous que l'on retrouve des glucides (sous forme d'amidon) dans le pain et ses substituts, les légumes racines (pomme de terre) et les légumineuses, dans les fruits et les produits laitiers (sous forme de sucres naturels) et dans différents aliments sucrés (sous forme de sucres ajoutés).

Teneur en glucides selon le système d'échange de Diabète Québec

Groupes alimentaires	Glucides (g)
Féculents 1 tranche de pain (30 g) 1/3 tasse (80 ml ou 45 g) de pâtes alimentaires cuites 1/3 tasse (80 ml) de riz (60 g), d'orge (55 g), de couscous (55 g) cuits 1/2 tasse (125 ml ou 45 g) de quinoa cuit 1 petite pomme de terre (150 g) 1/2 épi de maïs (moyen) 2 biscottes Ryvita (20 g) 1/2 tasse (125 ml ou 40 g) d'All-Bran Buds	15

Groupes alimentaires	Glucides (g)
Fruit 1/2 tasse (125 ml) d'ananas (80 g), de compote de pomme (130 g), de jus d'orange 1/2 banane (60 g) 15 gros raisins (75 g) 1 petite pomme (105 g) 2 tasses de fraises (300 g) 2 clémentines (150 g)	15
Légumes* 125 ml de légumes (100 g) ou de jus de légumes* 250 ml de légumes feuillus crus (salade) (60 g)	5
Lait 1 tasse (250 ml) de lait 1 tasse (250 ml) de boisson de soya enrichie, non aromatisée 3/4 tasse (175 ml/g) de yogourt nature 200 g de yogourt sans sucre (avec édulcorant) ou 2 petits contenants de 100 g	12 à 15
Aliments avec sucre ajouté 1 barre de céréales (50 g) 1/2 tasse (125 ml ou 70 g) de crème glacée 2 c. à table (30 ml) de sauce barbecue 1 c. à table (15 ml) de sirop d'érable 2 biscuits Goglu (20 g) 1/2 tasse de boisson gazeuse régulière	15
Viandes et substituts 30 g (1 oz) de viande, volaille, poisson 2 c. à table (30 ml ou 32 g) de beurre d'arachide** 1 œuf (50 g) 1/2 tasse (125 ml ou 90 g) de légumineuses cuites**	0 8 0 15
Matières grasses 1 c. à thé (5 ml) d'huile 1/6 d'avocat (35 g) 1 c. à table (15 ml ou 10 g) de graines de tournesol 5 olives noires moyennes (20 g)	0
Aliments à faible valeur énergétique Condiments, café, thé, poudre de lait au chocolat léger, bouillon, etc.	< 5

*Les quantités de glucides pour les légumes doivent être calculées avec précision seulement chez les diabétiques traités avec beaucoup d'unités d'insuline par jour. Sinon, les légumes peuvent être consommés à volonté même s'ils contiennent un peu de glucides, à l'exception des pommes de terre et du maïs.
**Les légumineuses contiennent des glucides, contrairement aux autres aliments de la catégorie des viandes et substituts.

Il est important que vos glucides proviennent de différentes catégories d'aliments sains, afin de combler vos besoins nutritionnels et d'avoir une alimentation variée. Et pour que celle-ci soit équilibrée, voici comment vous pourriez répartir votre quantité de glucides de la journée, selon l'exemple mentionné plus haut.

Groupes d'aliments	Nombre de portions	Quantité de glucides (g)
Fruits	3	45
Féculents	6	90
Lait et substituts	2	30
Légumineuses	1	15
Aliments avec sucre ajouté*	2	30
Total		210

*La catégorie *Aliments avec sucres ajoutés*

Ne prenez pas trop de glucides de la catégorie *Aliments avec sucres ajoutés*, car il s'agit d'aliments avec des sucres ajoutés ou qui ont une faible valeur nutritive. De plus, les aliments de cette catégorie ne rassasient pas bien.

Voici un menu comprenant environ 210 g de glucides. L'idéal est de répartir ses portions d'aliments glucidiques tout au long de la journée. Il ne serait pas approprié de prendre trois fruits et trois tranches de pain le matin (donc 90 g), ce qui représenterait trop de glucides en même temps et provoquerait une hausse trop marquée de sucre sanguin. Il vaut mieux répartir la quantité d'équivalents sur trois repas et une à trois collations.

 Exemple de répartition des échanges glucidiques

Déjeuner

- 1 orange (15 g de glucides)
- 2 tranches de pain multigrain (30 g de glucides)
- 2 c. à table de cretons de veau (0 g de glucides)

Collation d'avant-midi

- 175 ml de yogourt nature (15 g de glucides)
- 3/4 tasse de bleuets (15 g de glucides)

Dîner

- Salade de poulet avec croûtons (15 g de glucides)
- Vinaigrette maison (0 g de glucides)
- 5 craquelins Ryvita (30 g de glucides)
- 1 tasse de lait (15 g de glucides)

Collation d'après-midi

- 1 pomme (15 g de glucides)
- 20 amandes (0 g de glucides)

Souper

- 1/2 patate douce cuite au four (15 g de glucides)
- Brocoli (0 g de glucides)
- Saumon (0 g de glucides)
- 2/3 tasse de riz brun (30 g de glucides)
- 2 biscuits canneberge et orange (15 g de glucides)

Collation de soirée

- 1/2 portion de céréales (8 g de glucides)
- 1/2 tasse de lait (6 g de glucides)

Lisez les étiquettes pour connaître la teneur en glucides des aliments

Lorsque le tableau de valeur nutritive est présent sur un produit alimentaire, vous pouvez utiliser cette information pour évaluer le contenu en glucides du produit.

Dans l'exemple qui suit, 125 ml de l'aliment contient 18 g de glucides. C'est la quantité totale de glucides contenue dans la portion indiquée. Cette valeur inclut notamment les fibres, le sucre (naturel ou ajouté), l'amidon et le sucre alcool (qui sera abordé plus loin). Les fibres ne sont pas absorbées par l'organisme, ce qui veut dire que la quantité réelle de glucides qui sera absorbée est de 16 g. De ces 16 g, 2 g sont du sucre (naturel ou ajouté) et le reste, 14 g, de l'amidon. Ce produit correspond donc à un échange de glucides.

Par ailleurs, la portion indiquée sur le produit n'est peut-être pas la portion que vous consommez! Assurez-vous de faire le calcul pour votre portion.

Valeur nutritive par 125 ml (87 g)		
Teneur	% valeur quotidiennne	
Calories 80		
Lipides 0,5 g		1 %
saturés 0 g		0 %
+ trans 0 g		
Cholestérol 0 mg		
Sodium 0 mg		0 %
Glucides 18 g		6 %
Fibres 2 g		8 %
Sucres 2 g		
Protéines 3 g		
Vitamine A	2 %	Vitamine C 10 %
Calcium	0 %	Fer 2 %

Se bâtir des assiettes équilibrées

Contrôler ses glucides est une chose, mais pour être en santé, nous avons aussi besoin de protéines et de bons gras. Les protéines ont un effet bénéfique indirect sur le taux de sucre sanguin. La dégradation des protéines (provenant du poulet par exemple) permet de maintenir stable la glycémie pendant trois à quatre heures après leur consommation. Cela permet d'éviter des baisses du taux de sucre (hypoglycémie) entre les repas. Ainsi, un sandwich au poulet rassasie plus longtemps que du pain seul. Qui plus est, si le pain est de grains entiers (avec fibres) et que le sandwich contient un peu de mayonnaise (source de bons gras), l'effet coupe-faim pourrait être encore plus long.

En effet, les gras, les protéines et les fibres des aliments ralentissent le passage des aliments de l'estomac à l'intestin, ce qui empêche le taux de sucre de monter trop rapidement.

Une façon de se bâtir des assiettes équilibrées est de suivre les proportions suivantes:

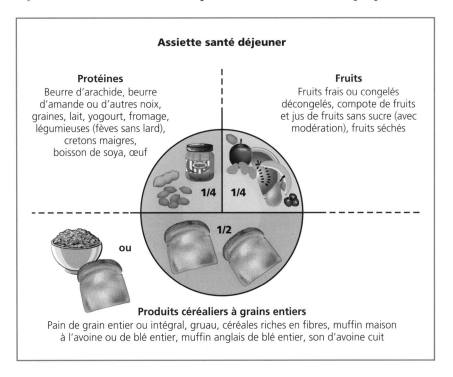

Assiette santé déjeuner

Protéines
Beurre d'arachide, beurre d'amande ou d'autres noix, graines, lait, yogourt, fromage, légumineuses (fèves sans lard), cretons maigres, boisson de soya, œuf

Fruits
Fruits frais ou congelés décongelés, compote de fruits et jus de fruits sans sucre (avec modération), fruits séchés

1/4 1/4

1/2

ou

Produits céréaliers à grains entiers
Pain de grain entier ou intégral, gruau, céréales riches en fibres, muffin maison à l'avoine ou de blé entier, muffin anglais de blé entier, son d'avoine cuit

- Dans un quart de l'assiette, placez des fruits frais ou décongelés de sortes et de couleurs variées.→ SOURCE DE GLUCIDES

- Dans une moitié de l'assiette, placez une ou deux portions de pain ou de substitut (pain de grains entiers, céréales riches en fibres, gruau, crème de blé multigrain, muffin maison à base de blé entier ou d'avoine, muffin anglais de blé entier, etc.). → SOURCE DE GLUCIDES

- Dans l'autre quart, placez la portion de protéines (beurre d'arachide, beurre d'amande ou beurre d'autres noix, graines, lait, yogourt, fromage, légumieuses – fèves sans lard –, cretons maigres, boisson de soya, œuf). → SOURCE DE PROTÉINES

- Ajoutez en petites quantités toute source de sucres concentrés comme la confiture, le miel, le sucre, les tartinades chocolatées, etc.

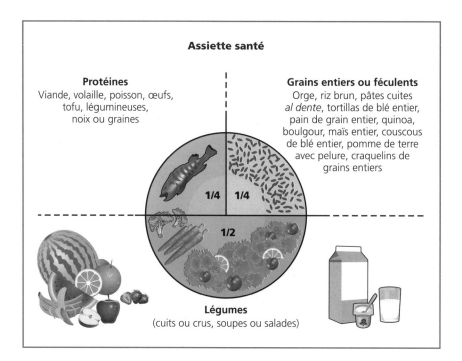

Assiette santé

Protéines
Viande, volaille, poisson, œufs, tofu, légumineuses, noix ou graines

Grains entiers ou féculents
Orge, riz brun, pâtes cuites *al dente*, tortillas de blé entier, pain de grain entier, quinoa, boulgour, maïs entier, couscous de blé entier, pomme de terre avec pelure, craquelins de grains entiers

1/4   1/4

1/2

Légumes
(cuits ou crus, soupes ou salades)

- Dans une moitié de l'assiette, placez des légumes de sortes et de couleurs variées → que vous mangerez idéalement en premier !

- Dans un quart, placez une ou deux portions de pain ou de substitut (riz brun, pâtes de blé entier, pomme de terre avec pelure, orge, pain de grains entiers, etc.) ; la grosseur du poing environ pour les femmes et un peu plus pour les hommes. → SOURCE DE GLUCIDES

- Dans l'autre quart, placez la portion de viande ou substitut (viande maigre, volaille, poisson, tofu, œuf, fromage maigre, fruits de mer, etc.) ; un peu plus petit qu'un jeu de cartes pour les femmes et un peu plus gros qu'un jeu de cartes pour les hommes. → SOURCE DE PROTÉINES

- Comme dessert, privilégiez les produits laitiers et les fruits, et à l'occasion de petites portions de dessert. → SOURCE DE GLUCIDES

En plus :

- Ajoutez régulièrement des noix à vos menus, faites la cuisson à l'huile de canola et préparez vos vinaigrettes à l'huile d'olive extravierge. → SOURCE DE BONS GRAS

- Ajustez les portions en fonction de votre rassasiement. Si vous avez encore une vraie faim, reprenez-en ; si vous en avez mis trop, laissez-en ! Les portions ne sont ici qu'à titre indicatif.

- Prenez le temps de manger calmement.

Les erreurs souvent commises lors de la composition des repas

- ✓ Les légumes sont peu présents.
- ✓ Les sources de glucides sont en trop grande quantité (produits de boulangerie de farine blanche, desserts, jus), la charge glycémique est donc plus grande.
- ✓ Il y a un manque de bons gras (pas assez de noix, graines, poisson, huile d'olive, de canola, etc.).

Qu'est-ce qui indique la présence de sucres ajoutés dans la liste d'ingrédients ?

Dextrose	Lactose
Sucre brun	Sirop de malt
Sucre à glacer	Maltose
Sirop de maïs	Sirop d'érable
Solides de sirop de maïs	Mélasse
Fructose	Nectar (nectar de pêche, nectar de poire)
Glucose	Sucre brut
Sirop à haute teneur en fructose	Sucrose
Miel	Sucre blanc granulé
Sucre inverti	Sucre de canne
Cassonade	Sirop d'agave

Des sucres meilleurs que d'autres ?

- Tous les sucres ont généralement un index glycémique élevé malgré ce qu'on peut lire sur différents sites Internet, à l'exception du miel, dont l'IG serait légèrement plus bas.
- Par ailleurs, contrairement aux autres sucres, le sirop d'érable, la mélasse et le sucre brut contiennent un peu de minéraux. Ils peuvent être privilégiés pour cet aspect et pour leur côté plus naturel, mais ils ne doivent pas être consommés en plus grande quantité. Bref, tous les sucres doivent être consommés avec modération. N'oubliez pas qu'une cuillerée à table de miel, de sirop d'érable ou de mélasse contient près de 15 g de glucides, soit un échange.

Comment réduire le sucre dans les recettes ?

- Réduisez tout simplement d'un quart ou de la moitié la quantité de sucre dans la recette, puis goûtez.
- Sucrez vos recettes avec des fruits séchés (canneberges, raisins, abricots, etc.), de la compote de pomme ou des bananes. Quelques pépites de chocolat noir dans un dessert moins sucré peuvent combler le manque de sucre de la recette.
- Certaines épices peuvent améliorer le goût des desserts moins sucrés (cannelle, muscade, gingembre). Une compote de pomme sans sucre à la cannelle est plus intense en saveur qu'une compote de pommes nature.
- Utilisez des succédanés de sucre (ex.: sucralose) en dernier recours.

Les succédanés et les sucres alcool

Depuis plusieurs années, des succédanés de sucre appelés en langage courant «faux sucres» sont offerts sur le marché. Le but premier de ces succédanés est de permettre de réduire le nombre de calories et la quantité de sucre dans les produits alimentaires. Ces succédanés suscitent beaucoup de questions quant à leur innocuité, parce qu'ils ne sont pas de vrais sucres. L'acésulfame potassium, l'aspartame, le cyclamate, le néotame, la saccharine, les glycosides de stéviols, le sucralose, le tagatose et la thaumatine, sont tous approuvés par Santé Canada. La dose journalière admissible (DJA) de ces succédanés est généralement très élevée, et il est très difficile de l'atteindre. Tous les succédanés sont considérés comme sécuritaires pour les diabétiques, bien que les données soient plus limitées pour le tagatose et la thaumatine, les deux plus récents succédanés.

Malgré leur innocuité à court terme pour la santé humaine, les succédanés sont loin d'être une panacée. Il est rare de voir quelqu'un maigrir de façon significative après avoir remplacé le Coke ordinaire par du Coke Diète, ou en ayant changé son yogourt aux fruits pour du yogourt sans sucre et sans gras. Évidemment, tout dépend de la quantité de départ.

Même s'ils ne procurent pas de calories, les succédanés ont des inconvénients :

✓ ce sont des ingrédients non nutritionnels et non naturels : ils ne génèrent donc pas de plus-value ;
✓ ils ne permettent pas de s'habituer à des aliments moins sucrés.
✓ ils sont ajoutés dans certains aliments à valeur nutritive nulle ou faible (boissons gazeuses) ;
✓ ils peuvent déculpabiliser de consommer d'autres aliments sucrés (ex. : « J'ai pris un Coke Diète ; je peux donc manger des biscuits. »).

Le stévia, plus naturel que l'aspartame ou le Splenda ?

Le stévia est un édulcorant naturel qui provient de la plante *stevia rebaudiana*. Parce qu'il provient d'une plante, plusieurs personnes se sentent plus à l'aise de l'utiliser que d'utiliser l'aspartame ou d'autres édulcorants de synthèse. Employé comme agent sucrant, le stévia est un concentré de stéviosides et non de la feuille entière de stévia.

Cette dernière contient de nombreux éléments actifs et son goût est largement moins sucré que les stéviosides.

Le côté naturel du stévia est mal utilisé par les manufacturiers de succédanés de sucre. En effet, certains produits qui se vantent d'être à base de stévia n'en contiennent parfois que moins d'un pour cent. L'ingrédient principal de ces faux stévias est l'érytritol, un sucre alcool fait à partir de maïs.

Si vous désirez sucrer vos aliments avec du stévia, lisez les ingrédients du produit que vous achetez !

Pour qui sont les succédanés ?

Pour les personnes à la dent sucrée, qui adorent les desserts et qui doivent diminuer leur apport en glucides de façon importante.

Pour les gens qui ne sont pas des « bibittes à sucre », les succédanés ne sont pas la première solution à une meilleure gestion du taux de sucre.

Les polyols

Une autre catégorie de succédanés qui procurent des calories, mais moins que le sucre ordinaire, sont les polyols ou sucres alcool. Ils portent les noms suivants : hydrolysat d'amidon hydrogéné, isomalt, lactitol, maltitol, sirop de maltitol, mannitol, sorbitol, sirop de sorbitol, xylitol et érythritol. Il n'y a pas d'études à long terme sur l'effet de ces sucres chez les diabétiques, mais jusqu'à 10 g par jour, ils ne semblent pas causer de problèmes quant à la glycémie.

Leur seul inconvénient est qu'ils peuvent provoquer des désordres intestinaux, parce qu'ils ne sont pas totalement absorbés par le système digestif.

---

3 AUGMENTEZ VOTRE APPORT EN FIBRES ALIMENTAIRES.

Augmenter son apport en fibres pour mieux gérer son taux de sucre semble une bonne stratégie. Une diète riche en fibres pourrait réduire de 30 % le risque de développer un diabète.

En vieillissant, il est temps de délaisser les céréales sucrées et le pain blanc pour se tourner vers des pains riches en fibres, de bonnes céréales et du gruau !

Les fibres solubles (retrouvées dans les produits à base d'avoine, dans les légumineuses, le psyllium, l'orge, les graines de chia et de lin, etc.) seraient plus efficaces que les fibres insolubles pour le contrôle du sucre sanguin. Les fibres solubles ralentiraient la vidange de l'estomac et retarderaient l'absorption des glucides dans le petit intestin (un effet mécanique), ce qui aurait pour effet de diminuer le taux de sucre sanguin après les repas. Les aliments riches en fibres solubles ont généralement un index glycémique bas. Par ailleurs, l'important est d'augmenter les fibres totales dans l'alimentation. Pour les diabétiques, les recommandations en fibres sont plus élevées que pour la population en général, et la quantité varie en fonction de la dépense énergétique quotidienne, soit 25 à 50 g de fibres par jour.

Une liste de fibres solubles est fournie dans le chapitre 7, *Prendre soin de son cœur.*

Faites des légumineuses un aliment de base

Les diètes qui contiennent beaucoup de légumineuses (haricots, pois, pois chiches, lentilles, etc.) diminuent le taux de sucre à jeun ou l'hémoglobine glyquée chez les gens diabétiques comme chez les non diabétiques. Elles réduiraient aussi le mauvais cholestérol et feraient monter le bon.

D'autres avantages des légumineuses

1. Excellent substitut à la viande

Une portion de 3/4 tasse de légumineuses cuites équivaut à 75 g (2 1/2 oz) de viande, de poulet ou encore de poisson. Étant riches en protéines végétales, en fer et en zinc, elles sont la solution idéale afin de remplacer de la viande.

2. Satiétogènes

Les légumineuses sont des aliments satiétogènes (qui soutiennent longtemps). L'un des moyens de diminuer, sans calculer, nos apports en calories consiste à privilégier les aliments satiétogènes, qui entraînent de moindres prises alimentaires entre les repas ou au repas suivant.

3. Nutritives

La plupart des légumineuses sont d'excellentes sources d'acide folique, de fer, de manganèse et de cuivre. Elles sont aussi une bonne source de magnésium et de thiamine. Elles constituent une source très élevée de fibres alimentaires (6 à 9 g par portion), dont une forte proportion de fibres solubles.

4. Économiques

Une conserve moyenne de 540 ml (19 oz) de légumineuses coûte environ 1,19 $ à prix régulier, et parfois moins d'un dollar lorsqu'on opte pour la marque maison. Résultat : on paie 0,33 à 0,40 $ pour une portion (une conserve de légumineuses fournit deux tasses rincées de légumineuses).

5. Polyvalentes

Leur goût assez neutre les rend très polyvalentes. Elles peuvent être ajoutées à la soupe, aux salades, au pâté chinois, à la sauce à spaghetti ou au pain de viande. Elles peuvent remplacer la farine dans certaines recettes de desserts. Les possibilités sont infinies !

Trucs pour limiter les désordres digestifs causés par les légumineuses

- Allez-y graduellement ! Commencez par consommer de petites quantités de légumineuses.
- Changez l'eau une ou deux fois pour les longs trempages.
- Cuisez bien les légumineuses ; mal cuites, elles sont indigestes.
- Rincez abondamment les légumineuses cuites, en conserve et après le trempage.
- N'utilisez jamais l'eau de trempage pour la cuisson.
- Prenez un comprimé d'enzymes qui favorise la digestion et qui élimine les flatulences. Ces comprimés sont offerts dans les magasins d'aliments naturels ou à la pharmacie (Beano).
- Faire germer légèrement les légumineuses après le trempage et avant la cuisson diminue le problème de flatulences par l'élimination de 15 à 45 % des sucres fermentescibles que l'on y retrouve (stachyose et verbascose).

Achat, cuisson et conservation des légumineuses

Pour intégrer les légumineuses facilement et régulièrement au menu, l'achat de légumineuses en conserve est préconisé. Leur eau de conservation est salée : il suffit simplement de bien les rincer.

Si vous optez pour des légumineuses sèches, avant de les cuire, il faut d'abord les trier afin de retirer celles qui ne sont pas intactes. Puis il faut les **laver** et les faire **tremper** dans trois fois leur volume en eau froide. Les lentilles et les pois cassés n'ont toutefois pas besoin de la période de trempage.

Recette

BROWNIES INTELLIGENTS

Peu de glucides, beaucoup de protéines, de fibres et des légumineuses. Une collation géniale !

Ingrédients

- 1 boîte de conserve (540 ml ou 390 g) de haricots noirs rincés et égouttés
- 3 œufs
- 3 c. à table (45 ml) d'huile de canola
- 1/3 tasse (30 g) de cacao en poudre pur
- 1 pincée de sel (0,4 g)
- 1 c. à thé (5 ml) de vanille
- 1/2 tasse (105 g) de sucre ou de succédané Splenda (13 g)
- 1/2 tasse (120 g) de pépites de chocolat au lait
- 1/2 tasse (60 g) de noix de Grenoble hachées

Préparation

1. Préchauffez le four à 350 °F (180 °C). Mettez un papier parchemin dans un plat carré allant au four (le papier doit monter sur les bords du plat pour éviter que le mélange colle).

2. Mettez ensemble les haricots, les œufs, l'huile, le cacao, le sel, la vanille et le sucre dans un mélangeur et mixez jusqu'à onctuosité. Versez le mélange dans le plat préparé. Saupoudrez les pépites de chocolat et les noix.

3. Faites cuire au four environ 35 minutes.

Donne 12 portions.

Calories : 216. **Glucides absorbés : 21 g**. Protéines : 6 g. Fibres : 4 g

Avec succédané Splenda

Calories : 187. **Glucides absorbés : 11 g**. Protéines : 6 g. Fibres : 4 g

Source : Adapté de *Recettes de brownies santé aux haricots noirs*. Recettes du Québec. www.recettes.qc.ca (Consulté le 13 août 2013).

TRUCS À L'ÉPICERIE

Pour plus de fibres solubles, recherchez les produits à base d'avoine, de son d'avoine, de gruau ou de sarrasin ; achetez de l'orge dans la section du riz ; faites le plein de légumineuses en conserve ; achetez des abricots et des oranges, et privilégiez le brocoli, les choux de Bruxelles et les asperges comme légumes verts. Achetez des graines de chia et de lin. Certaines céréales contiennent du psyllium ajouté ; c'est le cas des All-Bran Buds.

Exemple de menu faible en fibres et riche en fibres

Repas	Menu faible en fibres	Quantité de fibres (g)	Menu riche en fibres	Quantité de fibres (g)
Déjeuner	1 tasse (250 ml ou 30 g) de céréales raffinées sucrées avec lait	2	3/4 tasse (175 ml ou 180 g) de son d'avoine préparé avec lait	5
	1 tasse (250 ml) de jus d'orange	0	1 orange (150 g)	3,5
Collation de l'avant-midi	Petit muffin aux bleuets (65 g) commercial	1	Petit muffin au son d'avoine (65 g) maison	3
Dîner	2 tasses de macaroni à la viande (500 ml ou 430 g)	4	2 tasses de salade d'orge et légumes avec poulet (340 g)	8,5
Collation de l'après-midi	15 craquelins au fromage (15 g)	0,8	30 ml ou 17 g d'amandes	2
Souper	2 tasses (250 ml ou 310 g) de riz aux légumes avec poulet	4,1	2 tasses (250 ml ou 310 g) de boulgour aux pois chiches avec légumes	10 g
Collation de soirée	1/2 tasse (125 ml) de compote de pomme	1	1 pomme 1 yogourt	4 g
TOTAL		12,5 g		36 g

4 RÉDUISEZ LES GRAS SATURÉS.

Quand le taux de sucre est trop élevé, nous courons plus de risques d'être atteint de maladies cardiovasculaires que la population en général (2 à 3 fois plus élevé chez les diabétiques). Il est important de porter une attention particulière aux choix et aux quantités de gras. Les gras saturés (provenant de la viande, du beurre, du fromage, de la crème et des aliments transformés) devraient idéalement être maintenus à moins de 7 % des calories. L'accent doit être mis sur les gras mono-insaturés (provenant de l'huile d'olive et de canola, des amandes, des avocats, des noisettes, des noix de cajou, etc.) et sur les gras polyinsaturés (noix, graines et poisson à chair grasse tels le saumon et la truite, etc.).

Les noix, encore et encore…

Dans une étude d'une durée de 13 semaines, le remplacement d'aliments riches en glucides (patates, pain, pâtes, riz, autres produits de boulangerie, desserts, etc.) par des noix a permis de réduire l'hémoglobine glyquée ainsi que le mauvais cholestérol chez les participants. Pour avoir un impact, la quantité de noix doit absolument prendre la place d'aliments riches en glucides et ne pas être simplement ajoutée à la diète normale. Par exemple, au lieu de manger un muffin du commerce comme collation (riche en glucides), opter pour une poignée de noix représente une bonne solution de remplacement.

Poisson

Il semble que le poisson réduirait le risque d'être atteint de diabète ou d'intolérance au glucose. On ne sait pas encore si cet effet est attribuable aux oméga-3 ou à d'autres constituants du poisson (protéines de poisson, sélénium). Il est donc préférable de privilégier la consommation de poisson à la prise de suppléments d'huile de poisson.

Tableau des gras à privilégier et de ceux à réduire

Aliments à privilégier pour obtenir de bons gras	Aliments à diminuer, car sources de gras saturés	Aliments à éliminer, car sources de gras trans*
Les poissons riches en oméga-3 (saumon, maquereau, sardines, truite, hareng, etc.)	Ailes de poulet	Les margarines hydrogénées ou dures et le shortening
Huile d'olive extra vierge, huile de canola	Saucisses de porc, bœuf haché régulier, pepperoni, cretons de porc, bacon	Les abaisses de tarte (tarte aux pommes, pâté au poulet, etc.)
Noix : amandes, avelines, noisettes, pacanes, noix de cajou, du Brésil, de Grenoble, de pin	Lasagne du commerce, pâté au poulet, croquettes de poulet	Les repas surgelés
Graines : de lin, de chia, de salba, de sésame, de tournesol, de citrouille, de chanvre	Biscuits aux brisures de chocolat, beignes, croissants	Friture (frites, croquettes, poulet frit)
Avocat	Salade César	Les desserts commerciaux (beignes, muffins, tartes, gâteaux, biscuits, barres tendres)
Olives	Beurre, lait entier (3,25 % m.g.), crème glacée, yogourt méditerranéen 7 % m.g., crème 35 % m.g., fromage cheddar régulier	Croustilles, maïs à éclater saveur de beurre
		Croissants et craquelins
		Soupes en conserve ou en poudre
		Trempettes et crème fouettée

*Lire le tableau d'informations nutritionnelles pour voir si les aliments contiennent des gras trans.

Certaines méthodes de cuisson à haute température comme la friture, le rôtissage et le barbecue causent la formation de molécules nommées «produits de glycation avancée (AGE)», des molécules qui favorisent l'oxydation (rouille interne). De plus, lorsque le taux de sucre est trop élevé, il se produit une réaction entre le sucre excédentaire et les protéines corporelles. Le taux d'hémoglobine glyquée en témoigne.

Une étude a démontré que restreindre les AGE en privilégiant les méthodes de cuisson à température plus basse améliore la résistance à l'insuline chez les diabétiques. Ces AGE sont l'un des facteurs de vieillissement accéléré des tissus. Chez le diabétique, ils peuvent contribuer au développement de microlésions au niveau des vaisseaux sanguins, des reins et des yeux. Bref, en gérant bien son taux de sucre et en choisissant des modes de cuisson sains, on limite les quantités d'AGE.

Modes de cuisson sains

- Pochage
- En papillote
- À l'étouffée
- Au micro-ondes
- À la vapeur

Augmenter l'apport en antioxydants alimentaires (agents antirouille) peut aider à limiter les dégâts causés par les AGE.

Devenir végétarien : une option prometteuse pour gérer son taux de sucre ?
Le végétarisme est indéniablement une option pour mieux gérer son taux de sucre. Il aurait surtout l'avantage d'être plus efficace pour réduire la médication des diabétiques lorsque le régime est bien suivi. Si vous êtes intéressé par l'adoption d'un régime végétarien et que vous êtes diabétique, consultez un ou une nutritionniste. Le végétarisme ne doit pas s'improviser.

Alcool
Consommé avec modération, l'alcool est associé à moins de risques de maladies cardiovasculaires chez les personnes diabétiques.

Les recommandations en termes de quantité d'alcool pour les diabétiques sont les mêmes que pour la population en général, soit : pour les femmes, ne pas boire plus de 2 verres standards par jour et limiter sa consommation à 10 verres standards par semaine. Pour les hommes, ne pas boire plus de 3 verres standards par jour et limiter sa consommation à 15 verres standards par semaine. Ne pas boire tous les jours.

L'alcool devrait toujours être pris en mangeant afin d'éviter qu'il cause de l'hypoglycémie (taux de sucre sanguin trop bas). Par ailleurs, si vous avez un diabète, il est toujours préférable de demander à votre médecin quels sont la quantité et les moments opportuns pour en consommer.

Plusieurs boissons alcooliques contiennent des glucides ; il est donc important de les calculer comme sources de glucides et d'éviter celles qui sont trop sucrées.

COMPLÉMENTS NATURELS ET NUTRITIONNELS
CONTRE LE DIABÈTE DE TYPE 2

Presque 80 % des diabétiques prennent un produit de santé naturel. Il est donc de mise d'en parler.

Les produits mentionnés ci-après ont fait l'objet d'études d'une durée d'au moins trois mois auprès de diabétiques de type 2, et leur effet sur l'hémoglobine glyquée a été mesuré. Par ailleurs, il est prématuré de recommander certains produits naturels prometteurs, car la plupart ont fait l'objet d'études limitées qui devront être reprises. Les informations suivantes proviennent des lignes directrices 2013 de l'Association canadienne du diabète.

Avant de prendre un produit de santé naturel contre le diabète, parlez-en à votre médecin ou à votre pharmacien, car il peut y avoir des interactions avec vos médicaments ou des contre-indications. Aussi, certains produits mentionnés ne sont pas offerts au Canada.

Voici quelques produits de santé naturels **prometteurs** : *Gynostemma pentaphyllum* (ginseng du Sud), extrait de feuilles de soya (pinitol), *Coccinia cordifolia* (courge écarlate), *Ganoderma lucidum* (reishi), *Trigonellafoenum-graecum* (fenugrec), extrait de soya fermenté (touchi).

Quelques produits naturels **non efficaces** : écorce de pin maritime français, phytoestrogènes de soya, thé, cannelle, *Momordica charantia* (momordique), coenzyme Q10, vitamines C, D, E.

Quelques produits naturels dont l'**efficacité** est **incertaine** : chrome, magnésium, l-carnithine.

Conclusion

Pour gérer son sucre, on doit dépenser son « budget glucides » à travers les différents groupes d'aliments sains, et s'en garder un peu pour les gâteries sucrées. Surtout, on doit éviter de tomber sur la « marge de crédit » du poids en mangeant plus que nos besoins !

CHAPITRE 9

Tenir le cancer à distance

De bons aliments pour tenir le cancer à distance : brocoli, choux de Bruxelles, chou frisé, chou-fleur, chou vert, orange, citron, lime, pamplemousse, clémentine, soya et autres légumineuses, petits fruits, pomme, grains entiers, tomate, avocat, épinards, etc.

Le cancer est assurément la maladie que l'on craint le plus. Et cette crainte augmente avec l'âge, puisque de plus en plus de gens de notre entourage en sont atteints. Deux personnes sur cinq en seront touchées au cours de leur vie (1 homme sur 2,2 et 1 femme sur 2,4). Le cancer est la principale cause de décès au Canada, étant responsable d'environ 30 % de tous les décès. Il peut apparaître à tout âge, mais il est plus souvent découvert chez des personnes âgées de 60 ans et plus.

La différence entre cette maladie et d'autres, c'est que l'on peut réduire le risque d'être atteint de 60 % en évitant la cigarette, en maintenant un poids santé, en adoptant un régime riche en végétaux et en faisant de l'activité physique. En effet, un tiers des cancers sont dus à des lacunes liées au régime alimentaire et à l'activité physique, tandis qu'un autre tiers est causé par les produits du tabac. Quant aux 40 % restants, une multitude de facteurs peuvent en être la cause, comme l'hérédité, des infections, une exposition excessive aux rayons UV ou aux rayons X, la pollution, etc.

Pourcentage de cancers aux États-Unis qui pourraient être prévenus par une alimentation équilibrée, l'activité physique régulière et un poids santé

Types de cancers aux États-Unis	%
Endomètre (utérus)	70
Œsophage	69
Bouche, pharynx, larynx	63
Estomac	47

Types de cancers aux États-Unis	%
Colorectal	50
Pancréas	19
Sein	38
Poumon	36
Rein	24
Vésicule biliaire	21
Foie	15
Prostate	11

Adapté de : American Institute for Cancer Research. By Cancer Site. (Consulté le 13 juillet 2013).

Qu'est-ce que le cancer ?

Le cancer est le nom général de plus d'une centaine de maladies. Un cancer débute lorsque des cellules d'une partie du corps commencent à croître de façon incontrôlée. Les cellules cancéreuses sont différentes des cellules normales. Au lieu de mourir, elles continuent de croître et de se multiplier. Les cellules cancéreuses sont formées à cause de dommages à l'ADN. Chez des cellules normales, les dommages à l'ADN sont réparés ou les cellules endommagées meurent. Dans le cas des cellules cancéreuses, les dommages à l'ADN ne sont pas réparés et ces cellules se reproduisent.

Si l'on peut hériter de cellules dont l'ADN est endommagé, la plupart des dommages à l'ADN se produisent après des erreurs lors de la reproduction de cellules, ou par quelque chose provenant de l'environnement. Des causes connues et évidentes de dommages à l'ADN sont la cigarette et l'exposition au soleil. Mais il est difficile de savoir quelle est la cause exacte du cancer chez quelqu'un. Plusieurs constituants alimentaires peuvent avoir des effets inhibiteurs ou promoteurs de cellules cancéreuses. D'un autre côté, le surplus de poids peut générer un état d'inflammation qui favorise l'apparition de mutations et la progression des cellules cancéreuses.

Repousser le cancer, oui, mais comment ?

Le plus récent rapport concernant la prévention du cancer nous provient de l'American Cancer Society. Voici en résumé ce qui est recommandé **concernant la nutrition et l'activité physique** :

À augmenter	À diminuer	À limiter
Fruits et légumes	Viande rouge et charcuterie	Alcool
Grains entiers	Poids corporel (si trop élevé)	Aliments à densité énergétique élevée
Activité physique		Grains raffinés

L'Institut américain de recherche sur le cancer (American Institute of Cancer Research) va dans le même sens, mais insiste davantage sur l'importance de mettre dans son assiette une abondance d'aliments du règne végétal (fruits, légumes, grains entiers et légumineuses, jusqu'aux 2/3 de l'assiette) et de ne conserver qu'un tiers pour les produits du règne animal (viandes, volailles, produits laitiers, œufs).

Quand on analyse dans le détail ces recommandations, on en vient vite à la conclusion que l'industrialisation de la nourriture et la modernisation de nos activités quotidiennes sont à l'origine d'un environnement favorable au cancer. Plus de malbouffe, de sucre, de viande traitée et d'alcool, et moins d'aliments frais et d'activité physique.

Les études nous révèlent aussi que le patron alimentaire global a plus d'impact que les aliments pris un à un. Par exemple, les personnes qui mangent moins de viande rouge et de viande traitée ont aussi tendance à manger moins de pain et de céréales raffinés pour manger plus de fruits et de légumes. Et ce type de diète est associé à un risque plus faible de développer certains cancers.

D'un autre côté, les personnes qui mangent plus de viande rouge, de viande traitée, de pain et de céréales raffinés et de boissons sucrées sont plus à risque de développer certains cancers ou d'y succomber.

Le style de vie a un impact sur la majorité des cancers. Par ailleurs, certains cancers comme ceux de la peau ou de la thyroïde ne sont pas liés à l'alimentation ou à l'exercice.

Cancers sur le développement desquels le style de vie pourrait avoir un impact important

Cancers	Facteurs nutritionnels qui pourraient augmenter le risque	Facteurs nutritionnels qui pourraient diminuer le risque	Facteurs non nutritionnels
Colorectal	Poids Viande rouge Charcuterie Alcool	Aliments riches en fibres Ail, lait et diète élevée en calcium (probable)	Inactivité physique (augmente le risque)
Sein **Avant la ménopause**	Poids Alcool		Allaiter ou avoir allaité (diminue le risque)
Sein **Après la ménopause**	Poids Alcool Gras abdominal		Avoir allaité (diminue le risque) Activité physique (diminue le risque)
Endomètre (utérus)	Poids Gras abdominal		Activité physique (diminue le risque)
Œsophage	Poids Alcool	Probable : Fruits Légumes non amidonnés* Aliments qui contiennent du bêta-carotène Aliments qui contiennent de la vitamine C	Tabagisme
Vésicule biliaire	Poids		

Cancers	Facteurs nutritionnels qui pourraient augmenter le risque	Facteurs nutritionnels qui pourraient diminuer le risque	Facteurs non nutritionnels
Reins	Poids		
Foie	Alcool Aflatoxines[**]		
Poumons	Suppléments de bêta-carotène (augmente le risque) Arsenic dans l'eau (pays en voie de développement)	Fruits	Tabagisme
Bouche, pharynx, larynx	Alcool	Fruits et légumes	
Pancréas	Poids Gras abdominal		Tabagisme
Prostate	Diète élevée en calcium plus de 1500 mg	Lycopène (tomate, melon d'eau) Sélénium	
Estomac	Sel	Fruits et légumes (alliacées, ail, oignon, échalote, etc.)	

[*]Tous les légumes, sauf pomme de terre, maïs, panais, plantain, patate sucrée, taro, igname.

[**]Moisissures produites par *Aspergillus flavus* et *A. parasiticus*. Le problème des aflatoxines est surtout observé dans les pays en voie de développement.

Quels changements dans les habitudes de vie sont à prioriser si on veut tenir le cancer à distance ?

Remplissez vos assiettes de végétaux entiers

Non, cela n'équivaut pas à manger du foin… Les végétaux entiers de notre alimentation incluent les fruits, les légumes, les légumineuses (pois, lentilles, haricots), les grains entiers (pains de grains entiers, pâtes de grains entiers, riz brun, etc.), les graines et les noix.

Ces aliments possèdent un très bon potentiel de protection contre le cancer. Ils peuvent contribuer à créer un environnement défavorable aux cellules cancéreuses.

Les végétaux entiers ont une densité énergétique faible, c'est-à-dire qu'ils rassasient très bien parce qu'ils occupent beaucoup de place dans l'estomac, pour peu de calories. Cette caractéristique fait de ces aliments les meilleurs choix pour mieux gérer son poids. Ce dernier, comme mentionné plus haut, est un facteur de risque de plus en plus important dans le développement des cancers. En effet, il faut se le dire : une ingestion excessive de nourriture est l'un des principaux facteurs de risque de cancer. Le surpoids est responsable de 14 % des décès par cancer chez les hommes et de 20 % chez les femmes. On craint qu'avec l'augmentation de l'obésité, le surplus de poids dépasse la cigarette comme facteur de risque de cancer.

C'est dans le règne végétal (fruits, légumes, grains entiers, légumineuses) qu'on retrouve le plus de molécules anticancer appelées antioxydants ou composés phytochimiques. Les aliments du règne végétal apportent aussi beaucoup de fibres qui aident à prévenir le cancer du côlon, et de nutriments (acide folique, vitamines A, C et E) qui sont associés à moins de risque de cancer.

Qu'est-ce qu'un composé phytochimique ?

En grec, *phyto* veut dire «plante». Ainsi, les phytochimiques sont des molécules produites par les plantes qui leur permettent entre autres de se protéger des agresseurs comme les insectes, les bactéries, les virus, la sécheresse, etc. C'est d'ailleurs pourquoi on retrouve plus de phytochimiques dans la couche externe des végétaux, comme la pelure des fruits et l'enveloppe de son des grains de céréales. Les phytochimiques sont aussi responsables de la couleur, de l'odeur et du goût caractéristiques des aliments.

Les aliments les plus riches en phytochimiques sont les fruits, les légumes, les légumineuses et les grains entiers.

Les études en laboratoire ont démontré que les phytochimiques :

- ✓ stimulent le système immunitaire ;
- ✓ empêchent les substances que nous mangeons, buvons et expirons de devenir cancérigènes ;
- ✓ réduisent l'inflammation qui fait que les cellules précancéreuses sont plus susceptibles de croître ;
- ✓ préviennent les dommages à l'ADN et aident à sa réparation ;
- ✓ ralentissent la croissance des cellules cancéreuses ;
- ✓ stimulent le suicide des cellules endommagées avant qu'elles ne se reproduisent ;
- ✓ aident à régulariser les hormones.

Sources des différents composés phytochimiques

Des milliers de composés phytochimiques ont été identifiés dans les végétaux. En voici quelques catégories, leurs sources et leurs effets bénéfiques possibles :

Composés phytochimiques

Nutriments	Sources végétales	Bénéfices possibles
Caroténoïdes (bêta-carotène, lycopène, lutéine, zéaxanthine)	Fruits rouges, orange et verts, et légumes incluant brocoli, carotte, tomate cuite, légumes feuillus, patate douce, courge d'hiver, abricot, cantaloup, orange et melon d'eau	Pourraient inhiber la croissance de cellules cancéreuses en agissant comme des antioxydants, en plus d'améliorer la réponse immunitaire.
Flavonoïdes (anthocyanes, quercétine)	Pommes, agrumes, petits fruits, oignons, soya et produits à base de soya (tofu, boisson de soya, edamame, haricots de soya rôtis), autres légumineuses, café, cacao, thé, avocat	Pourraient inhiber l'inflammation et la croissance de tumeurs, stimuler le système immunitaire en plus de stimuler la production d'enzymes de détoxification au niveau du foie.
Indoles et glucosinolates (sulforaphane)	Légumes crucifères : brocoli, chou, chou vert, chou frisé (kale), chou-fleur et choux de Bruxelles	Pourraient provoquer la détoxification des substances carcinogènes, limiter la production d'hormones liées au développement de cancers, bloquer les carcinogènes et prévenir la croissance de tumeurs.
Inositol (acide phytique)	Son de maïs, avoine, riz, seigle, blé, noix, soya et produits à base de soya (tofu, boisson de soya, edamame, haricots de soya rôtis) et autres légumineuses	Pourraient retarder la croissance de cellules cancéreuses et agiraient comme antioxydants.
Isoflavones (génistéine et daidzéine)	Soya et produits à base de soya (tofu, boisson de soya, edamame, fèves de soya rôties)	Pourraient inhiber la croissance de cellules cancéreuses, limiter la production d'hormones liées au cancer. Agissent également comme antioxydants.
Polyphénols (comme l'acide ellagique et le resvératrol)	Petits fruits, thé vert, raisin, vin, agrumes, pommes, grains entiers et arachides	Pourraient prévenir la formation de cellules cancéreuses et prévenir l'inflammation. Agissent également comme antioxydants.
Terpènes (comme le limonène, le carnosol)	Cerises, pelure des agrumes, romarin	Pourraient empêcher que les cellules deviennent cancéreuses. Ralentiraient la croissance de cellules cancéreuses, renforceraient la fonction immunitaire, limiteraient la production d'hormones liées au cancer, combattraient les virus et agissent comme antioxydants.

Nutriments	Sources végétales	Bénéfices possibles
Lignanes	Graines de lin, grains entiers noix et légumineuses	Réduiraient plusieurs facteurs de croissance de cancer. Diminueraient les marqueurs inflammatoires.
Vitamine C (acide ascorbique)	Poivron rouge, papaye, kiwi, orange, mangue, brocoli, choux de Bruxelles, ananas	Agit comme antioxydant, pourrait ralentir la croissance de cellules cancéreuses.
Vitamine E	Huile de germe de blé, amandes, huile et graines de tournesol, noisettes, céréales 100 % son, pâte de tomate, avocat	Agit comme antioxydant, est également impliquée dans la signalisation cellulaire, la régulation de l'expression de gènes et de la fonction immunitaire.
Acide folique	Abats, légumineuses, légumes verts foncés (épinards, asperges, brocoli, laitue romaine, choux de Bruxelles), haricots de soya, pâtes alimentaires enrichies	Pourrait affecter positivement la production et la différenciation des cellules d'ADN en prévenant le développement de cellules cancéreuses.
Sélénium	Noix du Brésil, huîtres, thon, hareng, palourdes, abats, champignons shiitake	Agit comme antioxydant (bloque l'action des radicaux libres, des molécules qui peuvent endommager les cellules). Pourrait également aider à prévenir le développement et la progression de cellules cancéreuses.
Fibres	Tous les fruits, légumes, grains entiers et légumineuses	Rôle sur la satiété qui aiderait à la perte de poids. Les bonnes bactéries de l'intestin utilisent les fibres comme nourriture pour croître et produire des substances qui protègent les cellules du côlon.

Adapté de : *Phytochemicals : The Cancer Fighters in the Foods We Eat*. American Institute for Cancer Research. www.aicr.org (Consulté le 13 juillet 2013).

Certains aliments plus que d'autres contiennent plusieurs composés phytochimiques. Malgré leur composition exceptionnelle, ils ne garantissent pas la prévention du cancer, encore moins sa guérison.

« Top 9 » des aliments ayant plusieurs composés phytochimiques différents

- Brocoli, choux de Bruxelles et autres crucifères : chou frisé (kale), chou-fleur, chou vert
- Orange et autres agrumes (citron, lime, pamplemousse, clémentine)
- Soya et autres légumineuses (haricots rouges, lentilles, pois chiches, etc.)
- Petits fruits (bleuets, canneberges, framboises, fraises, mûres)
- Pomme
- Grains entiers (avoine, riz, blé, seigle, etc.)
- Tomate
- Avocat
- Épinards

Recette

CROUSTADE AUX PETITS FRUITS

Ingrédients

Le fond

- 6 tasses (850 g) de petits fruits congelés (non décongelés)
- 1 pomme (140 g) coupée en petits cubes
- 3 c. à table (45 ml ou 21 g) de graines de lin moulues
- 2 c. à table (30 ml ou 28 g) de sucre brun

Le dessus

- 1 1/4 tasse (310 ml ou 105 g) de flocons d'avoine
- 1 tasse (250 ml ou 110 g) de farine d'épeautre ou de farine de blé entier
- 2 c. à table (30 ml) d'huile de canola
- 2 c. à table (30 ml ou 29 g) de beurre
- 1/2 tasse (125 ml ou 116 g) de sucre brun

Préparation

1. Mélangez tous les ingrédients du fond et mettez-les dans un grand plat en pyrex.
2. Mélangez les flocons d'avoine et la farine. Mélangez l'huile, le beurre fondu et le sucre brun.
3. Ajoutez le mélange d'huile et de sucre aux flocons d'avoine et à la farine. Déposez ce mélange par-dessus les fruits. Faites cuire au four à 375 °F (190 °C) pendant 45 minutes.

Donne 10 portions.

Faut-il manger bio pour prévenir le cancer ?

À côté de l'effet très nuisible de la cigarette, de l'excès de soleil, d'une surconsommation d'alcool, d'un surplus de radiations, d'excès de viandes grillées ou d'un surplus de poids, les pesticides contenus dans nos aliments ont peu de portée. Les cytochromes P450 dans le foie nous protègent de leur possible effet néfaste en les dégradant. Les composés phytochimiques présents dans les aliments du règne végétal compensent largement pour les risques associés aux pesticides. La première recommandation est de manger plus d'aliments du règne végétal, qu'ils soient biologiques ou non. Et si on désire un petit plus naturel, on opte pour les aliments biologiques. Le choix de nourriture certifiée biologique est à encourager surtout pour la préservation de notre environnement.

Mais entre manger des légumes biologiques au grand soleil, sans protection solaire, et manger des légumes non bio à l'ombre, sous un arbre, le niveau de risque ne se compare pas...

LE SAVIEZ-VOUS ?

Les légumes de la famille des crucifères continuent de produire des substances anticancer même après avoir été cueillis, si on les laisse à la lumière du jour. L'hypothèse des chercheurs qui ont fait cette découverte est que les molécules anticancer des crucifères – appelées glucosinolates (leur rôle est de repousser les insectes durant le jour) – s'accumulent en plus grande quantité à la lumière du jour, alors que l'activité des prédateurs est moins grande que durant la nuit.

Combien de portions de chacun des groupes d'aliments sources de composés phytochimiques devons-nous consommer ?

Le but est de viser 25 g de fibres par jour provenant de différents groupes d'aliments sources de composés phytochimiques.

Exemple du nombre de portions à consommer de chaque groupe pour obtenir 25 g de fibres

Groupes d'aliments	Nombre de portions	Une portion équivaut à…	Grammes de fibres par portion
Fruits	2	1 fruit frais ou 1/2 tasse de fruits frais	3 g
Légumes	3	1/2 tasse de légumes ou 1 tasse de laitue, d'épinards ou d'autres légumes verts feuillus	2 g
Grains entiers	4	1 tranche de pain de grains entiers, 1/2 tasse de riz brun ou de quinoa, ou pâtes de grains entiers cuites	2 g
Légumineuses	1	1/2 tasse de lentilles, pois ou haricots cuits	4 g
Noix et graines	1	2 c. à table d'amandes, de beurre d'arachide, ou 1 c. à table de graines de lin	2 g
Total de fibres			26 g

Fruits et légumes

La recommandation est de manger 2,5 tasses de fruits et de légumes non amidonnés par jour ou 400 g au minimum, donc environ 5 portions. C'est moins que les recommandations du Guide alimentaire canadien, qui sont de 7 à 10 portions chez les femmes et les hommes. Par ailleurs, cette recommandation de 5 portions par jour est atteinte par une faible proportion de la population. Visez donc au minimum 5 portions !

Les légumes amidonnés ne doivent pas être exclus de l'alimentation. Toutefois, parce qu'ils contiennent plus d'amidon et de calories et un peu moins de phytochimiques, ils ne doivent pas être calculés dans les 5 portions de fruits et de légumes recommandés par jour selon l'American Cancer Society.

- Maïs
- Plantain
- Taro
- Igname
- Panais
- Patate sucrée
- Pomme de terre

Pour manger beaucoup de fruits et de légumes, il faut :

- que notre panier d'épicerie soit composé d'au moins 50 % de fruits et de légumes ;
- que nous ayons toujours en réserve des fruits et des légumes congelés et des fruits séchés pour compenser lors de pannes de légumes ou de fruits frais ;
- des crudités préparées à l'avance dans un sac qui garde la fraîcheur ;
- des sacs de laitue et de bébés épinards prélavés et prêts à manger ;
- que les légumes et les fruits soient toujours le premier réflexe lorsqu'on a de petites faims entre les repas.

N.B. : Limitez les jus de fruits (même 100 % naturels) à 1 tasse par jour. À l'épicerie, choisissez les fruits et les légumes en conserve en dernier recours, car ils sont très appauvris en phytochimiques et en nutriments anticancer.

Grains entiers

Quand il est question de prévention du cancer, l'accent ne doit pas être mis uniquement sur les fruits et les légumes comme sources de phytochimiques. D'autres aliments comme les grains entiers participent aussi à l'apport total de phytochimiques ; ils sont pourtant vraiment déficients dans notre alimentation. Il est très important de choisir des pains et céréales à grains entiers ou intégraux. Ils sont plus nutritifs, favorisent moins la prise de poids et peuvent prévenir le cancer du côlon.

Petit cours 101 sur les grains entiers

Que sont les grains entiers ?

Les grains entiers sont des céréales qui n'ont pas été raffinées par l'industrie, donc qui contiennent les trois parties du grain, soit le son, l'endosperme et le germe. Le son est l'enveloppe extérieure du grain ; il contient les fibres, une partie des vitamines du groupe B, quelques minéraux (fer, zinc, cuivre, magnésium) et des composés phytochimiques. L'endosperme contient des glucides (sous forme d'amidon) et des protéines. Quant au germe, il contient des vitamines du groupe B, de la vitamine E, de bons gras et quelques phytochimiques.

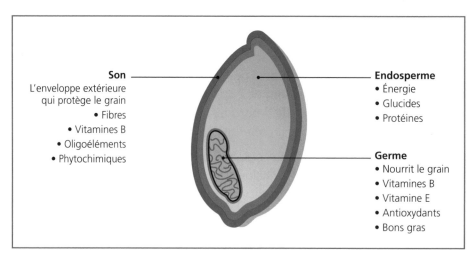

Les grains entiers constituent la base de l'alimentation humaine depuis l'émergence de l'agriculture au Xe millénaire avant notre ère. Les habitants des rives orientales de la Méditerranée, de la Syrie et de la Palestine cultivaient déjà des formes primitives d'orge et de blé il y a plus de 8000 ans. Les grains entiers ne sont pas nouveaux dans notre alimentation ; ce qui est relativement récent, c'est leur raffinage.

Lorsqu'on consomme du pain blanc, de la farine blanche, du riz blanc ou des pâtes blanches, nous mangeons des grains incomplets, dits « raffinés » parce que le son et le germe en ont été retirés. Ils sont donc moins nutritifs, moins rassasiants et moins protecteurs du point de vue des cancers.

Aussi, le raffinage et la transformation des céréales affectent leur composition et rendent les glucides qu'elles contiennent plus rapides à absorber par l'intestin, et facile à manger en grande quantité. Lorsqu'un glucide est rapidement absorbé, il fait rapidement monter le taux de sucre sanguin. On dit alors qu'il s'agit d'un aliment à index glycémique élevé.

Lorsque le taux de sucre augmente dans le sang, le pancréas, stimulé, provoque la sécrétion d'insuline. L'insuline est une hormone qui donne le signal aux cellules musculaires ou adipeuses du corps d'accueillir les nutriments présents dans le sang pour se nourrir. Plus il y a d'insuline, plus les nutriments sont absorbés rapidement, dont le sucre, et plus il y a de risques d'avoir faim rapidement, à cause de la baisse du taux de sucre dans le sang. Bref, les grains raffinés peuvent nous affamer plutôt que nous rassasier.

Le raffinage des grains de céréales

C'est lors de la révolution industrielle que l'on vit apparaître de gigantesques meuneries pour faire de la farine. L'ère des meules de pierre, où toutes les parties du grain étaient conservées, était révolue. Sur une période de 50 ans, on inventa des appareils de plus en plus sophistiqués permettant le broyage et la pulvérisation plus efficaces des grains entiers avec des rouleaux d'acier. Ainsi, le germe et le son des grains de céréales étaient plus facilement séparés.

Dans les meuneries industrielles d'aujourd'hui, le blé subit plusieurs opérations afin d'être transformé en farine :

- nettoyage des grains ;
- broyage des grains ;
- élimination du son (couche extérieure) et du germe par tamisage et pulvérisation.

Le raffinage des grains de céréales leur fait perdre beaucoup de nutriments. La farine blanche qui en résulte doit donc être enrichie. Cependant, seuls le fer et les vitamines B1, B2, B3 et B9 sont ajoutés à la farine.

1. Meilleur choix : grain entier : boulgour (blé concassé), freekeh (blé vert grillé), épeautre entier, blé germé

2. Bon choix : farine de blé entier : pain de blé entier, pâtes de blé entier

3. Moins bons choix : pain blanc, pâtes blanches, couscous, farine blanche

Perte en valeur nutritive de la farine blanche commerciale lors de sa transformation

Protéines	17 %
Acide linoléique (acide gras essentiel)	50 %
Fibres alimentaires	87 %
Calcium	50 %
Cuivre	80 %
Potassium	78 %
Fer	80 %
Zinc	80 %
Vitamine B_1 (thiamine)	82 %
Vitamine B_2 (riboflavine)	67 %
Vitamine B_3 (niacine)	80 %
Vitamine B_6 (pyridoxine)	83 %
Vitamine B_9 (acide folique)	75 %
Vitamine E	98 %
Vitamine K	76 %

Adapté de : *Précis de biochimie de Harper* par Daniel W. Martin Jr, Peter A. Mayes et Victor W. Rodwell aux Éditions Eska, 1985.

TRUCS CULINAIRES
POUR PLUS DE GRAINS ENTIERS

Grains entiers	Comment les intégrer
Blé	Faites des salades taboulé à base de boulgour. Remplacez la chapelure par du boulgour cuit dans un pain de viande. Faites une soupe à base de freekeh (blé vert) (voir recette p. 164). Privilégiez les pains avec farine intégrale ou farine de blé entier avec germe. Note : Les farines de blé entier moulues sur meule de pierre sont de grains entiers.
Avoine	Faites-vous de bons gruaux à cuisson lente. Ajoutez des flocons d'avoine dans les recettes de crêpes et de muffins. Faites des pains au saumon avec avoine (voir recette p. 68).
Sarrasin	Ajoutez du gruau de sarrasin dans un pain de lentilles (voir recette p. 198). Faites des crêpes ou des galettes avec de la farine de sarrasin.
Orge	Ajoutez de l'orge dans vos soupes. Faites des salades froides à l'orge. Faites cuire l'orge avec un peu de bouillon et utilisez-la comme accompagnement du poulet ou du poisson. Faites un chili à l'orge (voir recette p. 88). Achetez des céréales muslix à base de flocons d'orge.
Seigle	Ajoutez des flocons de seigle dans vos mélanges de crêpes. Faites du gruau de seigle (voir recette p. 83). Choisissez les craquelins de seigle RYVITA, WASA ou KAVLI. Achetez du pain de seigle entier (*pumpernickel*), vendu dans les magasins de produits de santé naturels.
Riz	Exploitez différentes sortes de riz entier : riz brun, riz rouge, riz sauvage (voir recette p. 18).
Quinoa	Le plus rapide des accompagnements (15 minutes de cuisson). Se marie avec tout.
Épeautre	Achetez des pains d'épeautre au levain, des pâtes d'épeautre, etc.
Millet	Aoutez du millet dans vos soupes ou faites du millet en accompagnement.

Le pain de blé entier est-il un pain de grain entier ?

Malheureusement, au Canada, lorsque le blé est broyé, les constituants du grain sont séparés, puis recombinés par la suite. En vertu du Règlement sur les aliments et drogues, une farine peut être appelée de blé entier sans contenir le germe, car jusqu'à 5 % du grain peut en être extrait. Le germe est souvent enlevé pour prolonger la conservation de la farine, parce qu'il contient des huiles qui peuvent rancir. C'est la raison pour laquelle il se vend à l'épicerie du germe de blé, celui qu'on a retiré des farines.

Si vous voulez un pain avec les trois parties du grain, recherchez les mots suivants dans la liste d'ingrédients :

- « farine de blé entier » suivis de « avec le germe » ;
- « farine de blé entier moulue sur meule de pierre » ;
- « farine de blé entier intégrale » ;
- « farine à grains germés ou farine de germe » ;
- « farine de blé contenant tout son germe ».

Si vous voyez les ingrédients suivants, votre pain n'est pas de grain entier :

- « farine » ;
- « farine blanche » ;
- « farine blanche non blanchie » (farine qui n'a pas été blanchie artificiellement, et qui ne contient aucun additif alimentaire) ;
- « farine de blé » ;
- « farine de blé enrichie » ;
- « farine de blé non blanchie » ;
- « farine de blé non traitée » ;
- « farine de blé tamisée ».

Multigrain ne veut pas dire grain entier

Ces produits peuvent contenir plusieurs grains, mais pas nécessairement entiers. Un pain avec de la farine blanche, de la farine de seigle et de la farine d'avoine est un pain multigrain, mais si on ne voit pas « entier » après le nom des farines, c'est qu'il s'agit de farines raffinées.

Nombre de portions quotidiennes de grains entiers à consommer

Trois portions et plus pour les femmes et quatre portions et plus pour les hommes

Qu'est-ce qu'une portion ?
- 1/2 tasse (125 ml ou 105 g) de riz brun cuit
- 1/2 tasse (125 ml ou 95 g) de boulgour cuit
- 1/2 tasse (125 ml ou 75 g) de quinoa cuit
- 1/2 tasse (125 ml ou 75 g) de freekeh cuit
- 1/2 tasse (125 ml ou 85 g) d'orge cuite
- 1/2 tasse (125 ml ou 90 g) de millet cuit
- 1/2 tasse (125 ml ou 75 g) de pâtes 100 % grains entiers (blé, épeautre, kamut, riz brun, sarrasin, etc.), cuites ou 30 g non cuites
- 1 tranche de pain (30 g) à 100 % de grains entiers
- 1 très petit muffin (50 g) fait de farine 100 % grains entiers
- 1 portion de 30 g de céréales 100 % grains entiers
- 1/2 tasse (125 ml ou 125 g) de céréales chaudes de grains entiers (ex.: flocons d'avoine, de seigle ou de sarrasin)

Vous pouvez aussi calculer dans vos portions de grains entiers les autres produits de boulangerie comme des muffins anglais, des bagels, du pain pita, des pains hamburger ou hot-dog, des paninis, du pain baguette, des craquelins et des biscottes qui sont de blé entier. Même s'ils ne comprennent généralement pas les trois parties du grain (son, endosperme et germe), ils sont tout de même de bons choix, car ils contiennent plus de fibres que la version blanche.

Les légumineuses
Elles comprennent les haricots (rouges, blancs, noirs, dolique à œil noir, soya, pinto, adzuki), les lentilles, les pois (pois chiches, pois jaunes, pois blancs), les flageolets, les gourganes, etc.

Elles sont remplies de composés phytochimiques et de fibres alimentaires, et elles remplacent la viande à merveille. En consommer tous les jours serait l'idéal mais si elles ne font pas partie de votre menu régulier, commencez plus graduellement.

> **Beano à la rescousse !**
> N.B. : Si la consommation de légumineuses vous fait peur à cause des flatulences qu'elle peut provoquer, allez à la pharmacie vous procurer le produit Beano, qui vous aidera à mieux les tolérer.

Il faut développer le réflexe « légumineuses »
Le **« réflexe légumineuses » est l'habitude de penser à en ajouter dans la plupart des recettes.** De la soupe au dessert, on peut en mettre partout, parce que leur goût n'est pas très prononcé.

Légumineuses	Idées	
Haricots rouges	Chili *sin carne* (recette p. 88), soupe minestrone	
Haricots noirs	Brownies intelligents aux haricots noirs (recette p. 175), salade mexicaine (recette p. 146), burritos aux haricots noirs, pizza tomates, épinards, haricots noirs*	
Haricots blancs	Fèves à la mijoteuse	
Haricots de soya	Haricots de soya rôtis en collation Fèves edamames dans les salades	
Lentilles	Sauce à spaghetti aux lentilles (recette p. 53) Soupe aux lentilles Pain aux lentilles (recette p. 198)	Dhal Burger végétarien Muffin aux lentilles (recette p. 196)
Pois chiches	Couscous aux pois chiches Salade de riz brun et pois chiches Houmous	
Gourganes	Soupe aux gourganes	
Pois jaunes	Soupe aux pois	
Pois verts	Soupe de pois verts cassés	

*Broyez les haricots noirs dans la sauce à pizza.

Attention aux céréales ou légumineuses moisies

Quand les aliments sont emmagasinés trop longtemps à des températures élevées, des moisissures peuvent apparaître, produisant des aflatoxines. Les céréales comme le blé, l'orge, le seigle, le maïs et l'avoine sont susceptibles d'être contaminées ainsi que les légumineuses, particulièrement l'arachide.

Les aflatoxines sont une cause du **cancer du foie**. Elles sont produites par *Aspergillus flavus* et *A. parasiticus*. Dans les pays industrialisés, l'usage de fongicides réduit la présence d'aflatoxines, et des inspections permettent d'éliminer les stocks contaminés. Malgré ces précautions, on peut tout de même se retrouver avec des aliments contaminés. Assurez-vous de la fraîcheur des céréales entières et des légumineuses séchées que vous achetez.

Recette
MUFFINS TENDRES POMMES ET LENTILLES

Ingrédients

- 1 tasse (250 ml ou 210 g) de lentilles vertes cuites, rincées et égouttées
- 1 œuf (50 g)
- 1/2 tasse (125 ml) d'huile de canola
- 1 tasse (250 ml ou 258 g) de compote de pomme sans sucre
- 1 tasse (250 ml ou 130 g) de farine de blé entier
- 1/2 tasse (125 ml ou 65 g) de farine de sarrasin
- 1/3 tasse (80 ml ou 75 g) de sucre brun
- 2 c. à thé (10 ml ou 10 g) de poudre à pâte
- 1 c. à thé (5 ml ou 5 g) de soda
- 1 c. à thé (5 ml ou 2 g) de cannelle
- Une touche de noix de muscade

Préparation

Préchauffez le four à 400°F et mettez des moules en papier dans les moules à muffin.

Égouttez les lentilles et réduisez-les en purée au mélangeur électrique.

Battez l'œuf dans un grand récipient.

Ajoutez l'huile, le lait, la purée de lentilles et la compote de pomme.

Combinez farine, sucre, poudre à pâte, soda, cannelle, et muscade dans un bol à part.

Remuez le mélange sec dans la purée jusqu'à ce que la farine soit bien humide.

Avec une cuillère, remplissez vos moules de la préparation de muffin. Faites cuire 15 minutes environ.

Donne 12 muffins.

Soya et cancer du sein

Le soya contient des composés phytochimiques nommés isoflavones. La consommation de soya durant l'enfance et l'adolescence semble protéger du cancer du sein. Par ailleurs, le soya consommé plus tard dans la vie, notamment après la ménopause, ne semble pas avoir d'effet protecteur. Selon notre génétique, nous ne répondons pas tous de la même façon aux bénéfices des isoflavones du soya.

Des hypothèses ont été émises concernant un risque potentiel négatif des isoflavones du soya sur la progression des tumeurs mammaires. La conclusion des recherches actuelles est que le soya consommé en quantité modérée n'est probablement pas dangereux pour les survivantes du cancer du sein ; mais pour celles qui en sont atteintes, il subsiste un doute. Il est donc recommandé aux femmes atteintes – ou survivantes – de ce type de cancer de discuter avec leur équipe soignante de la quantité de soya qu'elles peuvent prendre ou de la nécessité de l'éviter.

Par contre, en prévention, n'hésitez pas à intégrer des produits à base de soya (tofu, miso, haricots de soya rôtis, boissons de soya) dans le cadre d'une alimentation variée.

Devenez végétarien à temps partiel

Pour tenir le cancer éloigné et suivre les consignes ci-dessus mentionnées, il faut peut-être penser devenir végétarien à temps partiel. La diète méditerranéenne est un exemple de végétarisme à temps partiel ou de semi-végétarisme, car elle est associée à moins de risque de cancer.

Qu'est-ce que le végétarisme à temps partiel ?

- C'est une façon de manger qui réduit le nombre de repas de viande par semaine.
- C'est remplir son assiette aux deux tiers de végétaux, en ne conservant que le tiers pour les aliments du règne animal.
- C'est manger chaque jour un repas sans viande, volaille ou poisson, que l'on remplacera par des légumineuses, des noix, des grains entiers ou du tofu.
- C'est se donner une journée par semaine sans manger de viande (ex. : lundi sans viande).
- C'est oser, à l'occasion, choisir des plats végétariens dans les restaurants (hamburgers de légumineuses, de céréales, pizza végétarienne, etc.).
- C'est faire des recettes moitié viande, moitié légumineuses.

Recette
PAIN DE LENTILLES ET SARRASIN

Ingrédients

- 2 boîtes de 540 ml ou 900 g de lentilles cuites, rincées et écrasées grossièrement
- 1 oignon (100 g) haché fin
- 1/2 tasse (60 g) de cheddar fort
- 1/3 tasse (80 ml ou 28 g) de flocons d'avoine (gruau)
- 1/3 tasse (80 ml ou 55 g) de gruau de sarrasin
- 1 œuf (50 g)
- 1 c. à thé (5 ml ou 1,4 g) de basilic séché
- Sauce aux tomates et légumes en pot

Préparation

1. Mettez tous les ingrédients dans un bol et mélangez-les.

2. Étendez la préparation dans un moule à pain enduit d'huile de canola.

3. Faites cuire au four à 350 °F (180 °C) pendant 35 minutes.

Servez avec la sauce aux tomates.

Calcium et cancer

Une diète élevée en calcium protégerait du cancer colorectal, mais pourrait augmenter le risque de cancer de la prostate. En fait, en respectant les apports nutritionnels recommandés en calcium – 1000 à 1200 mg par jour, selon l'âge et le sexe –, on n'élève pas le risque de cancer de la prostate, car il semble que ce risque n'augmente qu'à partir de plus de 1500 mg par jour. En ne dépassant pas trois portions de produits laitiers par jour et en limitant les suppléments, on évite les doses trop élevées de calcium.

Une portion de lait et substituts équivaut à :

- 1 tasse (250 ml) de lait ou de boisson de soya enrichis ;
- 3/4 tasse, 175 ml ou 175 g de yogourt ;
- 50 g de fromage.

Diminuez votre consommation de viandes rouges et limitez les charcuteries au minimum

La consommation de viandes rouges et de viandes traitées est associée à plus de risque de cancer colorectal. Les preuves sont encore plus convaincantes en ce qui concerne les charcuteries.

La Société canadienne du cancer recommande de ne pas dépasser 3 portions de 85 g de viande (avant cuisson) par semaine. D'autres organismes suggèrent de limiter la viande rouge à moins de 500 g par semaine.

La viande rouge comprend le bœuf, l'agneau, la chèvre, le porc, le veau et le cheval, ainsi que la viande de gibier (orignal, chevreuil, lièvre). Les charcuteries incluent la viande fumée, séchée ou salée, ou avec addition d'agents de conservation. Par exemple : le jambon, le bacon, le pastrami, le salami, les saucisses, les lardons, les saucisses sèches, le saucisson ou la viande des Grisons.

Pourquoi la viande rouge et la viande traitée augmentent-elles le risque de cancer ?

Ce n'est pas leur contenu en graisses qui cause problème, mais leur contenu en fer héminique qui semble occasionner des dommages à la muqueuse du côlon.

La viande rouge favorise aussi la formation de composés N-nitrosés potentiellement cancérigènes.

Par ailleurs, les nitrites utilisés comme agents de saumurage, de salaison et de conservation dans les viandes transformées et les charcuteries se modifient dans l'organisme. Ils deviennent des nitrosamines, des composés cancérigènes.

La cuisson à haute température de la viande cause l'apparition de produits toxiques : les hydrocarbures, les benzopyrènes et les amines hétérocycliques.

Les hydrocarbures se retrouvent dans la partie calcinée et croustillante à la surface de la viande. Les benzopyrènes sont formés lorsque le gras de la viande tombe sur la source de chaleur ; la fumée ainsi provoquée s'attaque à la viande et la contamine. Les amines hétérocycliques sont produites au cours du brunissement de la viande.

Précautions à prendre pour la cuisson des viandes au barbecue

- Retirer le plus possible de gras apparent sur les morceaux de viande avant de les faire cuire. Dans le cas de la volaille, retirer la peau.
- Ne pas trop cuire la viande et retirer toutes les parties carbonisées avant de la consommer.
- Ajuster la grille de façon à éviter que les aliments ne prennent feu.
- Certaines viandes peuvent être partiellement cuites au préalable, afin de réduire le temps de cuisson au barbecue. On peut faire bouillir les saucisses quelques minutes, par exemple.
- Envelopper les aliments dans du papier d'aluminium ou disposer une feuille de papier d'aluminium directement sur la grille, afin de limiter le dégoulinement des gras.
- Pour badigeonner les aliments, utiliser de la marinade ou de la sauce, et non du beurre ou de l'huile.
- Le porc, le veau et le lapin profitent d'une cuisson lente, donc à température peu élevée. On peut consommer leur chair rosée.
- Faire mariner la viande dans des ingrédients acides (citron, vinaigre) et sans huile réduit la production de molécules cancérigènes.

Pour diminuer la viande, faites des changements dans vos menus

Remplacer ceci...	Par ceci
Déjeuner œuf, bacon, saucisse	Déjeuner œuf, fromage, fèves au lard (sans lard)
Pizza au pepperoni	Pizza au poulet ou végétarienne
Sandwich ou sous-marin au jambon	Sandwich au jambon végétarien ou sous-marin au thon ou à la poitrine de poulet
8 oz ou 240 g de steak avec pomme de terre et légumes	3 oz ou 90 g de steak avec pomme de terre et plus de légumes
Hamburger à la viande	Hamburger végétarien à la poitrine de poulet, de dinde ou au saumon ou au thon
Hot-dog	Hot-dog avec saucisse végétarienne, au tofu ou avec saucisse mi-viande, mi-tofu

- Choisissez plus souvent le poisson, la volaille, les œufs et les légumineuses comme source de protéines au lieu de la viande.
- Pour réduire vos portions de viande, changez les proportions dans votre assiette.

Faites une transition douce…

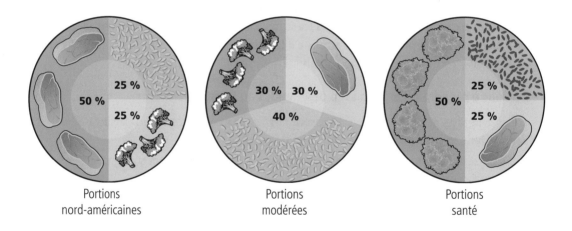

Portions nord-américaines   Portions modérées   Portions santé

Manger moins

Des études sérieuses révèlent que l'**excès de poids** augmente de façon importante le risque des cancers suivants : œsophage, pancréas, reins, endomètre, sein, vésicule biliaire et colorectal.

Une ingestion excessive de nourriture est l'un des principaux facteurs de risque de cancer. Même pour les gens de poids santé, être vigilant sur la quantité de nourriture ingérée est de première importance, car en vieillissant, notre dépense énergétique quotidienne diminue et il suffit de quelques bouchées en trop chaque jour pour engendrer une prise lente et graduelle de poids.

Quel est le lien entre surplus de poids et risque de cancer ?

La graisse en surplus génère de l'inflammation, qui peut engendrer la formation de cellules cancéreuses.

Le surplus de poids peut augmenter le niveau sanguin d'insuline et d'hormones qui favorisent la croissance des cancers.

Comment faire pour manger moins ?

Évidemment, ces recommandations s'adressent aux gens qui observent une augmentation de leur poids depuis quelques années, autant qu'à ceux qui ont définitivement un surplus de poids. Ces recommandations ne visent pas les gens minces au poids très stable.

Réflexes coupe-calories

Sur le plan alimentaire	Sur le plan comportemental
Ayez des crudités, salades ou soupes à consommer à chaque repas (effet de remplissage).	Si vous n'avez plus faim, ne videz pas votre assiette ni celle des autres.
Ajoutez des aliments rassasiants à votre menu : lait, yogourt, noix, légumineuses, grains entiers.	Avant d'accepter de la nourriture lors de sorties sociales, demandez-vous si vous avez vraiment faim.
Abandonnez les boissons sucrées.	Réévaluez la grosseur de vos portions : avez-vous besoin de manger toute cette quantité de nourriture ?
Buvez plus d'eau.	Perdez l'habitude de grignoter le soir si vous n'avez pas faim. Faites autre chose ou limitez-vous à des fruits.
Commencez la journée avec un déjeuner protéiné (œuf, beurre de noix, produits laitiers).	Ne soyez pas victime de la publicité alimentaire.
Recherchez des produits céréaliers riches en fibres (3 g et plus par portion).	Prenez des collations saines pour éviter d'avoir trop faim au repas suivant.
Si vous avez une envie irrésistible de malbouffe, choisissez les petits formats et ajoutez des aliments rassasiants : salade, lait, crudités.	Cessez le tout ou rien, c'est-à-dire je mange à la perfection ou je mange n'importe quoi.
Donnez-vous l'objectif de réduire du quart la grosseur habituelle de votre plus gros repas de la journée, et évaluez si c'est suffisant.	
	Lors de stress, d'inconfort ou d'émotions fortes, exprimez-vous au lieu de manger.

Il faut savoir que c'est par les petits changements qu'on obtient les plus grands résultats à long terme. En effet, les petits changements peuvent se maintenir tout le temps, alors que les grands risquent davantage d'être abandonnés.

Notez par ailleurs qu'il est inutile de s'acharner à atteindre un poids santé si ça ne fonctionne pas. Mieux vaut rester à un poids stable trop élevé que de faire le yo-yo et risquer de peser encore plus après quelques tentatives de perte de poids.

Révisez votre apport en alcool. Trop d'alcool est associé à un risque plus grand de certains cancers.

En quoi l'alcool est-il lié au cancer ?

Les chercheurs ne savent pas exactement comment l'alcool favorise le cancer. Pour le cancer du cerveau, du cou et de l'œsophage, et possiblement celui du foie, l'une des raisons évoquées est que l'éthanol (le principal composant des boissons alcoolisées) et une substance toxique appelée acéthaldéhyde (que le corps produit lorsqu'il dégrade l'alcool) pourraient affecter directement les cellules normales en endommageant leur ADN.

En ce qui concerne le cancer colorectal, l'alcool peut affecter négativement le métabolisme de nutriments (acide folique) qui peuvent jouer un rôle protecteur dans la réduction du risque de ce type de cancer. Quant au cancer du sein, boire de l'alcool pourrait augmenter les œstrogènes et d'autres hormones circulant dans le sang, liées au risque de cancer du sein.

Le lien entre alcool et cancer peut être dû à l'excès de calories provenant de l'alcool, qui engendre une prise de poids. Il faut se le rappeler : l'alcool ne rassasie pas du tout. Au contraire, il ouvre parfois l'appétit.

La quantité d'alcool « sans danger » n'est pas connue à l'heure actuelle. Toutefois, une consommation moyenne à long terme (qui correspond à une ou deux consommations seulement par jour) peut augmenter le risque de développer huit types de cancers (bouche, pharynx, larynx, œsophage, foie, sein, côlon et rectum).

L'American Cancer Society recommande, pour ceux qui boivent de l'alcool, de ne pas dépasser les quantités suivantes :

- Hommes : deux verres et moins par jour
- Femmes : un verre et moins par jour

Qu'est-ce qu'une portion d'alcool ?

- 340 ml (12 oz) de bière
- 140 ml (5 oz) de vin
- 45 ml (1,5 oz) de spiritueux

MYTHE

Le vin est préférable aux autres boissons alcooliques.

Quand il est question de cancer, c'est l'alcool qui est le méchant. Même si le vin rouge contient des composés phytochimiques, il ne semble pas que ce soit suffisant pour protéger des dommages liés à l'excès d'alcool.

Consommer intelligemment la malbouffe

La malbouffe est caractérisée par des aliments riches en sucres et en gras, et pauvres en fibres et en nutriments. On dit de ces aliments qu'ils ont une densité énergétique élevée parce qu'ils contiennent une grande quantité de calories dans un petit volume de nourriture. La malbouffe est associée à plus de risque de cancer, notamment parce qu'elle contribue à la prise de poids. Les archétypes de la malbouffe sont les frites, les poutines, les hamburgers, la pizza garnie, les croustilles, les boissons gazeuses et les pâtisseries.

Voici les étapes qui mènent à la surconsommation de malbouffe :

1. Stimulation excessive des centres du plaisir lorsqu'elle est consommée.

2. Stimulation à manger sans avoir faim.

3. Contourne les signaux de satiété, car occupe un petit volume dans l'estomac.

4. Compense l'anxiété par le plaisir intense qu'elle procure.

5. Crée une dépendance au plaisir qu'elle procure.

Si nous étions dépourvus du sens du goût, nous pourrions manger d'une façon très calculée et parfaitement équilibrée, parce que la nourriture ne serait pas source de plaisir ; elle ne serait que fonctionnelle. Mais puisque nous sommes des êtres qui ressentent le plaisir des saveurs (plaisir hédonique), nous ne pouvons pas éliminer les aliments qui, comme la malbouffe, procurent des sensations fortes.

Il faut donc trouver l'équilibre entre plaisir hédonique et satisfaction physiologique.

Les aliments à densité énergétique élevée peuvent vous entraîner à manger plus que vos besoins corporels, du fait qu'ils provoquent une stimulation excessive des centres du plaisir sans pourtant rassasier. Si vous avez envie de manger de tels aliments, trouvez-leur un acolyte santé et rassasiant. L'ajout d'un tel acolyte permet de réduire la portion de l'aliment à densité énergétique élevée. Par exemple, prenez une petite portion de frites et une salade. Autre exemple : prenez un bol de crudités avec votre bol de croustilles.

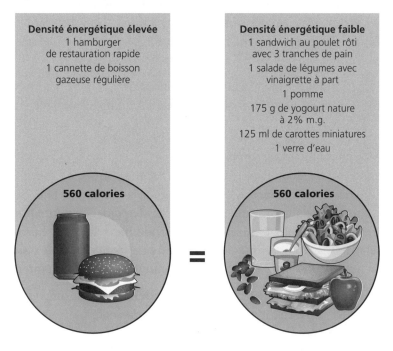

Densité énergétique élevée
1 hamburger de restauration rapide
1 cannette de boisson gazeuse régulière

560 calories

Densité énergétique faible
1 sandwich au poulet rôti avec 3 tranches de pain
1 salade de légumes avec vinaigrette à part
1 pomme
175 g de yogourt nature à 2% m.g.
125 ml de carottes miniatures
1 verre d'eau

560 calories

=

Accompagner ceci…	De ceci
Petite frite	Salade
Petit sac de chips	Crudités avec trempette légère
Petit cornet de crème glacée	Cerises, bleuets, framboises ou autres fruits
Petite poutine	Pomme et quelques noix
Un biscuit	Lait ou yogourt
Quelques morceaux de chocolat	Lait ou yogourt
Demi-dessert	Lait
Petit format de boisson gazeuse	Arachides

Limiter les aliments conservés dans le sel

Les aliments salés sont probablement l'une des causes de cancer de l'estomac. En excès, le sel peut causer des dommages à la muqueuse gastrique et provoquer la transformation de cellules saines en cellules cancéreuses. Les aliments conservés avec du sel ou saumurés (oignons, cornichons, betteraves dans le vinaigre, hareng mariné, saumon fumé, charcuteries, etc.) sont particulièrement dommageables pour la muqueuse de l'estomac et le seraient aussi pour les muqueuses de la gorge et du pharynx.

La grande partie du sodium que nous consommons ne provient pas du sel que l'on ajoute à nos plats et à nos recettes, mais des aliments préemballés et prêts à consommer. Les aliments servis dans les restaurants, les restos-minute surtout, contiennent généralement de grandes quantités de sodium.

Aussi, étant donné que le sel sert d'agent de conservation et rehausse la saveur des aliments, l'industrie alimentaire l'utilise abondamment. Sandwichs, hamburgers, soupes, pizzas, repas congelés et prêts à consommer, fromages, sauces, viandes froides transformées et grignotines (craquelins, nachos, croustilles et bretzels) contiennent de fortes quantités de sodium.

Recherchez des produits qui contiennent moins de 15 % de l'apport nutritionnel recommandé en sodium en lisant le tableau d'information nutritionnelle sur les produits alimentaires.

Faites de l'activité physique une façon de vivre

L'activité physique agit de façon directe et indirecte sur le risque de cancer. D'un côté, elle diminue le risque de certains cancers, et de l'autre, en augmentant la dépense calorique quotidienne, elle contribue à la prévention de la prise de poids. L'activité physique ne doit plus être une habitude qu'on prend et qu'on abandonne selon nos humeurs ou notre horaire de vie ; elle doit faire partie intégrante de notre existence. On doit viser 150 minutes par semaine d'activités d'intensité modérée ou 75 minutes d'activités à intensité élevée.

Si vous n'êtes pas du tout sportif, misez sur les activités domestiques et le déplacement à pied pour accumuler votre 150 minutes d'exercice par semaine.

Remplacer ceci...	Par ceci
Écouter la télé assis	Écouter la télé en faisant du vélo stationnaire, du tapis roulant ou en marchant sur place
Utiliser les ascenseurs	Utiliser les escaliers
Écrire un courriel ou téléphoner à un collègue	Marcher jusqu'au bureau du collègue
Être assis sur une chaise standard au travail	Utiliser un ballon suisse au travail
Faire le ménage	Faire le ménage sur une musique entraînante
Aller travailler en voiture	Aller travailler en vélo ou à pied si possible
Se stationner près de la porte au travail ou à l'épicerie	Se stationner loin de la porte et marcher
Rester assis pendant les annonces publicitaires	Se lever et faire des étirements pendant les publicités
Au travail, rester assis après le dîner	Aller marcher avec des collègues
Planifier des vacances passées sur la route seulement	Planifier des vacances avec activités
Marcher très peu chaque jour	Porter un podomètre et tenter d'augmenter son nombre de pas quotidien
Être seul pour faire une activité physique	Joindre une équipe sportive
Commencer la journée avec un café	Faire quelques exercices d'étirement et une courte promenade à pied le matin, puis se récompenser en prenant son café

Compléments naturels
Contre le cancer

En matière de cancer, la recherche de la solution préventive la plus efficace attire beaucoup l'intérêt des chercheurs. Puisque les fruits et les légumes sont associés à des risques moindres de cancer, on a voulu trouver quels nutriments ou molécules leur conféraient ces effets anticancer. Mais la plupart des études ont révélé que la prise de suppléments de nutriments ou de molécules phytochimiques isolées (vitamine C, bêta-carotène) ne réduit pas le risque de cancer, et peut même l'augmenter dans certains cas.

Il est très difficile de connaître la dose idéale, à qui recommander le supplément et pendant combien de temps pour obtenir des effets. Même si certaines études ont donné des résultats positifs, globalement, les résultats de recherche ne valident pas l'usage de suppléments pour prévenir le cancer, ni surtout pour le traiter.

Conclusion

Une série de petits gestes quotidiens peuvent être posés pour prévenir le cancer. C'est l'ensemble de ces gestes qui créera un environnement défavorable à la naissance ou au développement du cancer. Que ce soit pour le prévenir ou éviter une récidive, il y a de l'espoir en adoptant de saines habitudes de vie.

CHAPITRE 10

Maintenir
vos os solides

De bons aliments pour vos os : lait, yogourt, fromage, bok choy, chou collard, chou frisé, brocoli, graines de sésame brunes, graines de citrouille, saumon en conserve, sardines en conserve, haricots de soya, haricots blancs et noirs, tofu, boissons de soya enrichies et jus d'orange enrichi.

Notre masse osseuse est comme la charpente d'une maison. Elle doit être solide pour soutenir tout le poids du corps et nous permettre de soulever des charges. Elle doit aussi résister aux coups lors de chutes ou de sauts. Bref, tout comme le bois vert est presque incassable, une saine nutrition peut favoriser le maintien d'une masse osseuse dense et non friable.

La masse osseuse se construit durant notre jeune âge ; elle atteint sa pleine maturité à 20 ans chez les hommes et à 16 ans chez les femmes. La croissance est favorisée par les hormones et la présence de nutriments dont le calcium et la vitamine D. Après cet âge, les os cessent de croître, car le pic de masse osseuse est presque atteint.

Après vient l'étape du maintien et du remodelage. Le tissu osseux est un tissu vivant ; il se renouvelle constamment. L'usure quotidienne cause de minuscules failles dans la structure des os, semblables à celles qui endommagent les fondations d'un immeuble. Mais heureusement, l'os est pourvu de deux groupes de cellules : les ostéoclastes, qui s'occupent de retirer les matières d'os effritées ou affaiblies, et les ostéoblastes, qui remplissent les cavités vidées avec du nouveau matériel, qui se calcifie pour former de l'os. Les ostéoclastes et les ostéoblastes sont comme une « équipe d'entretien » spécialisée en remodelage. Chez les jeunes adultes, ce remodelage se fait tous les trois à quatre mois.

Vers 35 ans, l'équipe d'entretien commence à être moins efficace : c'est le début de la perte de masse osseuse. La vitesse à laquelle elle effectue le remodelage est plus lente, et il peut venir à manquer de matériel de base pour cette tâche (dont le calcium), par carence de matériel ou par mauvaise absorption du matériel au niveau de l'intestin. La baisse d'hormones qui survient à la ménopause et à l'andropause est un facteur important dans la dégradation de l'os (entre 2 et 5 % par année).

L'ostéoporose

L'ostéoporose est une maladie des os caractérisée par une faible masse osseuse et une détérioration de l'os. Sa principale conséquence est la prédisposition aux fractures. Elle peut aussi entraîner la perte ou la réduction de la mobilité et de l'autonomie, en plus de diminuer la confiance en soi. Les os de la hanche, des poignets et de la colonne vertébrale sont ceux qui subissent le plus souvent une fracture attribuable à l'ostéoporose.

Bien qu'elle puisse survenir à tout âge, elle affecte majoritairement les adultes de plus de 50 ans, soit 1 femme sur 4 et 1 homme sur 8.

L'ostéoporose est une maladie silencieuse car sans symptômes. Elle est souvent découverte après une chute qui a causé une fracture. Par ailleurs, elle a plusieurs conséquences.

Si on en est atteint, il ne faut pas simplement la traiter, mais surtout prévenir les fractures qui lui sont associées.

Il faut savoir qu'en grande partie, notre capital osseux est déterminé par l'hérédité.

Par ailleurs, une nutrition optimale et l'exercice physique aident à préserver son capital osseux.

Ce qui aide à prévenir l'ostéoporose	Ce qui contribue à l'ostéoporose
• Exercices avec mise en charge musculaire tout au long de sa vie • Un poids suffisant • Apport adéquat en calcium, vitamine D, vitamine K, phosphore, potassium, magnésium	• Apport trop élevé de sodium, de caféine et d'alcool • Cigarette • Manque de protéines • Trop de vitamine A sous forme de rétinol • Possiblement une déficience en vitamine B12

Les Asiatiques souffrent-ils vraiment moins d'ostéoporose ?

Il est vrai que les populations d'Asie ont connu des périodes de faible incidence d'ostéoporose malgré des apports moyens en calcium. La plus faible incidence d'ostéoporose pouvait être associée à un niveau d'activité physique et d'ensoleillement plus important, car une plus forte proportion de gens vivait en zones rurales. Or, selon les données fournies en 2009 par l'International Osteoporosis Foundation, depuis 30 ans les fractures ont plus que doublé dans plusieurs pays d'Asie, en même temps que la modernisation et l'urbanisation. On prédit qu'en 2050, plus de 50 % de toutes les fractures dans le monde surviendront dans ces régions.

Ce que ça signifie, c'est qu'on ne peut espérer avoir de bons os malgré des apports faibles en calcium, en étant assis la majeure partie de la journée ou en étant privé de soleil. Nos conditions de vie ayant changé, il faut ajuster nos apports alimentaires et bouger davantage.

Quoi manger pour avoir des os solides ?

On a longtemps cru que pour avoir des os solides, il fallait s'attarder uniquement à l'apport en calcium et en vitamine D. Or, bien que ces nutriments soient très importants, ce ne sont pas les seuls facteurs nutritionnels de maintien d'une bonne masse osseuse.

Les autres nutriments nécessaires à la santé des os sont la vitamine B12, l'acide folique, la vitamine K, la vitamine C, le potassium, le magnésium, le phosphore et les protéines.

Augmenter l'apport en vitamine K

Des études épidémiologiques ont révélé que les personnes ayant un faible apport en vitamine K avaient également une faible densité osseuse, associée à un plus grand risque de fracture. Par l'intermédiaire d'une protéine, la vitamine K participe à la minéralisation des os.

La vitamine K se retrouve principalement dans les **légumes verts**. Certains d'entre eux, comme le chou cavalier ou frisé, la feuille de bette à carde et l'épinard, peuvent couvrir à eux seuls les besoins quotidiens en vitamine K. Malheureusement, ils sont peu consommés par les Québécois.

Pour l'instant, les données ne sont pas suffisantes pour justifier une supplémentation en vitamine K. On devrait tout de même tenter d'atteindre les apports nutritionnels recommandés, soit 90 µg chez les femmes et 120 µg chez les hommes. Pour les atteindre, il faut consommer de 1 à 3 portions de légumes verts par jour. Les personnes âgées institutionnalisées seraient les plus à risque d'apports insuffisants.

Par ailleurs, l'augmentation des apports en vitamine K doit se faire sous supervision médicale si vous prenez une médication anticoagulante, comme la Warfarine ou le Coumadin.

Rôles spécifiques des nutriments nécessaires à la santé des os

Nutriments	Rôle dans la santé des os	Sources
Calcium	Rôle déterminant dans le développement, le maintien et la solidité des os.	Produits laitiers, légumineuses, boissons végétales enrichies, légumes verts
Vitamine D	Permet l'absorption du phosphore et du calcium dans l'organisme.	Lait, poisson gras, jaune d'œuf, produits enrichis, rayons ultraviolets
Vitamine B12	Peut augmenter l'activité des ostéoblastes. Réduit une concentration élevée d'homocystéine, un acide aminé qui provient du métabolisme des protéines (une concentration élevée peut augmenter le risque de fractures).	Produits d'origine animale (abats, viande, lait, œufs, poisson, fruits de mer)
Acide folique	Prévient une concentration élevée d'homocystéine.	Céréales et grains enrichis, légumes verts feuillus, légumineuses
Vitamine C	Impliquée dans la synthèse du collagène, une protéine de structure fondamentale de plusieurs tissus, dont les os, les tendons et les cartilages.	Agrumes, kiwi, fraises, cantaloup, poivron, pomme de terre, légumes vert foncé (brocoli, choux de Bruxelles)
Vitamine K	Synthèse protéique de l'os. Production de l'ostéocalcine, une protéine qui permet la liaison du calcium à la matrice osseuse.	Légumes verts, fromage (contient la ménaquinone, de la vitamine K2)
Magnésium	Métabolisme du calcium. Minéralisation osseuse.	Légumineuses, noix, grains entiers

Nutriments	Rôle dans la santé des os	Sources
Phosphore	Minéralisation osseuse. Composante de l'hydroxyapatite, un minéral retrouvé dans les os.	Lait, yogourt, fromage, viandes, légumineuses
Potassium	Réduction possible de l'excrétion du calcium.	Légumineuses, pomme de terre, tomate, légumes, poisson, banane, fruits

Nutriments en carence nécessaires à la santé des os chez les plus de 30 ans

Actuellement, plusieurs nutriments nécessaires à la santé des os sont insuffisants dans l'alimentation d'une partie de la population de 30 ans et plus. Le calcium, la vitamine D, le magnésium et le potassium font défaut à une majorité de gens de cette tranche d'âge. L'acide folique est manquante surtout chez les femmes de plus de 50 ans. Quant à la vitamine C, elle manque chez les femmes et les hommes de 70 ans et plus, et chez les hommes de 51 ans et plus.

	31 à 50 ans		51 à 70 ans		Plus de 70 ans	
Nutriments	H	F	H	F	H	F
Calcium	✓	✓	✓	✓	✓	✓
Vitamine D	✓	✓	✓	✓	✓	✓
Vitamine B12						
Acide folique				✓		✓
Vitamine C			✓		✓	✓
Vitamine K						
Magnésium	✓	✓	✓	✓	✓	✓
Phosphore						
Potassium	✓	✓	✓	✓	✓	✓

✓ Nutriments manquants pour ce groupe d'âge et sexe.

Cinq catégories d'aliments doivent faire partie du menu pour une bonne santé osseuse, car ils sont d'excellentes ou de bonnes sources de plusieurs nutriments bénéfiques à l'os :

1. Produits laitiers : calcium, vitamine D (lait et yogourt enrichis), phosphore, vitamine B12

2. Haricots (soya, blancs, noirs, pinto) : calcium, magnésium, potassium, acide folique

3. Légumes verts : vitamine K, acide folique, vitamine C

4. Poissons gras : vitamine D, calcium (poisson en conserve avec arêtes), B12, phosphore

5. Noix et graines : calcium, magnésium

Une alimentation qui inclut des produits laitiers, davantage de légumes de la famille du chou et de légumes verts feuillus, de légumineuses, de graines et de poisson permet de mieux combler les besoins en nutriments manquants. Certains aliments plus que d'autres comprennent plus d'un nutriment bénéfique à la santé osseuse ; ils devraient faire souvent partie de notre menu.

Quelques aliments bénéfiques à la santé osseuse et les nutriments qu'ils contiennent

Aliments	Calcium	Vitamine D	Magné-sium	Vitamine K	Potas-sium	Vitamine C	B$_9$	B$_{12}$	Phos-phore
Produits laitiers/substituts									
Lait	✓	✓	✓		✓			✓	✓
Yogourt	✓	✓ si enrichi	✓		✓			✓	✓
Fromage	✓			✓				✓	✓
Boisson de soya enrichie	✓	✓			✓			✓	✓
Légumes									
Chou, chou cavalier	✓			✓			✓		
Chou de Bruxelles	✓			✓		✓	✓		
Chou frisé	✓			✓	✓	✓			
Épinards	✓		✓	✓	✓		✓		
Brocoli	✓		✓	✓		✓	✓		
Pomme de terre			✓		✓	✓			
Feuille de betterave	✓		✓	✓	✓				
Poissons et fruits de mer									
Thon		✓	✓					✓	✓
Saumon en conserve	✓	✓			✓			✓	✓
Sardines en conserve	✓	✓						✓	✓
Flétan de l'Atlantique		✓	✓		✓			✓	✓
Palourdes					✓			✓	✓
Légumineuses/noix/graines									
Haricots blancs, noirs	✓		✓		✓		✓		
Pinto			✓		✓		✓		
Haricots de soya, tofu	✓		✓		✓		✓		✓
Graines de citrouille			✓		✓				✓
Amandes	✓		✓						
Graines de sésame	✓		✓						
Autres									
Jus d'orange enrichi de calcium	✓					✓	✓		

Recette

SALADE DE PÂTES FETA ET CHOU FRISÉ

Ingrédients

- 3 tasses (750 ml ou 445 g) de pâtes fusilli de blé entier, cuites
- 2 tasses (500 ml ou 140 g) de chou frisé (kale) émincé, sans la tige du milieu
- 1/4 tasse (60 ml) d'huile d'olive
- 1/4 tasse (60 ml) de vinaigre balsamique
- 4 tomates (490 g) coupées en dés
- 30 ml (2 c. à table ou 5 g) de basilic frais haché
- Jus d'un citron
- 1 tasse (250 ml ou 160 g) de fromage feta coupé en dés

Préparation

1. Faites cuire les pâtes et mettez-les dans un saladier.

2. Versez 15 ml (1 c. à table) d'huile d'olive dans une poêle et faites cuire le chou frisé jusqu'à tendreté.

3. Déglacez de 1 à 2 minutes avec le vinaigre balsamique. Laissez tiédir.

4. Ajoutez le chou, les tomates et le basilic aux pâtes.

5. Ajoutez le jus de citron, le reste de l'huile d'olive et les cubes de feta. Remuez et servez.

Analyse nutritionnelle pour 1 portion

Calories	422
Calcium (mg)	281
Vitamine K (mcg)	311
Acide folique (mcg)	50
Vitamine B12 (mcg)	0,7
Potassium (mg)	287
Magnésium	70 mg
Fibres (g)	5,5

Précisions sur le calcium et la vitamine D

Le calcium

Il faut savoir que 99 % du calcium est concentré dans les os et les dents. Il joue un rôle déterminant dans le développement, le maintien et la solidité des os.

Il joue aussi un rôle important dans la coagulation du sang, le maintien de la pression sanguine et la contraction des muscles, dont le cœur. Quand l'apport en calcium n'est pas suffisant, du calcium est prélevé à partir du squelette pour maintenir adéquats les niveaux sanguins de calcium. Il est donc très important de fournir quotidiennement à son corps la dose adéquate de calcium.

L'apport moyen des adultes de plus de 50 ans est d'environ 600 à 700 mg par jour. Les recommandations en calcium des divers pays varient beaucoup. L'importance de l'apport optimal en calcium pour compenser les pertes de masse osseuse et prévenir l'ostéoporose ainsi que le risque de fractures a été longtemps débattu parmi les chercheurs de ce domaine, et les conclusions demeurent incertaines.

Recommandations en calcium pour les 50-70 ans de différents pays:

- Angleterre: 700 mg hommes, 700 mg femmes
- Scandinavie: 800 mg hommes, 800 mg femmes
- Canada: 1000 mg hommes, 1200 mg femmes
- États-Unis: 1000 mg hommes, 1200 mg femmes
- France: 900 mg hommes, 1200 mg femmes
- Australie: 900 mg hommes, 1200 mg femmes
- Nouvelle-Zélande: 1300 mg

Ce qui est certain, c'est qu'à moins de 700 mg par jour, on observe une augmentation du risque de fracture et d'ostéoporose. Par ailleurs, des apports compris entre 700 et 1300 mg par jour ne sont pas nécessairement associés à moins de fractures et d'ostéoporose.

Il n'est pas recommandé d'excéder la quantité de 1200 mg par jour, car cela pourrait augmenter le risque de pierres aux reins, de maladies cardiovasculaires et d'accidents vasculaires cérébraux. Certaines études ont rapporté une plus grande incidence de fractures avec des apports trop élevés, mais ces résultats doivent être interprétés avec prudence. La littérature scientifique est très controversée concernant des doses de calcium plus élevées que 1200 mg par jour. Il faut donc retenir que ce n'est pas parce que le calcium est bon pour les os que l'on peut en consommer à volonté.

Les personnes à risque d'ostéoporose sont donc celles qui ne consomment pas le minimum de 700 mg par jour de calcium, qui ont des carences en protéines ou en vitamine B12 ou qui ont des apports trop élevés en sel, en caféine et en alcool, ce qui contribue à la perte de calcium.

Cela dit, dans l'ensemble, la plupart des institutions s'entendent pour dire que c'est par les aliments qu'il faut tenter d'obtenir ses apports en calcium, car la plupart comprennent plus d'un nutriment bénéfique à la santé osseuse, contrairement aux suppléments, qui ne contiennent que des nutriments isolés.

Bien qu'en Angleterre et en Scandinavie on recommande des apports quotidiens de 700 et 800 mg respectivement, la majorité des pays recommandent 1000 mg avant 50 ans et 1200 à 1300 mg après 50 ans. Voici les apports nutritionnels de référence de Santé Canada chez l'adulte:

	Calcium
Hommes 19-50 ans	1000 mg
Femmes 19-50 ans	1000 mg
Hommes 50 ans et +	1000 mg
Femmes 50 ans et +	1200 mg
Hommes 71 ans et +	1200 mg
Femmes enceintes	1000 mg
Femmes qui allaitent	1000 mg

Comment obtenir de 1000 à 1200 mg par jour de calcium?

Pour mettre la barre moins haute, disons tout de suite que dans une alimentation variée, on retrouve généralement 200 à 250 mg de calcium de sources autres que les produits laitiers, car on retrouve un peu de calcium ici et là dans plusieurs aliments (voir ci-après le tableau des sources non laitières). Ce qui veut dire qu'il reste de 800 à 1000 mg à aller chercher dans des sources plus concentrées, comme les produits laitiers.

La façon la plus simple de combler ses besoins en calcium est de consommer deux ou trois portions de lait et substituts par jour, car ils contiennent environ 300 mg par portion. Par ailleurs, il peut être plus avantageux d'obtenir du calcium de sources variées, afin d'obtenir par le fait même d'autres nutriments protecteurs tels que mentionnés plus haut.

Plusieurs personnes décident pour différentes raisons d'éviter les produits laitiers. C'est votre cas? Assurez-vous de combler vos besoins au moyen des sources non laitières énumérées dans le tableau suivant. Au besoin, complétez avec un supplément de calcium et de vitamine D.

Sources non laitières de calcium (Ca)

200 mg et +	50 à 100 mg	0 à 50 mg
100 g de tofu régulier préparé avec sulfate de calcium (231 mg Ca)	1/2 tasse (95 g) de haricots blancs cuits (85 mg Ca)	1/4 tasse (29 g) de fèves de soya rôties (40 mg Ca)
100 g de tofu régulier préparé avec chlorure de magnésium ou nigari (81 mg Ca)	1/4 tasse (37 g) d'amandes brunes (75 mg Ca)	1/4 tasse (62 g) d'houmous maison (31 mg Ca)
1 tasse (250 ml) de boisson de soya enrichie (325 mg Ca)	30 ml (32 g) de beurre d'amande (88 mg Ca)	125 ml (87 g) de pois chiches (42 mg Ca)
1 tasse (250 ml) de boisson de riz enrichie (320 mg Ca)	*1 tasse (140 g) de chou vert frisé cru (96 mg Ca)*	1/2 tasse (66 g) de haricots jaunes ou verts (29 mg Ca)
1 tasse (250 ml) de jus d'orange enrichi (310 mg Ca)	1/2 tasse (76 g) de feuilles de betterave cuites (87 mg Ca)	1/2 tasse (90 g) de rutabaga cuit (43 mg Ca)
100 g de saumon rouge (sockeye) en conserve avec arêtes (239 mg Ca)	*1 tasse (140 g) de bok choy cru (78 mg Ca)*	*1/2 tasse (97 g) de brocoli cuit (50 mg Ca)*

200 mg et +	50 à 100 mg	0 à 50 mg
100 g de saumon rose en conserve avec arêtes (277 mg Ca)	1/2 tasse (85 g) d'okra cuit (65 mg Ca)	1/2 tasse (127 g) de tomates en conserve (39 mg Ca)
100 g de sardines en conserve avec arêtes (382 mg Ca)	*1/2 tasse (56 g) de feuilles de pissenlit cuites (78 mg Ca)*	1/2 tasse (82 g) de panais cuit (30 mg Ca)

150 à 200 mg

	50 à 100 mg	0 à 50 mg
	1/2 tasse (74 g) de feuilles de moutarde cuites (55 mg Ca)	60 ml (30 g) de noisettes (45 mg Ca)
30 ml (20 g) de graines de sésame entières (188 mg Ca)	1/4 tasse (36 g) de noix du Brésil (57 mg Ca)	1/2 tasse (90 g) de haricots pinto cuits (42 mg Ca)
15 ml (21 g) de mélasse noire (179 mg Ca)	1 orange (150 g) de la Floride (65 mg Ca)	3 figues (26 g) séchées (40 mg Ca)
	1/2 tasse (140 g) d'amarante cuite (61 mg Ca)	15 ml (21 g) de mélasse ordinaire (44 mg Ca)

100 à 150 mg

2 c. à table (30 g) de beurre de sésame (tahini) (130 mg Ca)		
1/2 tasse (76 g) de feuilles de navet cuites (104 mg Ca)		
Tofu dessert (150 g) (100 mg Ca)		

En italique : sources de calcium très bien absorbé.

Qu'est-ce qu'une portion de produits laitiers ?

- 1 tasse (250 ml) de lait de vache, de lait de chèvre ou de babeurre
- 3/4 tasse (175 ml) de yogourt ou de kéfir
- 50 g de fromage à pâte ferme
- 1 tasse (250 ml) de fromage, cottage ou quark
- 200 ml de yogourt à boire

Teneur en calcium des produits laitiers

Produits laitiers	Teneur en calcium
1 tasse (250 ml) de lait de vache	291-322 mg
3/4 tasse (175 ml) de yogourt nature	253-320 mg
1 1/2 oz (50 g) de fromage emmental, brick, cheddar, gouda, provolone, roquefort, suisse	331-396 mg
1/2 tasse (125 ml) de fromage ricotta partiellement écrémé	356 mg
1 1/2 oz (50 g) de fromage camembert, bleu, feta, mozzarella	194-288 mg

Produits laitiers	Teneur en calcium
25 g de fromage romano, gruyère, parmesan	246-253 mg
175 g de yogourt avec fruits au fond	221-291 mg
1/2 tasse (125 ml) de fromage cottage (2 % m.g.)	109 mg

Exemple de stratégie pour atteindre la cible de 1200 mg de calcium recommandée par Santé Canada pour les femmes de 50 ans et plus, sans produits laitiers, et avec produits laitiers et sources végétales.

Sans produits laitiers	Avec produits laitiers et sources végétales
Yogourt de soya (175 g) ou tofu dessert (150 g) : 100-130 mg Haricots blancs (1 tasse, cuits) : 170 mg Boisson de soya enrichie (1 tasse) : 320 mg Boisson d'amandes enrichie (1 tasse) : 330 mg Chou frisé (kale) (1 tasse, cru) : 95 mg Feuilles de navet (1 tasse, crues) : 110 mg Orange (1 moyenne) : 65 mg **Total : 1220 mg**	Yogourt nature 2 % m.g. (100 g) : 160 mg Lait partiellement écrémé (1 tasse) : 320 mg Boisson de soya enrichie (1 tasse) : 320 mg Saumon (3 1/2 oz en conserve avec arêtes) : 250 mg Chou frisé (kale) (1 tasse, cru) : 95 mg Orange (1 moyenne) : 65 mg **Total : 1210 mg**

Biodisponibilité du calcium

La quantité de calcium dans un aliment est importante, mais sa biodisponibilité l'est tout autant.

L'absorption du calcium des produits laitiers est d'environ 32 %. Le calcium de certains légumes verts comme le chou frisé, le brocoli et le chou chinois (bok choy) est absorbé respectivement à 49 %, 61 % et 54 %, ce qui en fait des choix intéressants même si, à la base, ils ne contiennent pas tant de calcium. Par ailleurs, le calcium d'autres légumes verts comme les épinards et la rhubarbe est peu absorbé (5,1 % et 8,5 % respectivement) à cause de leur teneur en acide oxalique, qui empêche l'absorption ; ce ne sont donc pas des sources intéressantes. Par ailleurs, les oxalates de ces aliments n'interfèrent pas avec l'absorption du calcium d'autres sources. Par exemple, le calcium du lait dans un potage aux épinards sera quand même bien absorbé malgré la présence d'épinards.

Aliments	Taux d'absorption du calcium
Lait ou yogourt, entier, 2 %, 1 %, écrémé, fromage	32,1 %
Chou chinois (bok choy), chou frisé, brocoli, fanes de navet, feuilles de moutarde, choux de Bruxelles, chou-fleur, navet	52-64 %
Épinards, rhubarbe	5-8,5 %
Amandes, graines de sésame, haricots blancs, rouges, pinto	21-27 %
Jus d'orange enrichi avec citrate malate de calcium	36,3 %

Aliments	Taux d'absorption du calcium
Tofu préparé avec du calcium	31,0 %
Boisson de soya (enrichie avec du phosphate tricalcique)	24,0 %
Boisson de soya (enrichie avec du carbonate de calcium)	21,1 %

Adapté de : Weaver, CM et Plawecki, K.L. « Dietary Calcium : Adequacy of A Vegetarian Diet ». Am. J. Clin. Nutr.,1994 ; 59 (suppl) : 1238S-41S.

Recette
SALADE DE FEUILLES DE MOUTARDE ET MESCLUN

Vinaigrette miel et citron

- 3 c. à table (45 ml) d'huile d'olive extra vierge
- 1,5 c. à table (22 ml) de jus de citron (fraîchement pressé)
- 1 c. à thé (5 ml) de miel
- 1 c. à thé (5 ml) de moutarde au miel
- Sel, poivre au goût
- 3 tasses (200 g) de salade mesclun et de feuilles de moutarde* déchiquetées (environ 1,5 tasse de chaque)

Émulsionnez tous les ingrédients de la vinaigrette et mélangez-la à la salade mesclun et aux feuilles de moutarde.

*Les feuilles de moutarde sont rares dans les épiceries occidentales, mais on en trouve dans la plupart des épiceries orientales.

Vous ne consommez pas beaucoup de produits laitiers ou vous ne les aimez pas ?
Sachez que vous pouvez obtenir autant de calcium que dans un verre de lait avec 1 1/3 tasse de bok choy cuit et 1,5 tasse (375 ml) de boisson de soya.

1 tasse (250 ml) de lait =

1 1/3 tasse de bok choy cuit =

1,5 tasse (375 ml) de boisson de soya avec carbonate de calcium

Dépôts de calcium et boisson de soya

Le calcium ajouté dans les boissons de soya peut se déposer au fond du carton et réduire dans une grande proportion la quantité de calcium dans votre verre. Agitez vigoureusement votre carton de boisson de soya avant de vous en verser un verre!

TRUCS À L'ÉPICERIE

Pour augmenter vos apports en calcium

Remplacer ceci...	Par ceci
Beurre d'arachide	Beurre d'amande ou beurre de sésame
Jus d'orange ordinaire	Jus d'orange enrichi de calcium
Raisins secs	Figues
Pois chiches	Haricots blancs, noirs ou pinto
Boissons gazeuses	Lait au chocolat
Fromage cottage	Yogourt ou fromage ricotta léger
Cassonade	Mélasse
Chou vert	Chou frisé (kale), chou collard ou bok choy

La vitamine D

La vitamine D fait couler beaucoup d'encre depuis quelques années. Non seulement pour ses effets bénéfiques sur la santé des os, mais aussi pour son rôle possible dans la prévention de certains cancers et de maladies auto-immunes (maladie de Crohn et autres) et son rôle favorable dans l'immunité.

La vitamine D est presque aussi essentielle que le calcium sur le plan de la santé des os. Elle permet entre autres l'absorption du phosphore et du calcium dans l'organisme. Elle aurait aussi la capacité d'améliorer la fonction neuromusculaire et l'équilibre.

Elle est produite par l'interaction entre les rayons ultraviolets du soleil et la peau. On peut aussi l'obtenir par les aliments comme le lait, les poissons gras et les œufs.

Les écrans solaires, fortement recommandés pour prévenir le cancer de la peau, bloquent en grande partie la production de vitamine D.

Selon Santé Canada, 32 % des Canadiens ont des niveaux sanguins de vitamine D insuffisants, soit inférieurs à 50 nmol/L, le niveau considéré comme suffisant pour le maintien de la santé des os pour la plupart des gens. Par ailleurs, des experts recommandent plutôt de viser un seuil de 70 à 80 nmol/L de vitamine D pour une bonne santé osseuse. Dans différentes études sur les taux sanguins de vitamine D, on relate que de 60 % jusqu'à 100 % des individus auraient des taux sanguins de vitamine D inférieurs à 80 nmol/L.

Lors de votre prochain bilan sanguin, il est important de faire vérifier votre niveau sanguin de vitamine D, afin d'ajuster votre alimentation et éventuellement de prendre des suppléments en conséquence.

Quelle quantité de vitamine D ?

Les apports nutritionnels recommandés en vitamine D jusqu'à 70 ans au Canada sont de 600 UI par jour et de 800 UI après 70 ans. Les recommandations antérieures en vitamine D pour les moins de 50 ans étaient de 200 UI par jour. Avec deux verres de lait par jour, on atteignait ces quantités. Mais depuis 2010, les apports nutritionnels recommandés en vitamine D ont augmenté. Il devient presque impossible d'obtenir la quantité recommandée grâce aux aliments.

Soleil et vitamine D

Les chercheurs estiment qu'une exposition de 15 à 20 minutes par jour du visage et des avant-bras, entre 10 h et 15 h, permettrait de produire une quantité suffisante de vitamine D sans utilisation de crème solaire.

Réaliste, cette recommandation ? Non.

- ✓ Ce n'est pas l'été tous les jours.
- ✓ Plusieurs personnes travaillent durant les heures propices à la production de vitamine D.
- ✓ Plusieurs personnes, notamment les personnes âgées, ne sortent tout simplement pas beaucoup à l'extérieur.
- ✓ Mesure non applicable dans les pays nordiques lors des mois froids (de novembre à avril). L'inclinaison de la Terre par rapport au Soleil ne nous permet pas, durant les mois d'hiver, d'obtenir grâce aux rayons UV une dose adéquate de vitamine D.
- ✓ La production de vitamine D grâce au soleil diminue avec l'âge. Par exemple, une personne de 70 ans produit en moyenne 25 % de la quantité de vitamine D qu'une personne de 20 ans produit lorsqu'elle est exposée à la même quantité de lumière solaire.
- ✓ Mesure qui comporte des risques, puisque pour certaines personnes, dépasser 15 minutes sans crème solaire peut générer des coups de soleil, ce qui augmente le risque de cancer de la peau.

Sources alimentaires de vitamine D

Les sources de vitamine D sont le poisson, le lait et les boissons végétales enrichies.

Sources de vitamine D

Aliments	Portions	Quantité de vitamine D (UI)
Espadon grillé*	100 g (3 1/2 oz)	1000 UI
Anguille grillée	100 g (3 1/2 oz)	920 UI
Saumon grillé ou poché*	100 g (3 1/2 oz)	600 à 920 UI
Saumon en conserve*	100 g (3 1/2 oz)	320 à 760 UI

Aliments	Portions	Quantité de vitamine D (UI)
Saumon fumé*	100 g (3 1/2 oz)	440 UI
Thon rouge grillé*	100 g (3 1/2 oz)	280 UI
Hareng de l'Atlantique, mariné	100 g (3 1/2 oz)	280 UI
Truite grillée	100 g (3 1/2 oz)	200 à 280 UI
Doré grillé	100 g (3 1/2 oz)	200 UI
Flétan de l'Atlantique ou du Pacifique, grillé*	100 g (3 1/2 oz)	200 UI
Hareng de l'Atlantique, grillé	100 g (3 1/2 oz)	200 UI
Brochet grillé	100 g (3 1/2 oz)	120 UI
Lait de vache, 0 % à 3,25 % m.g.	250 ml (1 tasse)	120 UI
Boisson de soya enrichie	250 ml (1 tasse)	80 UI
Boisson de riz enrichie	250 ml (1 tasse)	80 UI
Sardine de l'Atlantique en conserve	100 g (3 1/2 oz)	80 UI
Thon en conserve*	100 g (3 1/2 oz)	40 à 80 UI
Plie ou sole grillée	100 g (3 1/2 oz)	60 UI
Œufs de poule, jaunes seulement, crus	2 jaunes (25 g)	40 UI
Foie de bœuf, braisé ou sauté	100 g (3 1/2 oz)	40 UI
Champignons shiitake	1/2 tasse, cuits	21 UI

Tableau adapté de : *Meilleures sources de vitamine D*. www.passeportsante.net (Consulté le 2 août 2013).
*Espèces sur la liste rouge de Greenpeace.

Faut-il se tourner vers les suppléments pour combler son apport en vitamine D ?

Encore ici, il existe une controverse ; les recommandations diffèrent selon les organismes.

✓ Santé Canada recommande une supplémentation de 400 UI par jour après 50 ans, mais ne fait pas de recommandations avant 50 ans.

✓ Ostéoporose Canada recommande de prendre un supplément de 400 à 1000 UI par jour avant 50 ans, et de 800 à 2000 UI par jour après 50 ans.

✓ Le National Osteoporosis Foundation recommande aussi une supplémentation de 800 à 1000 UI par jour de vitamine D après 50 ans.

✓ Le U.S. Preventive Services Task Force (organisme américain responsable de l'élaboration de lignes directrices sur les sujets de prévention) a conclu dans un rapport de 2013 qu'il n'existe pas de preuves suffisantes dans la littérature pour encourager la prescription de suppléments en vitamine D pour prévenir les fractures ostéoporotiques (avec ou sans calcium) chez les hommes non institutionalisés de plus de 50 ans, ainsi que chez les femmes non ménopausées. Les auteurs arrivent à la même conclusion pour les femmes ménopausées en santé qui ne souffrent pas d'ostéoporose.

Puisqu'il existe des doutes quant à la nécessité de prendre ou non des suppléments de vitamine D, le mieux est d'en discuter avec son médecin, qui pourra tenir compte de plusieurs facteurs comme l'âge, la densité osseuse, le taux sanguin de vitamine D, etc.

Néanmoins, il faut garder à l'esprit que la vitamine D n'agit pas seulement au niveau des os, et qu'une supplémentation peut être pertinente pour la prévention d'autres problèmes de santé.

N.B. : La période la plus importante pour prendre de la vitamine D (en suppléments) est d'octobre à avril pour les 50 ans et moins (période où l'ensoleillement est faible) et à longueur d'année pour les 50 ans et plus.

Lire les étiquettes pour connaître la teneur en calcium et en vitamine D

Pour le calcium, le pourcentage de la valeur quotidienne correspond à un apport de 1000 mg. Pour la vitamine D, c'est pour un apport quotidien de 200 UI (apport recommandé avant 2010).

Dans l'exemple ci-dessous, une tasse (250 ml) procure 30 % des besoins en calcium, ce qui représente environ 333 mg. Pour la vitamine D, 45 % correspond à un peu moins de 100 UI de vitamine D.

Valeur nutritive par portion de 250 ml	
Teneur	**% valeur quotidiennne**
Calories 110	
Lipides 2,5 g	4 %
saturés 1,5 g + trans 0,0 g	8 %
Cholestérol 10 mg	
Sodium 120 mg	5 %
Glucides 12 g	4 %
Fibres 0 g	0 %
Sucres 12 g	
Protéines 9 g	
Vitamine A	10 %
Vitamine C	0 %
Calcium	30 %
Fer	0 %
Vitamine D	45 %

Alcool

La consommation modérée d'alcool n'est pas néfaste à la santé des os ; elle serait même associée à une petite augmentation de la densité osseuse. Par contre, trois ou quatre consommations par jour deviennent néfastes pour la masse osseuse.

Qu'est-ce qu'une consommation modérée ?

Femmes : ne pas boire plus de 2 verres standards par jour et limiter sa consommation à 10 verres standards par semaine. Hommes : ne pas boire plus de 3 verres standards par jour et limiter sa consommation à 15 verres standards par semaine. Pour les deux sexes : ne pas boire tous les jours.

Les protéines et l'acidité

D'entrée de jeu, il est important de savoir que les protéines forment environ 50 % du volume des os et 1/3 de leur masse ; elles forment la structure de base des os. Puisque ceux-ci sont un tissu vivant, ils sont continuellement soumis à un processus de remodelage et ont besoin d'un approvisionnement quotidien en protéines par l'alimentation.

On a longtemps cru que les protéines provenant notamment de la viande pouvaient nuire à la santé osseuse en augmentant l'élimination de calcium dans les urines et en augmentant la production de composés acides dans l'organisme. Cet impact serait mineur et facilement contrebalancé par des apports adéquats en calcium et en fruits et légumes dont le métabolisme se sert pour générer du bicarbonate de potassium (anti-acide). Dans l'ensemble, un apport adéquat en protéines est associé au maintien de la santé osseuse et musculaire. Selon des études récentes, un apport en protéines un peu plus élevé que les recommandations de base pourrait même être bénéfique, surtout chez les gens âgés.

Pour de bons os, la consommation régulière de haricots (blancs, rouges, pinto, soya, etc.) est très favorable, car ils contiennent du calcium, du magnésium, du potassium et des protéines, tous des nutriments importants pour la masse osseuse. Assurez-vous de consommer à chaque repas des sources de protéines végétales et animales variées (volaille, tofu, poisson, œufs, légumineuses, noix et graines), des fruits, des légumes et des produits laitiers.

Trop de sel nuit-il à la masse osseuse ?

Une consommation trop élevée de **sodium** est nuisible aux os, car celui-ci provoque la perte de calcium. Une grande partie du sodium que l'on ingère vient des aliments transformés commerciaux : pain, craquelins, soupes, jus de légumes, vinaigrette, repas congelés, croustilles, fromage, charcuterie, tomates en conserve, repas au restaurant, etc.

Cuisiner maison peut réduire notre apport en sodium d'une manière importante.

Recherchez des produits alimentaires dont le pourcentage d'apport quotidien en sodium est de moins de 15 % (vous retrouvez ce pourcentage dans le tableau d'information nutritionnelle, sur l'étiquette des produits).

Modérez aussi l'usage de la salière à table et lors de la préparation des repas.

Par ailleurs, l'acolyte du sodium, le potassium, fait défaut dans notre alimentation. Il joue pourtant un rôle important dans la santé de la masse osseuse. Les légumineuses, le poisson, la pomme de terre, les légumes et les fruits comme la banane sont des sources de potassium.

Éviter les diètes radicales

Plusieurs études démontrent que la perte de poids rapide provoquée par une diète draconienne et improvisée peut causer des dommages à la masse osseuse. Avant d'entreprendre un programme d'amaigrissement, on doit s'assurer que ses besoins en calcium et en protéines seront bien comblés par le régime. Il est toujours préférable de consulter un ou une nutritionniste pour obtenir un programme équilibré et personnalisé. Aussi, être trop maigre est un facteur de risque d'ostéoporose. Les gens un peu plus corpulents souffrent généralement moins d'ostéoporose.

Caféine et risque de fracture

Une récente méta-analyse conclut que la caféine semble nuire à la masse osseuse, surtout chez les femmes. La caféine augmenterait l'excrétion de calcium par les urines et les selles et diminuerait l'absorption de calcium par l'intestin. Par ailleurs, il semble que des apports adéquats en calcium limitent l'impact de la caféine sur la masse osseuse et qu'il n'y aurait pas lieu de l'éviter complètement ; il suffit de la consommer avec modération (max. 400 mg par jour). Bref, si le café et le thé prennent la place du lait, de la boisson de soya ou du yogourt à boire, ils risquent de causer du tort à la masse osseuse. Si vous êtes un buveur ou une buveuse de café, réduisez votre consommation à un maximum de deux ou trois tasses par jour, et remplacez un café ordinaire par un café au lait !

Boissons	Portions		Quantité de caféine (mg)
Café	oz	ml	
Expresso (simple)	1	30	56-75
Expresso (double)	2	60	150
Cappuccino	8	237 (1 tasse)	150
Infusé	8	237	135
Torréfié et moulu, percolateur	8	237	118
Torréfié et moulu, filtre	8	237	179
Torréfié et moulu, décaféiné	8	237	3
Instantané	8	237	76-106
Instantané et décaféiné	8	237	5
Thé	oz	ml	
Mélange régulier	8	237	43
Vert	8	237	30
Instantané	8	237	15
En feuilles ou en sachets	8	237	50
Décaféiné	8	237	0

Boissons	Portions		Quantité de caféine (mg)
Boissons de type cola	oz	ml	
Cola régulier	12	355 (1 cannette)	36-46
Cola diète	12	355	39-50
Boissons énergisantes (ex.: Red Bull)	8	250	80

Adapté de : *Cafeine and Food*. Health Canada. www.hc-sc.gc.ca (Consulté le 25 juillet 2013).

Attention aux excès de vitamine A sous forme de rétinol

Trop de vitamine A pourrait augmenter les risques d'ostéoporose. Les excès peuvent provenir de suppléments qui en contiennent, comme les suppléments d'huile de foie de morue. Faites attention à la prise de plusieurs suppléments concomitants, qui pourraient contenir au total trop de vitamine A.

Faire vérifier son taux de vitamine B12

On a constaté que les personnes souffrant d'une carence en cette vitamine ont souvent une faible densité minérale osseuse. Les personnes les plus à risque de carence en vitamine B12 sont les personnes âgées et les végétaliens (qui suivent un régime alimentaire ne comportant que des aliments provenant du règne végétal).

Exercice

L'activité physique occupe un rôle important dans la réduction de risque et dans le traitement de l'ostéoporose. Elle aide à former les os et à les maintenir en santé, tout en améliorant la force musculaire, la posture, l'équilibre et la coordination. Elle réduit l'incidence de chutes et de fractures (surtout de la hanche), procure une sensation de bien-être et améliore la qualité de vie en général.

Activités physiques influençant la masse osseuse

Exercices avec mise en charge	Exercices contre résistance	Exercices pour l'équilibre et la coordination	Exercices pour la posture
Monter les escaliers Marche Jogging Danse Badminton Quilles Tennis Patin Aérobie sur marche (step) Soccer Basketball Volleyball	Poids et haltères Bandes élastiques Appareils de musculation	Taï-chi Yoga Pilates Bosu Les exercices qui sollicitent des étirements dorsaux et ceux qui aident au maintien de la tête. Les exercices pour les abdominaux, les bras, les épaules ainsi que les exercices qui stimulent les muscles du tronc aident tous à maintenir une bonne posture.	Renforcement du tronc Taï-chi Pilates

*Adapté de : *Quel est le meilleur type d'activité physique ?* www.osteoporosecanada.ca (Consulté le 22 juillet 2013).

Si vous souffrez d'ostéoporose, la meilleure personne pour vous recommander le traitement approprié est votre médecin. Même la supplémentation ne devrait pas s'improviser.

Calcium

L'efficacité de la supplémentation calcique n'est pas clairement démontrée. On recommande de plus en plus d'atteindre ses besoins en calcium par l'alimentation et de ne pas dépasser 1200 mg de calcium par jour (aliments et suppléments ensemble).

Si vous souffrez d'ostéoporose, il est important de consulter votre médecin pour discuter des doses à prendre en suppléments, si nécessaire.

L'efficacité des suppléments se manifesterait surtout chez les patients dont les apports alimentaires en calcium sont insuffisants (moins de 700 mg par jour) et associés à une supplémentation en vitamine D. Ainsi, si vous prenez déjà trois portions de produits laitiers par jour, les suppléments de calcium ne sont pas nécessaires.

Certaines données suggèrent que la supplémentation en calcium, quand les apports alimentaires sont déjà élevés, pourrait augmenter le risque d'événements cardiovasculaires; ce n'est cependant pas confirmé par toutes les études. Les suppléments de calcium ne devraient pas être pris sans vitamine D.

Il est toujours préférable, pour une meilleure absorption, de prendre les suppléments de calcium en deux ou trois fois dans la journée, plutôt qu'en une seule fois.

Les suppléments sous forme de citrate de calcium peuvent être pris avant les repas, et ceux de carbonate de calcium doivent être pris au moment des repas pour une meilleure absorption.

La plupart des suppléments de carbonate de calcium contiennent 500 mg de calcium par comprimé. Si vous avez besoin de moins de 500 mg, tournez-vous vers les suppléments de citrate de calcium qui comprennent moins de 350 mg par comprimé.

Les suppléments de calcium sont contre-indiqués lors de calculs rénaux de calcium, à moins d'indication contraire.

Vitamine D

En gouttes ou en comprimés, il semble que l'absorption soit la même. Il existe deux formes de vitamines D : la vitamine D3 (cholécalciférol) est un dérivé naturel d'origine animale qui se forme sous l'action de l'exposition au soleil. Quant à la vitamine D2 (ergocalciférol), elle est un dérivé synthétique végétal. Il existe une controverse quant à l'efficacité de la vitamine D2 par rapport à la vitamine D3 pour augmenter les taux sanguins de vitamine D. Le mieux est d'en discuter avec son médecin.

La dose maximale quotidienne est fixée à 4000 UI.

Conclusion

Prendre soin de sa santé osseuse doit se faire dans une approche nutritionnelle globale qui comprend l'exercice et une alimentation variée, et non par le seul recours aux suppléments et aux aliments riches en calcium.

CHAPITRE 11

Les secrets
de la longévité en bonne santé

*De bons aliments pour la longévité :
tous les fruits et les légumes, dont le raisin et
les légumes verts, les noix, les graines de citrouille,
les noix du Brésil, les légumineuses (dont le soya).*

À un certain moment dans la vie, la notion de longévité en bonne santé nous préoccupe car nous nous sentons vieillir. Et si vivre vieux est une chose, vivre vieux en santé en est une autre…

Le processus de vieillissement ne commence pas à 65 ans ; nous vieillissons un peu chaque jour de notre vie. Il ne faut donc pas attendre de se sentir vieux pour passer à l'action. Plus tôt nous adoptons des habitudes de vie saines, plus notre espérance de vie en bonne santé augmente. De façon générale, avant 40 ans, peu importe notre style de vie, l'état de santé des gens d'un même milieu socioéconomique est assez comparable. Les différences commencent à se faire sentir dans la quarantaine en fonction de nos habitudes de vie. Plus ils avancent en âge, plus les individus voient des écarts se creuser entre eux quant à leur état de santé.

L'espérance de vie dans le monde augmente d'année en année. Ce sont les Japonais qui affichent la meilleure espérance de vie (83 ans). Alors qu'une grande partie de la population mondiale peut espérer vivre jusqu'aux alentours de 80 ans, à l'opposé, plusieurs pays affichent encore une espérance de vie très faible, soit au-dessous de 50 ans. Ainsi, un homme né au Canada peut espérer vivre jusqu'à 80 ans, alors qu'un homme né et habitant au Congo n'a une espérance de vie que de 48 ans.

On vit donc vieux dans plusieurs pays. Cependant, à quoi bon vivre longtemps si l'on est malade et faible ? Il existe des données sur l'espérance de vie en bonne santé qui correspondent au nombre moyen d'années qu'un individu devrait vivre en bonne santé, c'est-à-dire sans incapacité. En langage médical, on appelle cela «réduction de la morbidité». Or, actuellement, en moyenne, les personnes âgées sont malades pendant les huit dernières années de leur vie, et même davantage dans les pays en voie de développement.

Ainsi donc, les statistiques concernant l'espérance de vie ne sont pas très reluisantes, à moins que l'on mette tout en œuvre pour élever le nombre d'années vécues en bonne santé.

Espérance de vie et espérance de vie en bonne santé dans différents pays

Pays	Espérance de vie		Espérance de vie en bonne santé	
	Homme	Femme	Homme	Femme
Japon	79	86	73	78
Canada	80	84	71	75
États-Unis	76	81	68	72
France	78	85	71	76
Australie	80	84	72	74
Espagne	79	85	71	76
Égypte	71	75	59	62
Honduras	72	76	61	64
Liban	72	76	63	66
Nicaragua	70	76	63	66
Éthiopie	59	62	n.d.	51
Afghanistan	59	61	n.d.	n.d.
Bolivie	65	69	57	59
Cambodge	64	66	51	55
Namibie	64	66	50	50
Pakistan	66	68	56	55
Rwanda	58	61	n.d.	n.d.
Mali	50	53	n.d.	n.d.
Niger	55	57	n.d.	n.d.
Somalie	48	52	n.d.	n.d.
Congo	48	51	n.d.	n.d.
Sierra Leone	46	47	n.d.	n.d.

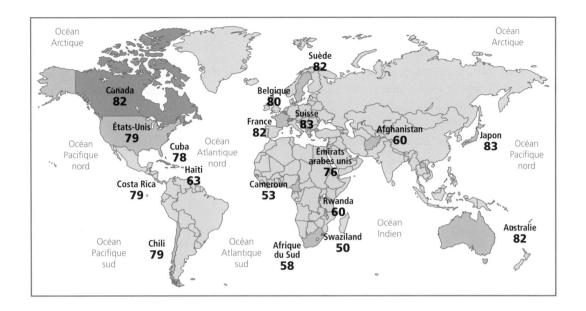

Qu'est-ce que le vieillissement ?

C'est une détérioration progressive des cellules, des tissus et des organes qui entraîne un affaiblissement des fonctions sensorielles, locomotrices, hormonales, cognitives, cardiovasculaires, etc.

Les causes du vieillissement

On ne les connaît pas toutes avec précision. Il existe plusieurs hypothèses ; en voici quelques-unes.

1. Le dommage oxydatif. Il est causé par les radicaux libres, des substances très réactives créées par les processus naturels du corps et par des facteurs extérieurs comme la fumée de cigarette, l'exposition au soleil, la consommation de viandes trop grillées, etc. Une partie des radicaux libres peut être neutralisée par des antioxydants ou des composés phytochimiques présents dans les aliments du règne végétal. S'ils ne sont pas neutralisés, ces radicaux libres peuvent causer des dommages au niveau des membranes cellulaires et de l'ADN situé dans le noyau des cellules.

2. L'essoufflement des mitochondries, qui sont le moteur des cellules. La production de l'énergie se fait dans les mitochondries, un des compartiments cellulaires. Toutes les fonctions du corps nécessitent de l'énergie ; en vieillissant, on observe une baisse de production d'énergie à cause d'une fatigue des mitochondries.

3. Nombre limité de divisions cellulaires. À chaque division cellulaire, les télomères situés à l'extrémité des chromosomes raccourcissent jusqu'à ce que les divisions cellulaires ne soient plus possibles. Nos cellules peuvent donc se diviser un certain nombre de fois, et elles mourraient par la suite.

4. La génétique. Elle compterait pour environ 25 % du processus de vieillissement.

Comment augmenter le nombre de ses années en bonne santé ?

Adopter de saines habitudes de vie

Selon une étude norvégienne, le tabagisme, l'inactivité physique, l'abus d'alcool et une carence en fruits et en légumes sont 4 mauvaises habitudes qui, ensemble, feraient reculer de 12 ans l'espérance de vie.

Les 10 principaux facteurs de risque de mortalité dans les pays développés

Facteurs de risque	% de décès reliés au facteur de risque
Tabac	17,9 %
Hypertension*	16,8 %
Embonpoint et obésité*	8,6 %
Inactivité physique	7,8 %
Taux de sucre élevé*	7,0 %
Taux de cholestérol élevé*	5,8 %
Faible apport en fruits et en légumes*	2,5 %
Pollution de l'air	2,5 %
Excès d'alcool*	1,6 %
Risque professionnel (lié au travail)	1,1 %

*Ces facteurs de risque peuvent être diminués par de meilleures habitudes alimentaires.

Les bonnes habitudes pour la longévité

Dans une synthèse impressionnante d'études sur les habitudes de vie et le risque de mortalité toutes causes confondues (15 études analysées), les chercheurs sont arrivés à la conclusion que l'adoption d'une combinaison d'au moins 4 facteurs de saines habitudes de vie était associée à une réduction du risque de mortalité, toutes causes confondues, de 66 %.

Selon cette étude, les facteurs de saines habitudes de vie étaient les suivants :

- ✓ Être non-fumeur
- ✓ Avoir un indice de masse corporelle (IMC) entre 18,5 et 24,9
- ✓ Être physiquement actif : 3,5 heures par semaine
- ✓ Score élevé d'alimentation saine, incluant la consommation de fruits et de légumes
- ✓ Consommation modérée d'alcool

Dans une autre étude parue en 2013, l'adoption de 6 habitudes santé – comparée avec l'adoption d'aucune ou d'une seule habitude santé – était associée à une réduction du risque de mortalité, toutes causes confondues, de 80 %, soit l'équivalent de l'état de santé d'une personne 14 ans plus jeune.

Selon cette étude, les facteurs de santé en question étaient les suivants :

✓ Être non-fumeur
✓ Être modérément ou très actif
✓ Avoir une alimentation saine
✓ Dormir de 7 à 8 heures par jour
✓ Être assis moins de 8 heures par jour
✓ Voir des amis chaque jour

Selon une autre étude, l'adoption des 6 habitudes de vie suivantes permettrait d'augmenter, à 40 ans, l'espérance de vie des femmes de 10,3 ans et celle des hommes de 8,3 ans. À 60 ans, grâce à ces bonnes habitudes, elle augmenterait de 9,6 ans chez les femmes et de 8,2 ans chez les hommes. Même à 60 ans, il n'est pas trop tard pour agir sur sa longévité !

Les six habitudes en question :

✓ Être non-fumeur
✓ Avoir un indice de masse corporelle (IMC) entre 18,5 et 24,9, c'est-à-dire un poids santé
✓ Avoir une consommation d'alcool modérée
✓ Dormir entre 6,5 et 7,4 heures par nuit
✓ Consommer quotidiennement des légumes verts feuillus
✓ Être actif

Une autre étude intéressante publiée dans le *Journal de l'Association médicale canadienne* a démontré que quatre saines habitudes de vie toutes simples pouvaient améliorer grandement les chances de vieillir en santé. Le vieillissement en santé a été défini dans cette étude comme la conservation des habilités pour bien fonctionner : bonne mobilité, habilités cognitives, fonctions respiratoires, bonne santé mentale et absence de maladies chroniques comme le diabète, les maladies cardiovasculaires, le cancer ou l'invalidité à 60 ans et plus.

Les auteurs ont suivi 5100 hommes et femmes en santé (sans cancer ou pathologie cardiovasculaire) âgés de 42 à 63 ans. Durant le suivi d'une durée de 16,3 ans (en moyenne), les chercheurs ont évalué l'impact de 4 habitudes de vie reconnues pour leur effet positif sur la santé :

✓ Être non-fumeur
✓ Avoir une consommation modérée d'alcool
✓ Faire régulièrement de l'activité physique (2,5 heures d'activité modérée ou 1 heure d'activité intense par semaine)
✓ Consommer quotidiennement des fruits et des légumes

À la fin des 16 années, 549 participants étaient décédés et 953 étaient encore considérés comme en santé (aucune invalidité, aucune maladie ni déclin cognitif).

Les gens qui avaient quatre saines habitudes de vie comparativement à ceux qui n'en avaient aucune avaient 3,3 fois plus de chances de vieillir en santé.

Voici, selon cette étude, l'impact de saines habitudes de vie sur l'amélioration des chances de vieillir en santé et des chances de survie 16 ans plus tard :

Saines habitudes	Pourcentage (%) de chances supplémentaires de vieillir en santé	Pourcentage de chances supplémentaires de survie 16 ans plus tard
Ne pas fumer	29	53
Alcool avec modération	31	40
Activité physique régulière	45	32
Consommation quotidienne de fruits et de légumes*	35	33

*La consommation quotidienne de fruits et de légumes est souvent un indicateur de la qualité globale de l'alimentation.

LE SAVIEZ-VOUS ?

Télévision et espérance de vie

Après l'âge de 25 ans, chaque heure passée à regarder la télé réduirait l'espérance de vie de 20 minutes.

Ainsi, les adultes qui regardent la télé six heures par jour en moyenne voient leur longévité réduite de cinq ans, comparativement à ceux qui ne la regardent pas.

Quelles habitudes changer en premier pour vieillir en santé ?

Alors que l'habitude de fumer malgré l'adoption d'autres bonnes habitudes de vie n'améliore pas l'espérance de vie, avoir un surplus de poids ou même être obèse n'empêche pas l'augmentation de l'espérance de vie si on adopte les autres bonnes habitudes. Cela signifie que la première habitude à changer est celle de fumer, bien avant de chercher à perdre du poids.

 ARRÊTER DE FUMER

Tâche la plus difficile, mais la plus payante.

 AMÉLIORER GLOBALEMENT SES HABITUDES ALIMENTAIRES, DONT L'AUGMENTATION DE LA CONSOMMATION DE FRUITS ET DE LÉGUMES

L'amélioration des habitudes alimentaires permet de réduire plusieurs facteurs de risque de mortalité. La première habitude à améliorer est souvent celle d'augmenter sa consommation de fruits et de légumes. Il faut donc commencer par porter sa consommation de fruits et de légumes à au moins cinq portions par jour.

Une portion de fruits et légumes, c'est quoi ?

- 125 ml (1/2 tasse) ou environ 60 g de légumes ou de fruits frais, congelés, en conserve ou sous forme de jus 100 % purs
- 250 ml (1 tasse) ou 30 g de légumes-feuilles ou de salade
- 1 fruit

Dans la plupart des études, l'habitude alimentaire bénéfique quant à l'espérance de vie qui a été retenue est la consommation quotidienne de fruits et de légumes. Imaginez à quel point vous pourriez améliorer encore davantage votre espérance de vie en bonne santé si, en plus de manger cinq portions de fruits et de légumes, vous consommiez des grains entiers, des légumineuses, des noix, des graines, du poisson gras et peu de sel…

---

3 ATTEINDRE UN NIVEAU D'ACTIVITÉ PHYSIQUE DE 2 H 30 (ACTIVITÉ MODÉRÉE) OU DE 1 H 15 (ACTIVITÉ INTENSE)

Marcher est une activité physique si elle est pratiquée de façon régulière ; nous marchons tous déjà un peu chaque jour pour nos activités quotidiennes. Grâce à seulement 20 minutes de marche par jour, vous augmentez votre espérance de vie en bonne santé. Si vous aimez les activités plus intenses comme la natation, la course à pied ou le ski de fond, 1 h 15 par semaine suffit. Si vous travaillez assis, allez marcher sur l'heure du dîner et limitez les heures devant la télé en soirée.

---

4 MODÉRER SA CONSOMMATION D'ALCOOL

Si une consommation modérée semble améliorer l'espérance de vie en bonne santé, l'alcool en excès la diminue. Un verre de plus pour profiter de la vie ? Réfléchissez bien avant de prendre une autre gorgée. Un ou deux verres supplémentaires pourraient vous apporter plus d'inconvénients que d'avantages.

---

5 VISER UN POIDS SANTÉ OU UNE STABILISATION DU POIDS SI LES EFFORTS POUR EN PERDRE NE FONCTIONNENT PAS

Le chapitre 5 est consacré à la gestion de poids, si vous désirez plus de détails. Mais il y a fort à parier qu'en augmentant l'activité physique, en mangeant plus de fruits et de légumes et en buvant moins d'alcool, votre poids diminuera ou se stabilisera de lui-même.

Y a-t-il d'autres bonnes habitudes nutritionnelles pour augmenter l'espérance de vie en bonne santé ?

La restriction calorique

Chez l'animal, la restriction calorique serait le seul moyen d'allonger l'espérance de vie, d'améliorer la santé à tout âge et de ralentir le processus de vieillissement ; mais cela n'a pas été validé chez l'humain.

Qu'est-ce que la restriction calorique ?

La restriction calorique se définit comme une diminution de 10 à 30 % des besoins énergétiques de base, non dans le but de perdre du poids, mais pour retarder le vieillissement. Cela est différent d'une restriction calorique pour perdre du poids, car les individus qui la pratiquent n'ont pas nécessairement de poids à perdre.

Depuis 70 ans, les preuves s'accumulent concernant les effets de la restriction calorique sur la longévité des rongeurs et sur celle d'autres espèces (poissons, mouches, vers et levures) ayant une courte espérance de vie (moins de 2 ans). Chez les rongeurs, par exemple, la restriction calorique pourrait augmenter l'espérance de vie de 50 %. Des travaux effectués chez des primates (dont la génétique est très proche de la nôtre) montrent aussi des effets impressionnants sur la santé et la longévité.

Même si la restriction calorique n'a pas été validée chez l'humain, il existe une communauté de gens qui la pratiquent, leur but étant de consommer moins de calories tout en obtenant suffisamment de protéines, de bons gras, de vitamines et de minéraux. Une démarche de restriction calorique ne s'improvise pas, parce que les carences nutritionnelles pourraient annuler ses effets bénéfiques.

La pratique de la restriction calorique est très controversée chez l'humain, car elle comporte des effets secondaires et des risques non négligeables, et aussi parce qu'elle n'a pas fait l'objet d'études en ce qui concerne l'homme.

Effets secondaires de la restriction calorique

✓ Faim perpétuelle
✓ Diminution de la température corporelle (froid)
✓ Diminution de la libido

Lors de restriction calorique, le plaisir de manger est occulté, car tout est compté et on ne mange jamais à sa faim. Tout ça pour vivre plus vieux ?

Mais encore plus préoccupant est le risque de camoufler des troubles alimentaires. En effet, certaines personnes ayant un problème d'image corporelle pourraient adopter la restriction calorique sous prétexte d'améliorer leur longévité, alors qu'elles souffrent de troubles obsessifs comme l'anorexie ou l'orthorexie.

Au risque de ne pas devenir centenaire, la pratique de la restriction calorique volontaire ne devrait pas être une option, puisque d'autres stratégies beaucoup plus sensées existent pour augmenter son espérance de vie.

Actuellement, étant donné que la restriction calorique est difficilement applicable chez l'humain, des efforts considérables sont faits pour trouver des médicaments qui mimeraient ses effets.

À l'heure actuelle, le resvératrol, une molécule naturelle provenant de la peau et des pépins de raisin – et que l'on retrouve dans le vin –, semble être prometteur, ainsi que d'autres médicaments comme la rapamycine, pour induire des effets similaires à ceux de la restriction calorique. Par ailleurs, nous sommes loin d'avoir des preuves suffisantes pour en faire la promotion. La recherche est à suivre dans ce domaine.

Les télomères et la longévité

Les télomères, qui représentent la partie coiffant l'extrémité du double brin d'ADN de nos chromosomes, raccourcissent à chaque division cellulaire. La longueur des télomères et le taux de télomères raccourcis dans nos globules blancs sont des marqueurs du vieillissement. Des études ont démontré que manger selon les principes de la diète méditerranéenne était associé à des télomères plus longs et à l'activité plus élevée d'une enzyme qui synthétise les télomères, la télomérase.

Les fibres alimentaires, la vitamine D, les oméga-3, le magnésium et le resvératrol contribueraient à la préservation des télomères. Tous ces nutriments et composés phytochimiques sont présents en bonne quantité dans la diète méditerranéenne.

À l'opposé, la consommation de viandes froides et de charcuteries serait associée à des télomères plus courts.

Magnésium et vieillissement

Le manque de magnésium pourrait contribuer au vieillissement prématuré. Une telle carence accélère la sénescence des cellules. Un grand nombre de Nord-Américains consomment trop peu de magnésium. Près du tiers des adultes québécois ont des apports insuffisants en magnésium, et cette tendance s'accentue avec l'âge.

Le taux sanguin en magnésium peut être adéquat malgré des réserves déficientes, ce qui rend difficile la détection des gens qui sont carencés.

Le manque de magnésium dans l'alimentation de plusieurs personnes n'est pas étonnant, car l'alimentation moderne contient peu d'aliments qui en sont riches.

Quelles sont les sources de magnésium?

Les légumes verts comme les épinards sont une bonne source de magnésium. En effet, le centre de la molécule de chlorophylle qui leur donne leur couleur verte caractéristique contient du magnésium. Les autres bonnes sources sont les légumineuses, les noix, les graines et les grains entiers. Les grains raffinés sont généralement faibles en magnésium. Par exemple, quand la farine de blé est raffinée, le germe et le son, riches en magnésium, sont retirés.

Les meilleures sources de magnésium

Aliments	Portions	Quantité de magnésium
Haricots de soya rôtis à sec	125 ml (1/2 tasse)	136 mg
Graines de citrouille et de courge	60 ml (1/4 tasse)	103-228 mg
Noix du Brésil déshydratées	60 ml (1/4 tasse)	207 mg
Haricots noirs ou blancs, haricots de Lima, cuits	250 ml (1 tasse)	102-127 mg
Amandes rôties à sec	60 ml (1/4 tasse)	97-107 mg
Flétan de l'Atlantique cuit au four	100 g (3 1/2 oz)	107 mg
Haricots pinto cuits	250 ml (1 tasse)	90 mg
Noix de cajou rôties à sec	60 ml (1/4 tasse)	89-90 mg
Noix de pin (pignons) déshydratées	60 ml (1/4 tasse)	86 mg
Noix mélangées, incluant les arachides, rôties	60 ml (1/4 tasse)	85 mg
Épinards bouillis	125 ml (1/2 tasse)	83 mg
Lentilles et pois cassés, cuits	250 ml (1 tasse)	75 mg
Thon (rouge ou à nageoires jaunes) cuit au four	100 g (3 1/2 oz)	64 mg

Les besoins quotidiens en magnésium

Chez les 31 ans et plus, ils sont de :

- Hommes : 420 mg
- Femmes : 320 mg

Les centenaires ont-ils une recette de longévité ?

Il existe dans le monde des endroits qui comptent une proportion élevée de centenaires (100 ans et plus) et de supercentenaires (110 ans et plus). Auparavant, il était estimé qu'on ne pouvait dépasser 120 ans de vie. La présence aujourd'hui de ces supercentenaires (le plus vieux aurait 128 ans) ne permet plus de prédire la limite actuelle de la vie humaine.

Où habitent les centenaires ?

Un peu partout dans le monde ; mais à certains endroits du globe, ils sont plus concentrés. Par exemple, on retrouve au Japon 2 fois plus de centenaires par 100 000 habitants qu'au Canada.

Recette
SALADE D'ÉPINARDS ET DE FRAISES

Ingrédients

- 1 paquet (200 g) d'épinards (bébés ou autre)
- 1 casseau (500 g) de fraises
- 1/4 tasse (60 ml ou 30 g) d'amandes effilées
- 2 c. à table (30 ml ou 16 g) de graines de sésame brunes

Vinaigrette

- 1/2 tasse (125 ml) d'huile de canola
- 1/4 tasse (60 ml) de vinaigre de cidre ou de vin
- 2 c. à table (30 ml) de sirop d'érable ou de miel
- 1 c. à table (15 ml ou 9 g) de graines de pavot
- 1/4 c. à thé (1 ml) de sauce Worcestershire
- 1/4 c. à thé (1 ml ou 0,5 g) de paprika

Saupoudrer légèrement de cayenne.

Préparation

1. Tranchez les fraises « en cœur » (sens de la hauteur).
2. Faites griller légèrement les graines de sésame et les amandes.
3. Préparez la vinaigrette et imbibez-en les fraises (sans tout mettre).
4. Préparez les épinards en enlevant les queues et en les déchiquetant (gardez les feuilles entières si bébés épinards). Ajoutez les feuilles d'épinards et les amandes à la dernière minute.
5. Saupoudrez de graines de sésame.
6. Remuez. Ajoutez de la vinaigrette au besoin.

Source : Ma belle-sœur Lucie

Nombre de centenaires par 100 000 habitants en 2011

Pays	Nombre de centenaires par 100 000 habitants	Pays	Nombre de centenaires par 100 000 habitants
Japon	36,8	Canada	17,4
Italie	26,6	États-Unis	17,3
France	25,8	Allemagne	15,1
Royaume-Uni	20,3	Russie	3,8

Endroits dans le monde avec le plus de centenaires

Pays	Lieu spécifique
Japon	Île d'Okinawa
Italie	Sardaigne (région de Nuoro)
Grèce	Île de Symi
Pakistan	Hunza
Costa Rica	Nicoya
Chine	Bama
États-Unis	Loma Linda, Californie (adventistes du septième jour)

Les centenaires ont-ils des habitudes alimentaires similaires ?

Un examen attentif de la littérature à ce sujet n'a pas permis de dégager de mode alimentaire spécifique chez toutes les populations de centenaires. Rien d'étonnant, dans la mesure où il existe une grande variabilité dans les habitudes alimentaires des différentes nations du globe. Par exemple, les Japonais d'Okinawa ont une diète très riche en glucides et faible en gras, alors que les Italiens de la Sardaigne consomment beaucoup de gras provenant de l'huile d'olive. Le seul facteur commun lié en partie à l'alimentation semble être le poids des centenaires, qui est en général relativement peu élevé (à l'intérieur des marges santé).

Toutefois, on peut relever certains principes généraux, communs à quatre communautés de centenaires (Japonais de l'île d'Okinawa, Italiens de la Sardaigne, Californiens membres de l'Église des adventistes, Costaricains de Nicoya) :

- ✓ Physiquement actifs
- ✓ Non obèses
- ✓ Petite stature
- ✓ Diète élevée en végétaux
- ✓ Peu de viande

Les principes entourant l'acte de manger et la préparation des repas des habitants de l'archipel d'Okinawa, au Japon, sont un exemple qui pourrait nous inciter à réfléchir à nos comportements alimentaires. En effet, c'est l'endroit dans le monde où l'on retrouve la plus longue espérance de vie (83 ans) ainsi que le plus grand nombre de centenaires à l'échelle de la planète. Okinawa compte plus de 400 centenaires pour une population de 1,4 million d'habitants. La vie de 97 % de ces centenaires se déroule sans problème grave de santé.

Le régime des habitants d'Okinawa respecte les principes suivants :

- Le *Hara Hachi Bu*, qui consiste à arrêter de manger avant d'être complètement rassasié.
- Le *kuten gwa*, qui encourage à ne manger que de petites portions.
- Le *nuchi gusui*, qui consiste à manger en pensant que les aliments ont des «pouvoirs de guérison».
- Favoriser une grande variété d'aliments.
- Privilégier les couleurs dans l'assiette.
- Manger des aliments frais.
- Cuire peu les aliments et à feu doux.
- Cuire et consommer les aliments séparément.
- Associer des aliments crus et cuits.
- Éviter les modes de cuisson modernes (barbecue).

Guide visuel du régime Okinawa adapté pour l'Occident

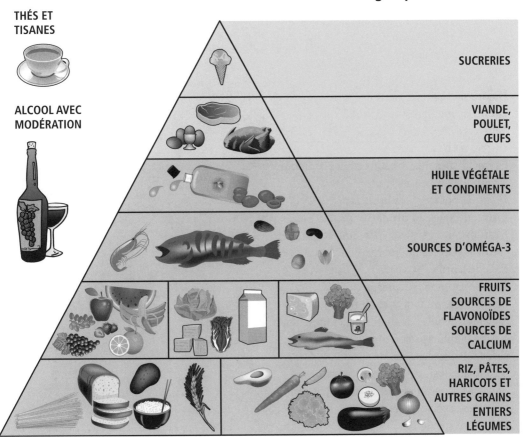

Les différents groupes alimentaires

Non, la fontaine de Jouvence n'a pas été découverte! Prendre des suppléments de molécules aux propriétés antioxydantes dans le but d'améliorer l'espérance de vie peut être une arme à deux tranchants, notamment dans les cas de cancers où les cellules cancéreuses pourraient profiter de ces suppléments d'antioxydants concentrés pour croître. Préférez toujours les aliments entiers à des composés alimentaires isolés et concentrés.

Conclusion

Pour retirer le meilleur de la vie et en profiter longtemps, il faut miser sur l'accumulation de petites choses, tous les jours, un pas après l'autre et sans viser la perfection. Ce ne sont pas le végétalien, l'athlète ou l'ascète qui vivent le plus longtemps, mais celui qui ne fait pas d'excès en rien, qui mange de façon équilibrée et qui reste actif.

Index des recettes

Références

Chapitre 1

CHAPLIN K., SMITH A.P. «Breakfast and Snacks: Associations with Cognitive Failures, Minor Injuries, Accidents and Stress», *Nutrients*, 2011, 3 (5), p. 515-528.

DAMMANN K.W., BELL M., KANTER M., BERGER A. «Effects of Consumption of Sucromalt, a Slowly Digestible Carbohydrate, on Mental and Physical Energy Questionnaire Responses», *Nutr Neurosci*, 2013, 16 (2), p. 83-95.

«La consommation alimentaire et les apports nutritionnels des adultes québécois», Institut national de santé publique du Québec. Gouvernement du Québec, 2009. Page consultée en ligne : [http://www.inspq.qc.ca/pdf/publications/931_RapportNutritionAdultes.pdf]

NILSSON A., RADEBORG K., BJÖRCK I. «Effects on Cognitive Performance of Modulating the Postprandial Blood Glucose Profile at Breakfast», *EJCN*, 2012, 66 (9), p. 1039-1043.

PAPANIKOLAOU Y., PALMER H., BINNS M.A., JENKINS D.J., GREENWOOD C.E. «Better Cognitive Performance Following a Low-Glycaemic-Index Compared with a High-Glycaemic-Index Carbohydrate Meal in Adults with Type 2 Diabetes», *Diabetologia*, 2006, 49 (5), p. 855-862.

SMITH A., BAZZONI C., BEALE J. et al. «High Fibre Breakfast Cereals Reduce Fatigue», *Appetite,* 2001, 37 (3), p. 249-250.

SMITH A.P. «The Concept of Well-Being: Relevance to Nutrition Research», *BJN*, 2005, 93 Suppl. 1, S1-S5.

Chapitre 2

AUBERTIN-LEHEUDRE M., ADLERCREUTZ H. «Relationship Between Animal Protein Intake and Muscle Mass Index in Healthy Women.», *BJN*, 2009, 102 (12), p. 1803-1810.

BERKWITS M. et al. *The Merck Manual of Geriatrics*, Whitehouse Station, Nj : Merck Research Laboratories, 2009-2010, section 3, chapter 31; section 7, chapter 48; section 8, chapter 66. Page consultée en ligne : [www.merck.com/mkgr/mmg/contents.jsp].

Corpus de gériatrie, chapitre 5. «Nutrition du sujet âgé», janvier 2000. Page consultée en ligne : [http://www.chups.jussieu.fr/polys/geriatrie/tome1/05_nutrition.pdf]

DAWSON-HUGHES B., CASTANEDA-SCEPPA C., HARRIS S.S. et al. «Impact of Supplementation with Bicarbonate on Lower-Extremity Muscle Performance in Older Men and Women», *Osteoporos Int.*, 2010, 21 (7), p. 1171-1179.

DAWSON-HUGHES B., HARRIS S.S., CEGLIA L. «Alkaline Diets Favor Lean Tissue Mass in Older Adults», *AJCN*, 2008, 87 (3), p. 662-665.

DILLON E.L. «Nutritionally Essential Amino Acids and Metabolic Signaling in Aging», *Amino Acids*, 2013, 45 (3), p. 431-441.

GAFFNEY-STOMBERG E, INSOGNA K.L., RODRIGUEZ N.R. et al. «Increasing Dietary Protein Requirements in Elderly People for Optimal Muscle and Bone Health», *JAGS*, 2009, 57 (6), p. 1073-1079.

KOOPMAN R., VERDIJK L., MANDERS R.J. et al. «Co-Ingestion of Protein and Leucine Stimulates Muscle Protein Synthesis Rates to the Same Extent in Young and Elderly Lean Men», *AJCN*, 2006, 84 (3), p. 623-632.

«Lignes directrices en matière d'activité physique», Agence de santé publique du Canada. Article consulté en ligne : [http://www.phac-aspc.gc.ca]

LORD C., CHAPUT J.P., AUBERTIN-LEHEUDRE M. et al. «Dietary Animal Protein Intake: Association with Muscle Mass Index in Older Women», *J Nutr Health Aging*, 2007, 11 (5), p. 383-387.

MITHAL A., BONJOUR J.P., BOONEN S. et al. « Impact of Nutrition on Muscle Mass, Strength and Performance in Older Adults », *Osteoporosis Int.*, 2013, 24 (5), p. 1555-1566.

PADDON-JONES D., RASMUSSEN B.B. « Dietary Protein Recommendations and the Prevention of Sarcopenia », *Curr Opin Clin Nutr Metab Care*, 2009, 12 (1), p. 86-90.

PETERSON M.D., GORDON P.M. « Resistance Exercise for the Aging Adults : Clinical Implications and Prescription Guidelines », *Am J Med.*, 2011, 124 (3), p. 194-198.

PETERSON MD, SEN A., GORDON P.M. « Influence of Resistance Exercise on Lean Body Mass in Aging Adults : A Meta-Analysis », *Med Sci Sports Exerc.*, 2011, 43 (2), p. 249-258.

SCHARDT D. « Staying Strong : How Exercise and Diet Can Help Preserve Your Muscles », *Nutrition Action Health Letter*, avril 2011.

STARK M., LUKASZUK J., PRAWITZ A., SALACINSKI A. « Protein Timing and its Effects on Muscular Hypertrophy and Strength in Individuals Engaged in Weight-Training », *J Int Soc Sports Nutr.*, 2012, 9 (1), p. 54.

Chapitre 3

BARRETT J.S., GIBSON P.R. « Fermentable Oligosaccharides, Disaccharides, Monosaccharides and Polyols (Fodmaps) and Nonallergic Food Intolerance : Fodmaps or Food Chemicals ? » *Therap Adv Gastroenterol*, 2012, 5 (4), p. 261-268.

BIESIEKIERSKI J.R., PETERS S.L., NEWNHAM E.D. et al. « No Effects of Gluten in Patients with Self-Reported Non-Celiac Gluten Sensitivity Following Dietary Reduction of Low-Fermentable, Poorly-Absorbed, Short-Chain Carbohydrates », *Gastroenterology*. 2013, 145 (2), p. 320-328.

DI STEFANO M., MICELI E., GOTTI S. et al. « The Effect of Oral Alpha-Galactosidase on Intestinal Gas Production and Gas-Related Symptoms », *Dig Dis Sci*. 2007, 52 (1), p. 78-83.

Fondation canadienne de la santé digestive. Page consultée en ligne : [http://www.cdhf.ca]

« Gastroesophageal Reflux Disease (GERD) Nutrition Therapy », American Dietetic Association. Page consultée en ligne : [http://www.bgsu.edu/downloads/sa/file94808.pdf]

GERSHON M.D. « The Second Brain », *Harper Paperbacks* (1999), 336 P.

GIBSON P.R., SHEPHERD S.J. « Evidence-Based Dietary Management of Functional Gastrointestinal Symptoms : The FODMAP Approach », *J Gastroenterol Hepatol*. 2010, 25 (2), p. 252-258.

HOLTMANN G., ADAM B., HAAG S. et al. « Efficacy of Artichoke Leaf Extract in the Treatment of Patients with Functional Dyspepsia : A Six-Week Placebo-Controlled, Double-Blind, Multicentre Trial », *Aliment Pharmacol Ther.*, 2003, 18 (11-12), p. 1099-1105.

MARAKIS G., WALKER A.F., MIDDLETON R.W. et al. « Artichoke Leaf Extract Reduces Mild Dyspepsia in an Open Study », *Phytomedicine*, 2002, 9 (8), p. 694-699.

PARE P., FERRAZZI S., THOMPSON W.G. et al. « An Epidemiological Survey of Constipation in Canada : Definitions, Rates, Demographics and Predictors of Health Care Seeking », *Am J Gastroenterol.*, 2001, 96 (11), p. 3130-3137.

RAHIMI R., ABDOLLAHI M. « Herbal Medicines for the Management of Irritable Bowel Syndrome : A Comprehensive Review », *World J Gastroenterol.*, 2012, 18 (7), p. 589-600.

SAAD R.J., CHEY W.D. « Review Article : Current and Emerging Therapies for Functional Dyspepsia », *Aliment Pharmacol Ther.*, 2006, 24 (3), p. 475-492.

SANNIA A. « Phytotherapy with A Mixture of Dry Extracts with Hepato-Protective Effects Containing Artichoke Leaves in the Management of Functional Dyspepsia Symptoms », *Minerva Gastroenterol Dietol.*, 2010, 56 (2), p. 93-99.

STRATE L.L., LIU Y.L., SYNGAL S. et al. « Nut, Corn and Popcorn Consumption and the Incidence of Diverticular Disease », *JAMA*, 2008, 300 (8), p. 907-914.

TILG H., KOCH R., MOSCHEN A.R. « Proinflammatory Wheat Attacks on the intestine : Alpha-Amylase Trypsin Inhibitors as New Players », *Gastroenterology*, 2013, 144 (7), p. 1561-1563.

TILLISCH K., LABUS J., KILPATRICK L. et al. « Consumption of Fermented Milk Product with Probiotic Modulates Brain Activity », *Gastroenterology*, 2013, 144 (7), p. 1394-1401.

World Gastroenterology Organisation Global Guidelines. «Syndrome de l'intestin irritable : une approche globale», juin 2009. Page consultée en ligne : [http://www.worldgastroenterology.org/assets/downloads/fr/pdf/guidelines/20_irritable_bowel_syndrome_fr.pdf]

Chapitre 4

ARAB L., KHAN F., LAM H. «Epidemiologic Evidence of a Relationship Between Tea, Coffee or Caffeine Consumption and Cognitive Decline», *Adv Nutr.*, 2013, 4 (1), p. 115-122.

BARRANCO QUINTANA J.L., ALLAM M.F., SERRANO DEL CASTILLO A. et al. «Alzheimer's Disease and Coffee : A Quantitative Review», *Neurol Res.*, 2007, 29 (1), p. 91-95.

BOWMAN G.L., SILBERT L.C., HOWIESON D. et al. «Nutrient Biomarkers, Cognitive Function, and MRI Measures of Brain Imaging, *Neurology,* 2012, 78 (4), p. 241-249.

CARDOSO B.R., COMINETTI C., COZZOLINO S.M. «Importance and Management of Micronutrient Deficiencies in Patients with Alzheimer's Disease», *Clin Interv Aging*, 2013, 8, p. 531-542.

DALEY C.A., ABBOTT A., DOYLE P.S. et al. «A Review of Fatty Acid Profiles and Antioxidant Content in Grass-Fed and Grain-Fed Beef», *Nutr J.*, 2010, 9, p. 10.

DESIDERI G., KWIK-URIBE C., GRASSI D. et al. «Benefits in Cognitive Function, Blood Pressure, and Insulin Resistance Through Cocoa Flavanol Consumption in Elderly Subjects with Mild Cognitive Impairment : The Cocoa, Cognition, and Aging (Cocoa) Study», *Hypertension,* 2012, 60 (3), p. 794-801.

DEVORE E.E., KANG J.H., BRETELER M.M. et al. «Dietary Intakes of Berries and Flavonoids in Relation to Cognitive Decline», *Ann Neurol,* 2012, 72 (1), p. 135-43.

FILLIT H., NASH D.T., RUNDEK T. et al. «Cardiovascular Risk Factors and Dementia», *Am J Geriatr Pharmacother,* 2008, 6 (2), p. 100-118.

FISCHER K., COLOMBANI P.C., LANGHANS W. et al. «Carbohydrate to Protein Ratio in Food and Cognitive Performance in The Morning», *Physiol Behav.*, 2002, 75 (3), p. 411-423.

FISCHER K., COLOMBANI P.C., LANGHANS W. et al. «Cognitive Performance and its Relationship with Postprandial Metabolic Changes after Ingestion of Different Macronutrients in the Morning», *BJN.*, 2001, 85 (3), p. 393-405.

FRYDMAN-MAROM A., LEVIN A., FARFARA D. et al. «Orally Administrated Cinnamon Extract Reduces -Amyloid Oligomerization and Corrects Cognitive Impairment in Alzheimer's Disease Animal Models», *Plos One,* 2011, 6 (1), E16564.

GALLUCCI M., MAZZUCO S., ONGARO F. et al. «Body Mass Index, Lifestyles, Physical Performance and Cognitive Decline : The "Treviso Longeva (TRELONG) "Study», *J Nutr Health Aging,* 2013, 17 (4), p. 378-384.

HUGHES T.F., ANDEL R., SMALL B.J. et al. «Midlife Fruit and Vegetable Consumption and Risk of Dementia in Later Life in Swedish Twins», *Am J Geriatr Psychiatry,* 2010, 18 (5), p. 413-420.

KANG J.H., ASCHERIO A., GRODSTEIN F. «Fruit and Vegetable Consumption and Cognitive Decline in Aging Women», *Ann Neurol,* 2005, 57 (5), p. 713-720.

KRIKORIAN R., SHIDLER M.D., DANGELO K. et al. «Dietary Ketosis Enhances Memory in Mild Cognitive Impairment», *Neurobiol Aging,* 2012, 33 (2), 425.E, p. 19-27.

KRIKORIAN R., SHIDLER M.D., NASH T.A. et al. «Blueberry Supplementation Improves Memory in Older Adults», *J Agric Food Chem.*, 2010, 58 (7), p. 3996-4000.

«La consommation alimentaire et les apports nutritionnels des adultes québécois.» Institut national de santé publique du Québec. Gouvernement du Québec, 2009. Page consultée en ligne : [http://www.inspq.qc.ca/pdf/publications/931_rapportnutritionadultes.pdf]

LOEF M., WALACH H. «The Omega-6/Oméga-3 Ratio and Dementia or Cognitive Decline : A Systematic Review on Human Studies and Biological Evidence», *J Nutr Gerontol Geriatr.*, 2013, 32 (1), p. 1-23.

LOEF M., WALACH H. «Fruit, Vegetables and Prevention of Cognitive Decline or Dementia : A Systematic Review of Cohort Studies», *J Nutr Health Aging,* 2012, 16 (7), p. 626-630.

LÖVDÉN M., XU W., WANG H.X. «Lifestyle Change and the Prevention of Cognitive Decline and Dementia : What is the Evidence ?» *Curr Opin Psychiatry,* 2013, 26 (3), p. 239-243.

MI W., VAN WIJK N., CANSEV M. et al. «Nutritional Approaches in the Risk Reduction and Management of Alzheimer's Disease», *Nutrition,* 2013, 29 (9), p. 1080-1089.

MORRIS M.C., EVANS D.A., TANGNEY C.C. et al. «Associations of Vegetable and Fruit Consumption with Age-Related Cognitive Change», *Neurology*, 67 (8), p. 1370-1376.

QI H., LI S. «Dose-Response Meta-Analysis on Coffee, Tea and Caffeine Consumption with Risk of Parkinson's Disease», *Geriatr Gerontol Int.*, 2013.

RENDEIRO C., VAUZOUR D., RATTRAY M. et al. «Dietary Levels of Pure Flavonoids Improve Spatial Memory Performance and Increase Hippocampal Brain-Derived Neurotrophic Factor», *Plos One*, 2013, 8 (5), E63535.

SIMOPOULOS A. «The Importance of the Omega-6/Omega-3 Fatty Acid Ratio in Cardiovascular Disease and Other Chronic Diseases», *Exp Biol Med,* 2008, 233 (6), p. 674-688.

SINN N., MILTE C.M., STREET S.J. et al. «Effects of N-3 Fatty Acids, EPA V. DHA, on Depressive Symptoms, Quality of Life, Memory and Executive Function in Older Adults with Mild Cognitive Impairment: A 6-Month Randomised Controlled Trial», *BJN*, 2012, 107 (11), p. 1682-1693.

SOLFRIZZI V., FRISARDI V., SERIPA D. et al. «Mediterranean Diet in Predementia and Dementia Syndromes», *Curr Alzheimer Res*, 2011, 8 (5), p. 520-542.

SOROND F.A., LIPSITZ L.A., HOLLENBERG N.K. et al. «Cerebral Blood Flow Response to Flavanol-Rich Cocoa in Healthy Elderly Humans», *Neuropsychiatr Dis Treat*, 2008, 4 (2), p. 433-440.

SYMONS TB, Sheffield-Moore M, Wolfe RR, Paddon-Jones D. A moderate serving of high-quality protein maximally stimulates skeletal muscle protein synthesis in young and elderly subjects. J Am Diet Assoc. 2009;109:1582-1586.

VERCAMBRE M.N., BERR C., RITCHIE K. et al. «Caffeine and Cognitive Decline in Elderly Women at High Vascular Risk», *J Alzheimers Dis,* 2013, 35 (2), p. 413-421.

WANG B.S., WANG H., SONG Y.Y. et al. «Effectiveness of Standardized Ginkgo Biloba Extract on Cognitive Symptoms of Dementia With a Six-Month Treatment: A Bivariate Random Effect Meta -Analysis», *Pharmacopsychiatry*, 2010, 43 (3), p. 86-91.

WILLIAMS R.J., SPENCER J.P. «Flavonoids, Cognition and Dementia: Actions, Mechanisms and Potential Therapeutic Utility for Alzheimer Disease», *Free Radic Biol Med,* 2012, 52 (1), p. 35-45.

WITHMER R.A., GUSTAFSON D.R., BARRETT-CONNOR E. et al. «Central Obesity and Increased Risk of Dementia more than Three Decades Later», *Neurology,* 2008, 71 (14), p. 1057-1064.

WITTE A.V., FOBKER M., GELLNER R. et al. «Caloric Restriction Improves Memory in Elderly Humans», *Proc Natl Acad Sci USA,* 2009, 106 (4), p. 1255-1260.

WURTMAN R.J., WURTMAN J.J. «Brain Serotonin, Carbohydrate-Craving, Obesity and Depression», *Obes Res,* 1995, Suppl 4, p. 477-480.

YE X., SCOTT T., GAO X. et al. «Mediterranean Diet, Healthy Eating Index 2005 and Cognitive Function in Middle-Aged and Older Puerto Rican Adults», *J Acad Nutr Diet,* 2013, 113 (2), p. 276-281, E1-3.

Chapitre 5

ABARGOUEI A.S., JANGHORBANI M., SALEHI-MARZIJARANI M. et al. «Effect of Dairy Consumption on Weight and Body Composition in Adults: A Systematic Review and Meta-Analysis of Randomized Controlled Clinical Trials», *Int J Obes.*, 2012, 36 (12), p. 1485-1493.

ARCIERO P.J., ORMSBEE M.J., GENTILE C.L. et al. «Increased Protein Intake and Meal Frequency Reduces Abdominal Fat During Energy Balance and Energy Deficit», *Obesity* (Silver Spring), 2013, 21 (7), p. 1357-1366.

BRAY G.A. «Fructose and Risk of Cardiometabolic Disease», *Curr Atheroscler Rep.*, 2012, 14 (6), p. 570-578.

CARA B., EBBELING P., JANIS F. et al. «Effects of Dietary Composition on Energy Expenditure During Weight-Loss Maintenance», *Jama*, 2012, 307 (24), p. 2627-2634.

FAGHIH S.H., ABADI A.R., HEDAYATI M. et al. «Comparison of the Effects of Cow's Milk, Fortified Soy Milk and Calcium Supplement on Weight and Fat Loss in Premenopausal Overweight and Obese Women», *Nutr Metab Cardiovasc Dis.*, 2011, 21 (7), p. 499-503.

FOGELHOLM M., ANDERSSON S., GUNNARSDOTTIR I. et al. «Dietary Macronutrients and Food Consumption as Determinants of Long-Term Weight Change in Adult Populations: A Systematic Literature Review», *Food Nutr Res.*, 2012, p. 56.

GARGALLO FERNÁNDEZ M., BASULTO MARSET J., BRETON LESMES I. et al. «Evidence-Based Nutritional Recommendations for the Prevention and Treatment of Overweight and Obesity in Adults» (Fesnad-Seedo Consensus Document). Methodology and Executive Summary (I/Iii), *Nutr Hosp.*, 2012, 27 (3), p. 789-799.

GOSS A.M., GOREE L.L., ELLIS A.C., CHANDLER et al. «Effects of Diet Macronutrient Composition on Body Composition and Fat Distribution During Weight Maintenance and Weight Loss», *Obesity* (Silver Spring), 2013, 21 (6), p. 1139-1142.

JOSSE A.R., ATKINSON S.A., TARNOPOLSKY M.A. et al. «Increased Consumption of Dairy Foods and Protein During Diet- and Exercise-Induced Weight Loss Promotes Fat Mass Loss and Lean Mass Gain in Overweight and Obese Premenopausal Women», *J Nutr.*, 2011, 141 (9), p. 1626-1634.

KONG A., BERESFORD S.A., ALFANO C.M. et al. «Self-Monitoring and Eating-Related Behaviors Are Associated with 12-Month Weight Loss in Postmenopausal Overweight-to-Obese Women», *J Acad Nutr Diet*, 2012, 112 (9), p. 1428-1435.

LEDIKWE J.H., ROLLS B.J., SMICIKLAS-WRIGHT H. et al. «Reductions in Dietary Energy Density Are Associated with Weight Loss in Overweight and Obese Participants in the Premier Trial», *Am J Clin Nutr.*, 2007, 85 (5), p. 1212-1221.

LOENNEKE J.P., WILSON J.M., MANNINEN A.H. et al. «Quality Protein Intake Is Inversely Related with Abdominal Fat», *Nutr Metab.* (Lond), 2012, 9 (1), p. 5.

MAERSK M., BELZA A., HOLST J.J. et al. «Satiety Scores and Satiety Hormone Response After Sucrose-Sweetened Soft Drink Compared with Isocaloric Semi-Skimmed Milk and with Non-Caloric Soft Drink: A Controlled Trial», *Eur J Clin Nutr.*, 2012, 66 (4), p. 523-529.

MAJOR G.C., ALARIE F.P., DORÉ J. et al. «Calcium Plus Vitamin D Supplementation and Fat Mass Loss in Female Very Low-Calcium Consumers: Potential Link with A Calcium-Specific Appetite Control», *BJN*, 2009, 101 (5), p. 659-663.

MATTES R.D., DREHER M.L. «Nuts and Healthy Body Weight Maintenance Mechanisms», *Asia Pac J Clin Nutr.*, 2010, 19 (1), p. 137-141.

MIRMIRAN P., BAHADORAN Z., GOLZARAND M. et al. «Association Between Dietary Phytochemical Index and 3-Year Changes in Weight, Waist Circumference and Body Adiposity Index in Adults: Tehran Lipid and Glucose Study», *Nutr Meta.* (Lond), 2012, 9 (1), p. 108.

MOLENAAR E.A., MASSARO J.M., JACQUES P.F. et al. «Association of Lifestyle Factors with Abdominal Subcutaneous and Visceral Adiposity: The Framingham Heart Study», *Diabetes Care*, 2009, 32 (3), p. 505-510.

NGUYEN V., COOPER L., LOWNDES J. et al. «Popcorn Is More Satiating than Potato Chips in Normal-Weight Adults», *Nutr J.*, 2012, 11, p. 71.

OBÉPI-ROCHE. «Cinquième édition de l'enquête nationale sur la prévalence de l'obésité et du surpoids en France», 2009.

REBELLO C.J., LIU A.G., GREENWAY F.L., DHURANDHAR N.V. «Dietary Strategies to increase Satiety», *Adv Food Nutr Res.*, 2013, 69, p. 105-182.

Statistiques Canada, «Enquête sur la santé dans les collectivités canadiennes (ESCC)», 2008.

TCHERNOF A., DESPRÉS J.P. «Pathophysiology of Human Visceral Obesity: An Update», *Physiological Reviews*, 2013, 93 (1), p. 359-404.

THIBAULT, L. *Quand le corps n'en fait qu'à sa tête*, Les Éditions de l'Homme, 2012.

VADIVEL V., KUNYANGA C.N., BIESALSKI H.K. «Health Benefits of Nut Consumption with Special Reference to Body Weight Control», *Nutrition*, 2012, 28 (11-12), p. 1089-1097.

WEIGLE D.S., BREEN P.A., MATTHYS C.C. et al. «A High-Protein Diet Induces Sustained Reductions in Appetite, Ad Libitum Caloric Intake and Body Weight Despite Compensatory Changes in Diurnal Plasma Leptin and Ghrelin Concentration», *Am J Clin Nutr.*, 2005, 82 (1), p. 41-48.

Chapitre 6

BAKER K.R., MATTHAN N.R., LICHTENSTEIN A.H. et al. «Association of Plasma N-6 and N-3 Poly-unsaturated Fatty Acids with Synovitis in the Knee: The Most Study», *Osteoarthritis Cartilage*, 2012, 20 (5), p. 382-387.

BERENBAUM F., EYMARD F., HOUARD X. «Osteoarthritis, Inflammation and Obesity», *Curr Opin Rheumatol.*, 2013, 25 (1), p. 114-118.

BUYKEN A.E., FLOOD V., EMPSON M. et al. «Carbohydrate Nutrition and Inflammatory Disease Mortality in Older Adults», *Am J Clin Nutr.*, 2010, 92 (3), p. 634-643.

CALDER P.C., AHLUWALIA N., BROUNS F. et al. «Dietary Factors and Low-Grade Inflammation in Relation to Overweight and Obesity», *BJN*, 2011, 106, Suppl 3, S5-78.

«Complementary and Alternative Medicines for the Treatment of Rheumatoid Arthritis, Osteoarthritis and Fibromyalgia», report by Arthritis Research UK Complementary and Alternative Medicines, *Arthritis Research UK*, 2012. Page consultée en ligne: [www.arthritisresearchuk.org]

CYR, A. «Impact de la consommation de produits laitiers sur l'inflammation», collection des thèses et mémoires électroniques, Université Laval, 2012.

DEAN E., GORMSEN HANSEN R. «Prescribing Optimal Nutrition and Physical Activity as "First-Line" Interventions for Best Practice Management of Chronic Low-Grade Inflammation Associated with Osteoarthritis: Evidence Synthesis», *Arthritis*, 2012, 560634.

DI GIUSEPPE D., ALFREDSSON L., BOTTAI M. et al. «Long Term Alcohol Intake and Risk of Rheumatoid Arthritis in Women: A Population Based Cohort Study», *BMJ*, 2012, 345, E4230.

DI LORENZO C., DELL'AGLI M., BADEA M. et al. «Plant Food Supplements with Anti-Inflammatory Properties: A Systematic Review (Ii)», *Crit Rev Food Sci Nutr.*, 2013, 53 (5), p. 507-516.

DOZIO E., CORSI M.M., RUSCICA M. et al. «Adipokine Actions on Cartilage Homeostasis», *Adv Clin Chem.*, 2011, 55, p. 61-79.

DROZDOV V.N., KIM V.A., TKACHENKO E.V. et al. «Influence of A Specific Ginger Combination on Gastropathy Conditions in Patients with Osteoarthritis of the Knee or Hip», *J Altern Complement Med.*, 2012, 18 (6), p. 583-588.

DZIELSKA-OLCZAK M., NOWAK J.Z. «Antiinflammatory Therapy in Ostheoarthritis Including Omega 3 and Omega 6 Fatty Acids», *Pol Merkur Lekarski*, 2012, 32 (191), p. 329-334.

FELSON D.T., ZHANG Y., ANTHONY J.M. et al. «Weight Loss Reduces the Risk for Symptomatic Knee Osteoarthritis in Women», *Ann Intern Med.*, 1992, 116 (7), p. 535-539.

FRAGOULIS A., LAUFS J., MÜLLER S. et al. «Sulforaphane Has Opposing Effects on Tnf-Alpha Stimulated and Unstimulated Synoviocytes», *Arthritis Res Ther.*, 2012, 14 (5), R220.

FRANKE S., SOMMER M., RÜSTER C. et al. «Advanced Glycation End Products Induce Cell Cycle Arrest and Proinflammatory Changes in Osteoarthriticfibroblast - Like Synovial Cells», *Arthritis Res Ther.*, 2009, 11 (5), R136.

HAGEN K.B., BYFUGLIEN M.G., FALZON L. et al. «Dietary Interventions for Rheumatoid Arthritis», *Cochrane Database Syst Rev.*, 2009, 21 (1), CD006400.

HAYASHI H., SATOI K., SATO-MITO N. et al. «Nutritional Status in Relation to Adipokines and Oxidative Stress Is Associated with Disease Activity in Patients with Rheumatoid Arthritis» *Nutrition*, 2012, 28 (11-12), p. 1109-1114.

HENROTIN Y., PRIEM F., MOBASHERI A. «Curcumin: A New Paradigm and Therapeutic Opportunity for the Treatment of Osteoarthritis: Curcumin for Osteoarthritis Management», *Springerplus*, 2013, 2 (1), p. 56.

JUNKER Y., ZEISSIG S., KIM S.J., BARISANI et al. «Wheat Amylase Trypsin Inhibitors Drive Intestinal Inflammation via Activation of Toll-Like Receptor 4», *J Exp Med*, 2012, 209 (13), p. 2395-2408.

KAÇAR C., GILGIL E., TUNCER T., BÜTÜN et al. «The Association of Milk Consumption with the Occurrence of Symptomatic Knee Osteoarthritis», *Clin Exp Rheumatol.*, 2004, 22 (4), p. 473-476.

LABONTÉ M.È., COUTURE P., RICHARD C. et al. «Impact of Dairy Products on Biomarkers of Inflammation: A Systematic Review of Randomized Controlled Nutritional Intervention Studies in Overweight and Obese Adults», *Am J Clin Nutr.*, 2013, 97 (4), p. 706-717.

LAGACÉ J. *Comment j'ai vaincu la douleur et l'inflammation chronique par l'alimentation.* Éditions Fides, 2011.

LEE Y.H., BAE S.C., SONG G.G. «Omega-3 Polyunsaturated Fatty Acids and the Treatment of Rheumatoid Arthritis: A Meta-Analysis», *Arch Med Res.*, 2012, 43 (5), p. 356-362.

LOPEZ H.L. «Nutritional Interventions to Prevent and Treat Osteoarthritis. Part I: Focus on Fatty Acids and Macronutrients», *Pm R.*, 2012, 4 (5 Suppl), p. 145-154.

LOPEZ H.L. «Nutritional Interventions to Prevent and Treat Osteoarthritis. Part Ii: Focus on Micronutrients and Supportive Nutraceuticals» *Pm R.*, 2012, 4 (5 Suppl), p. 155-168.

MASTERS R.C., LIESE A.D., HAFFNER S.M. et al. «Whole and Refined Grain Intakes Are Related to Inflammatory Protein Concentrations in Human Plasma», *J Nutr.*, 2010, 140 (3), p. 587-594.

MESSIER S.P., GUTEKUNST D.J., DAVIS C. et al. «Weight Loss Reduces Knee-Joint Loads in Overweight and Obese Older Adults with Knee Osteoarthritis», *Arthritis Rheum.*, 2005, 52 (7), p. 2026-2032.

MISRA D., BOOTH S.L., TOLSTYKH I., FELSON et al. «Vitamin K Deficiency is Associated with Incident Knee Osteoarthritis», *Am J Med.*, 2013, 126 (3), p. 243-248.

MONTONEN J., BOEING H., FRITSCHE A., SCHLEICHER et al. «Consumption of Red Meat and Whole-Grain Bread in Relation to Biomarkers of Obesity, Inflammation, Glucose Metabolism and Oxidative Stress», *Eur J Nutr.*, 2013, 52 (1), p. 337-345.

NIELSEN F.H. «Magnesium, Inflammation and Obesity in Chronic Disease», *Nutr Rev.*, 2010, 68 (6), p. 333-340.

Ordre professionnel des diététistes du Québec. *Manuel de nutrition clinique en ligne*, goutte. Révision 2007. Page consultée en ligne: [www.opdq.org]

RIBEL-MADSEN S., BARTELS E.M., STOCKMARR A. et al. «A Synoviocyte Model for Osteoarthritis and Rheumatoid Arthritis: Response to Ibuprofen, Betamethasone and Ginger Extract - A Cross-Sectional in Vitro Study», *Arthritis*, 2012, 505842.

RICE B.H., QUANN E.E., MILLER G.D. «Meeting and Exceeding Dairy Recommendations: Effects of Dairy Consumption on Nutrient Intakes and Risk of Chronic Disease», *Nutr Rev.*, 2013, 71 (4), p. 209-223.

RICHARD C., COUTURE P., DESROCHES S. et al. «Effect of The Mediterranean Diet with and without Weight Loss on Markers of Inflammation in Men with Metabolic Syndrome», *Obesity* (Silver Spring), 2013, 21 (1), p. 51-57.

ROOT M.M., McGINN M.C., NIEMAN D.C., HENSON et al. «Combined Fruit and Vegetable Intake Is Correlated with Improved Inflammatory and Oxidant Status from A Cross-Sectional Study in A Community Setting», *Nutrients*, 2012, 4 (1), p. 29-41.

SEAMAN D.R. «The Diet-Induced Proinflammatory State: A Cause of Chronic Pain and Other Degenerative Diseases?» *J Manipulative Physiol Ther.*, 2002, 25 (3), p. 168-179.

University of Maryland School of Medicine Website, 2012. The University for Maryland Center for Celiac Research: Gluten Sensitivity Faq Page. Page consultée en ligne: [http://www.celiaccenter.org/gluten_faq.asp]

URIBARRI J., WOODRUFF S., GOODMAN S. et al. «Advanced Glycation End Products in Foods and A Practical Guide to Their Reduction in the Diet», *J Am Diet Assoc.*, 2010 110 (6), p. 911-916.

VALTUEÑA S., PELLEGRINI N., FRANZINI L. et al. «Food Selection Based on Total Antioxidant Capacity Can Modify Antioxidant Intake, Systemic Inflammation and Liver Function without Altering Markers of Oxidative Stress», *AJCN*, 2008, 87 (5), p. 1290-1297.

WANG Y., DAVIES-TUCK M.L., WLUKA A.E. et al. «Dietary Fatty Acid Intake Affects the Risk of Developing Bone Marrow Lesions in Healthy Middle-Aged Adults without Clinical Knee Osteoarthritis: A Prospective Cohort Study», *Arthritis Res Ther.*, 2009, 11 (3), R63.

WANG Y., SIMPSON J.A., WLUKA A.E. et al. Meat Consumption and Risk of Primary Hip and Knee Joint Replacement Due to Osteoarthritis: A Prospective Cohort Study», *BMC Musculoskelet Disord.*, 2011, 12, 17.

WANG Y., WLUKA A.E., HODGE A.M. et al. «Effect of Fatty Acids on Bone Marrow Lesions and Knee Cartilage in Healthy, Middle-Aged Subjects Without Clinical Knee Osteoarthritis», *Osteoarthritis Cartilage*, 2008, 16 (5), p. 579-583.

WILLIAMS F.M., SKINNER J., SPECTOR T.D. et al. «Dietary Garlic and Hip Osteoarthritis: Evidence of A Protective Effect and Putative Mechanism of Action», *BMC Musculoskelet Disord.*, 2010, 11, p. 280.

Chapitre 7

ANDERSON T.J., GRÉGOIRE J., HEGELE R.A. et al. «2012 Update of the Canadian Cardiovascular Society Guidelines for the Diagnosis and Treatment of Dyslipidemia for the Prevention of Cardiovascular Disease in the Adult», *Can J Cardiol.*, 2013, 29 (2), p. 151-167.

BECKER D.J., GORDON R.Y., MORRIS P.B. et al. «Simvastatin vs Therapeutic Lifestyle Changes and Supplements: Randomized Primary Prevention Trial», *Mayo Clin Proc.*, 2008, 83 (7), p. 758-764.

BOGSRUD M.P., OSE L., LANGSLET G. et al. «Hypocol (Red Yeast Rice) Lowers Plasma Cholesterol - A Randomized Placebo Controlled Study», *Scand Cardiovasc J.*, 2010, 44 (4), p. 197-200.

DEMONTY I., RAS R.T., VAN DER KNAAP H.C. et al. «Continuous Dose-Response Relationship of The Ldl-Cholesterol-Lowering Effect of Phytosterol Intake», *J Nutr.*, 2009, 139 (2), p. 271-284.

DE OLIVEIRA OTTO M.C., MOZAFFARIAN D., KROMHOUT D. et al. «Dietary Intake of Saturated Fat by Food Source and Incident Cardiovascular Disease: The Multi-Ethnic Study of Atherosclerosis» *Am J Clin Nutr.*, 2012, 96 (2), p. 397-404.

ELWOOD P.C., PICKERING J.E., GIVENS D.I. et al. «The Consumption of Milk and Dairy Foods and the Incidence of Vascular Disease and Diabetes: An Overview of the Evidence», *Lipids*, 2010, 45 (10), p. 925-939.

ESTRUCH R., ROS E., SALAS-SALVADÓ J. et al. «Primary Prevention of Cardiovascular Disease With A Mediterranean Diet», *N Engl J Med.*, 2013, 368 (14), p. 1279-1290.

Extenso, «L'huile de pépins de raisin, la plus recommandée pour la cuisson à haute température?» Page consultée en ligne: [www.extenso.org]

Extenso, «Maladies cardiovasculaires.» Page consultée en ligne: [www.extenso.org]

GHEITH O., SHEASHAA H., ABDELSALAM M. et al. «Efficacy and Safety of Monascus Purpureus Went Rice in Subjects with Secondary Hyperlipidemia», *Clin Exp Nephrol.*, 2008, 12 (3), p. 189-194.

Greenpeace, «Liste rouge des poissons.» Page consultée en ligne: [http://www.greenpeace.org/canada/liste-rouge]

HARRIS W.S., MOZAFFARIAN D., RIMM E. et al. «Omega-6 Fatty Acids and Risk for Cardiovascular Disease: A Science Advisory from the American Heart Association Nutrition Subcommittee of the Council on Nutrition, Physical Activity and Metabolism; Council on Cardiovascularnursing; And Council On Epidemiology and Prevention», *Circulation*, 2009, 119 (6), p. 902-907.

LEITER L.A., FITCHETT D.H., GILBERT R.E. et al. «Identification and Management of Cardiometabolic Risk in Canada: A Position Paper by the Cardiometabolic Risk Working Group (Executive Summary)», *Can J Cardiol.*, 2011, 27 (2), p. 124-131.

MENTE A., DE KONING L., SHANNON H.S. et al. «A Systematic Review of the Evidence Supporting A Causal Link Between Dietary Factors and Coronary Heart Disease.» *Arch Intern Med.*, 2009, 169 (7), p. 659-669.

MITROU P.N., KIPNIS V., THIEBAUT A.C. et al. «Mediterranean Dietary Pattern and Prediction of All-Cause Mortality in A Us Population: Results From the Nih-Aarp Diet And Health Study», *Arch Intern Med.*, 2007, 167 (22), p. 2461-2468.

MOZAFFARIAN D., LEMAITRE R.N., KING I.B. et al. «Plasma Phospholipid Long-Chain -3 Fatty Acids and Total and Cause-Specific Mortality in Older Adults: A Cohort Study», *Ann Intern Med.*, 2013, 158 (7), p. 515-525.

MOZAFFARIAN D., WU J.H. «Omega-3 Fatty Acids and Cardiovascular Disease: Effects on Risk Factors, Molecular Pathways, and Clinical Events», *J Am Coll Cardiol.*, 2011, 58 (20), p. 2047-2067.

PAN A., CHEN M., CHOWDHURY R., WU J.H., SUN Q., CAMPOS H., MOZAFFARIAN D., HU F.B. «A-Linolenic Acid and Risk of Cardiovascular Disease: A Systematic Review and Meta-Analysis», *Am J Clin Nutr.*, 2012, 96 (6), p. 1262-1273.

PARIKH A., LIPSITZ S.R., NATARAJAN S. «Association Between A Dash-Like Diet and Mortality in Adults with Hypertension: Findings from A Population-Based Follow-Up Study», *Am J Hypertens.*, 2009, 22 (4), p. 409-416.

Passeport Santé, «Hypertension artérielle. Diète Dash.» Page consultée en ligne: [www.passeportsante.net]

Passeport Santé, «Hypercholestérolémie et diète portfolio.» Page consultée en ligne: [www.passeportsante.net]

Passeport Santé, «Le régime méditerranéen.» Page consultée en ligne: [www.passeportsante.net]

RICHARD C., COUTURE P., DESROCHES S. et al. «Effect of the Mediterranean Diet with and without Weight Loss on Markers of Inflammation in Men with Metabolic Syndrome», *Obesity* (Silver Spring), 2013, 21 (1), p. 51-57.

SABATE J., ODA K., ROS E. «Nut Consumption and Blood Lipid Levels: A Pooled Analysis of 25 Intervention Trials», *Arch Intern Med.*, 2010, 170 (9), p. 821-827.

Santé Canada, «Vie saine. Le sodium.» Page consultée en ligne : [www.sc-hc.gc.ca]

Santé Canada, «Aliments et nutrition. Gras Trans.» Page consultée en ligne : [www.sc-hc.gc.ca]

Statistique Canada, «Consommation de sodium à tous les âges. Résultats de l'enquête sur la santé dans les collectivités canadiennes (escc) — nutrition réalisée en 2004.» Page consultée en ligne : [http://www.statcan.gc.ca/pub/82-003-x/2006004/article/sodium/4148995-fra.htm]

TAKU K., UMEGAKI K., SATO Y. et al. «Soy Isoflavones Lower Serum Total and Ldl Cholesterol in Humans : A Meta-Analysis of 11 Randomized Controlled Trials», *Am J Clin Nutr.*, 2007, 85 (4), p. 1148-1156.

Chapitre 8

ATKINSON F.S., FOSTER-POWELL K., BRAND-MILLER J.C. «International Tables of Glycemic Index and Glycemic Load Values», *Diabetes Care*, 2008, 31 (12), p. 2281-2283.

AVENA N.M., RADA P., HŒBEL B.G. «Evidence for Sugar Addiction : Behavioral and Neurochemical Effects of Intermittent, Excessive Sugar Intake», *Neurosci Biobehav Rev.*, 2008, 32 (1), p. 20-39.

Canadian Diabetes Association, «Clinical Practice Guidelines Expert Committee. Nutrition Therapy», *Can J Diabetes*, 2013, S45es55.

CHANDALIA M., GARG A., LUTJOHANN D. et al. «Beneficial Effects of High Dietary Fiber Intake in Patients with Type 2 Diabetes Mellitus», *N Engl J Med.*, 2000, 342 (19), p. 1392-1398.

Diabète Québec. Page consultée en ligne : [www.diabete.qc.ca]

FINLEY C.E., BARLOW C.E., HALTON T.L. et al. «Glycemic Index, Glycemic Load, and Prevalence of the Metabolic Syndrome in the Cooper Center Longitudinal Study», *J Am Diet Assoc.*, 2010, 110 (12), p. 1820-1829.

FITCH C., KEIM K.S. «Academy of Nutrition and Dietetics. Position of the Academy of Nutrition and Dietetics : Use of Nutritive and Nonnutritive Sweeteners», *J Acad Nutr Diet.*, 2012, 112 (5), p. 739-758.

IMAI S., MATSUDA M., HASEGAWA G. et al. «A Simple Meal Plan of "Eating Vegetables Before Carbohydrate" Was more Effective for Achieving Glycemic Control than an Exchange-Based Meal Plan in Japanese Patients with Type 2 Diabetes», *Asia Pac J Clin Nutr.*, 2011, 20 (2), p. 161-168.

JENKINS D.J., KENDALL C.W., AUGUSTIN L.S. et al. «Effect of Legumes as Part of A Low Glycemic Index Diet on Glycemic Control and Cardiovascular Risk Factors in Type 2diabetes Mellitus : A Randomized Controlled Trial.» *Arch Intern Med.*, 2012, 172 (21), p. 1653-1660.

JENKINS D.J., KENDALL C.W., BANACH M.S. et al. «Nuts as A Replacement for Carbohydrates in the Diabetic Diet», *Diabetes Care*, 2011, 34 (8), p. 1706-1711.

JENKINS D.J., KENDALL C.W., MCKEOWN-EYSSEN G. «Effect of A Low-Glycemic Index or A High-Cereal Fiber Diet on Type 2 Diabetes : A Randomized Trial», *Jama*, 2008, 300 (23), p. 2742-2753.

KAHLEOVA H., MATOULEK M., MALINSKA H. «Vegetarian Diet Improves Insulin Resistance and Oxidative Stress Markers more than Conventional Diet in Subjects with Type 2 Diabetes», *Diabet Med.*, 2011, 28 (5), p. 549-559.

LIVESEY G., TAYLOR R., LIVESEY H. et al. «Is There A Dose-Response Relation of Dietary Glycemic Load to Risk of Type 2 Diabetes ? Meta-Analysis of Prospective Cohort Studies», *Am J Clin Nutr.*, 2013, 97 (3), p. 584-596.

NEGREAN M., STIRBAN A., STRATMANN B. «Effects of Low- And High-Advanced Glycation End Product Meals on Macro and Microvascular Endothelial Function and Oxidative Stress in Patients with Type 2 Diabetes Mellitus», *Am J Clin Nutr.*, 2007, 85 (5), p. 1236-1243.

PRIEBE M.G., VAN BINSBERGEN J.J., DE VOS R. et al. «Whole Grain Foods for the Prevention of Type 2 Diabetes Mellitus», *Cochrane Database Syst Rev.*, 2008, (1) : CD006061.

SCHULZE M.B., SCHULZ M., HEIDEMANN C. «Fibre and Magnesium Intake and Incidence of Type 2 Diabetes», *Arch Int Med.*, 2007, 167 (9), p. 956-965.

SHYAM S., ARSHAD F., ABDUL GHANI R. et al. «Low Glycaemic Index Diets Improve Glucose Tolerance and Body Weight in Women with Previous History of Gestational Diabetes : A Six Months Randomized Trial», *Nutr J.*, 2013, 24, 12, p. 68.

STIRBAN A., NEGREAN M., GÖTTING C. «Dietary Advanced Glycation Endproducts and Oxidative Stress : in Vivo Effects on Endothelial Function and Adipokines», *Ann NY Acad Sci.*, 2008, 1126, p. 276-279.

TUOMILEHTO J. «Nonpharmacologic Therapy and Exercise in the Prevention of Type 2 Diabetes», *Diabetes Care*, 2009, 32, Suppl 2, p. 189-193.

URIBARRI J., CAI W., RAMDAS M. «Restriction of Advanced Glycation End Products Improves Insulin Resistance in Human Type 2 Diabetes: Potential Role of Ager1 and Sirt1», *Diabetes Care*, 2011, 34 (7), p. 1610-1616.

Chapitre 9

BÉLIVEAU R., GINGRAS D. *La santé par le plaisir de bien manger*. Éditions Trécarré, 2009.

BLATT A.D., ROE L.S., ROLLS B.J. «Hidden Vegetables: An Effective Strategy to Reduce Energy Intake and Increase Vegetable Intake in Adults», *Am J Clin Nutr.*, 2011, 93 (4), p. 756-763.

BRENNAN S.F., CANTWELL M.M., CARDWELL C.R. et al. «Dietary Patterns and Breast Cancer Risk: A Systematic Review and Meta-Analysis», *Am J Clin Nutr.*, 2010, 91 (5), p. 1294-1302.

DOLARA P., BIGAGLI E., COLLINS A. «Antioxidant Vitamins and Mineral Supplementation, Life Span Expansion and Cancer Incidence: A Critical Commentary», *Eur J Nutr.*, 2012, 51 (7), p. 769-781.

Éducalcool. Les niveaux de consommation d'alcool à faible risque. Guide pour les diététistes/nutritionnistes, 2013.

«Foods, Nutrition, Physical Exercice and the Prevention of Cancer. A Global Perspective. WCRF/AICR Expert Report, 2007.» Page consultée en ligne: [http://www.aicr.org/assets/docs/pdf/reports/second_expert_report.pdf]

GIACOSA A., BARALE R., BAVARESCO L. et al. «Cancer Prevention in Europe: The Mediterranean Diet As A Protective Choice», *Eur J Cancer Prev.*, 2013, 22 (1), p. 90-95.

GOODSPEED D., LIU J.D., CHEHAB E.W. et al. «Postharvest Circadian Entrainment Enhances Crop Pest Resistance and Phytochemical Cycling», *Curr Biol.*, 2013, 23 (13), p. 1235-1241.

HEIDEMANN C., SCHULZE M.B., FRANCO O.H., VAN et al. «Dietary Patterns and Risk of Mortality from Cardiovascular Disease, Cancer, and All Causes in A Prospective Cohort of Women», *Circulation*. 2008, 118 (3), p. 230-237.

«Institute for Cancer Research Guidelines for Cancer Prevention Related to Subsequent Risk of Cancer? Results from the EPIC Study», *Am J Clin Nutr.*, 2012, 96 (1), p. 150-163.

KUSHI L.H., DOYLE C., MCCULLOUGH M. et al. «American Cancer Society Guidelines on Nutrition and Physical Activity for Cancer Prevention: Reducing the Risk of Cancer with Healthy Food Choices and Physical Activity», *CA Cancer J Clin.*, 2012, 62 (1), p. 30-67.

LEENDERS M., SLUIJS I., ROS M.M. et al. «Fruit and Vegetable Consumption and Mortality: European Prospective Investigation into Cancer and Nutrition», *Am J Epidemiol.*, 2013, 178 (4), p. 590-602.

MAGEE P.J., ROWLAND I. «Soy Products in the Management of Breast Cancer», *Curr Opin Clin Nutr Metab Care*, 2012, 15 (6), p. 586-591.

MILLER P.E., LESKO S.M., MUSCAT J.E. et al. «Dietary Patterns and Colorectal Adenoma and Cancer Risk: A Review of the Epidemiological Evidence», *Nutr Cancer*, 62 (4), p. 413-424.

Protégez-vous. «Comment choisir votre pain tranché.» Page consultée en ligne: [www.protegez-vous.ca]

Société canadienne du cancer. «Alimentation et cancer du sein.» Page consultée en ligne: [http://www.cancer.ca]

Société canadienne du cancer. «L'alcool.» Page consultée en ligne: [http://www.cancer.ca]

Société canadienne du cancer. «Statistiques canadiennes sur le cancer 2013.» Page consultée en ligne: [http://www.cancer.ca]

TANTAMANGO-BARTLEY Y., JACELDO-SIEGL K., FAN J., FRASER G. et al. «Vegetarian Diets and the Incidence of Cancer in A Low-Risk Population», *Cancer Epidemiol Biomarkers Prev.*, 2013, 22 (2), p. 286-294.

VAN DAM R.M., LI T., SPIEGELMAN D. et al. «Combined Impact of Lifestyle Factors on Mortality: Prospective Cohort Study in US Women», *BMJ.*, 2008, 337, A1440.

VERGNAUD A.C., ROMAGUERA D., PEETERS P.H. et al. «Adherence to the World Cancer Research Fund/American Institute for Cancer Research Guidelines and Risk of Death in Europe: Results from the European Prospective Investigation into Nutrition and Cancer Cohort Study 1,4», *Am J Clin Nutr.*, 2013, 97 (5), p. 1107-1120.

Chapitre 10

BENETOU V., ORFANOS P., PETTERSSON-KYMMER U. et al. «Mediterranean Diet and Incidence of Hip Fractures in A European Cohort», *Osteoporos Int.*, 2013, 24 (5), p. 1587-1598.

BISCHOFF-FERRARI H.A., DAWSON-HUGHES B., BARON J.A. et al. «Milk Intake and Risk of Hip Fracture in Men and Women: A Meta-Analysis of Prospective Cohort Studies», *J Bone Miner Res.*, 2011, 26 (4), p. 833-839.

BISCHOFF-FERRARI H.A., GIOVANNUCCI E., WILLETT W.C. et al. «Estimation of Optimal Serum Concentrations of 25-Hydroxyvitamin D for Multiple Health Outcomes», *Am J Clin Nutr.*, 2006, 84 (1), p. 18-28.

BISCHOFF-FERRARI H.A., WILLETT W.C., ORAV E.J., LIPS P., MEUNIER P.J., LYONS R.A., FLICKER L., WARK J, JACKSON R.D., CAULEY J.A., MEYER H.E., PFEIFER M., SANDERS K.M., STÄHELIN H.B., THEILER R., DAWSON-HUGHES B. et al. «A Pooled Analysis of Vitamin D Dose Requirements for Fracture Prevention», *N Engl J Med.*, 2012, 367 (1), p. 40-49.

BOLLAND M.J., GREY A., AVENELL A. et al. «Calcium Supplements with or without Vitamin D and Risk of Cardiovascular Events: Reanalysis of the Women's Health Initiative Limited Access Dataset and Meta-Analysis», *BMJ*, 2011, p. 342.

BUEHLMEIER J., FRINGS-MEUTHEN P., REMER T. et al. «Alkaline Salts to Counteract Bone Resorption and Protein Wasting Induced by High Salt Intake: Results of A Randomized Controlled Trial», *J Clin Endocrinol Metab.*, 2012, 97 (12), p. 4789-4797.

CAO J.J., JOHNSON L.K., HUNT J.R. «A Diet High in Meat Protein and Potential Renal Acid Load Increases Fractional Calcium Absorption and Urinary Calcium Excretion without Affecting Markers of Bone Resorption or Formation in Postmenopausal Women», *J Nutr.*, 2011, 141 (3), p. 391-397.

CAO J.J., NIELSEN F.H. «Acid Diet (High-Meat Protein) Effects on Calcium Metabolism and Bone Health», *Curr Opin Clin Nutr Metab Care*, 2010, 13 (6), p. 698-702.

CHEL V., WIJNHOVEN H.A., SMIT J.H. et al. «Efficacy of Different Doses and Time Intervals of Oral Vitamin D Supplementation with or without Calcium in Elderly Nursing Home Residents», *Osteoporos Int.*, 2008, 19 (5), p. 663-671.

COMPSTON J., BOWRING C., COOPER A. et al. «Diagnosis and Management of Osteoporosis in Postmenopausal Women and Older Men in the UK: National Osteoporosis Guideline Group (Nogg) Update 2013», *Maturitas*, 2013, 75 (4), p. 392-396.

DARGENT-MOLINA P., SABIA S., TOUVIER M., KESSE E., BRÉART G., CLAVEL-CHAPELON F., BOUTRON-RUAULT M.C. et al. «Proteins, Dietary Acid Load and Calcium, and Risk of Postmenopausal Fractures in the E3N French Women Prospective Study», *J Bone Miner Res.*, 2008, 23 (12), p. 1915-1922.

DARLING A.L., MILLWARD D.J., TORGERSON D.J. et al. «Dietary Protein and Bone Health: A Systematic Review and Meta-Analysis», *Am J Clin Nutr.*, 2009, 90 (6), p. 1674-1692.

DAWSON-HUGHES B., HARRIS S.S., CEGLIA L. «Alkaline Diets Favor Lean Tissue Mass in Older Adults», *Am J Clin Nutr.*, 2008, 87 (3), p. 662-665.

DAWSON-HUGHES B., HEANEY R.P., HOLICK M.F. et al. «Estimates of Optimal Vitamin D Status», *Osteoporos Int.*, 2005, 16 (7), p. 713-716.

«European Society For Clinical And Economic Aspects Of Osteoporosis And Osteoarthritis (Esceo)», *Curr Med Res Opin.*, 2013, 29 (4), p. 305-313.

FALCONE T.D., KIM S.S., CORTAZZO M.H. «Vitamin K: Fracture Prevention and Beyond», *Osteoporos Int.*, 2013, 24 (5), p. 1587-1598.

FEART C., LORRAIN S., GINDER COUPEZ V., SAMIERI C., LETENNEUR L., PAINEAU D., BARBERGER-GATEAU P. et al. «Adherence to A Mediterranean Diet and Risk of Fractures in French Older Persons», *Osteoporos Int.*, 2013.

FENTON T.R., ELIASZIW M., TOUGH S.C. et al. «Low Urine Ph and Acid Excretion Do Not Predict Bone Fractures or the Loss of Bone Mineral Density: A Prospective Cohort Study», *BMC Musculoskelet Disord.*, 2010, 11, p. 88.

FENTON T.R., LYON A.W., ELIASZIW M. et al. «Phosphate Decreases Urine Calcium and Increases Calcium Balance: A Meta-Analysis of the Osteoporosis Acid-Ash Diet Hypothesis», *Nutr J.*, 2009.

HEANEY R.P., DOWELL M.S., RAFFERTY K. et al. «Bioavailability of the Calcium in Fortified Soy Imitation Milk, with Some Observations on Method», *Am J Clin Nutr.*, 2000, 71 (5), p. 1166-1169.

HEANEY R.P., LAYMAN D.K. «Amount and Type of Protein Influences Bone Health», *Am J Clin Nutr.*, 2008, 87 (5), p. 1567-1570.

HEANEY R.P., RAFFERY K. «The Settling Problem in Calcium-Based Soybean Drinks», *J Am Diet Assoc.*, 2006, 106 (11), p. 1753.

HOLICK M.F. «Vitamin D: The Underappreciated D-Lightful Hormone That Is Important for Skeletal and Cellular Health», *Curr Opin Endocrinol Diabetes*, 2002, 9, p. 87-98.

HO-PHAM L.T., NGUYEN N.D., NGUYEN T.V. «Effect of Vegetarian Diets on Bone Mineral Density: A Bayesian Meta-Analysis», *Am J Clin Nutr.*, 2009, 90 (4), p. 943-950.

KANIS J.A., JOHANSSON H., ODEN A. et al. «A Meta-Analysis of Milk Intake and Fracture Risk: Low Utility for Case Finding», *Osteoporos Int.*, 2005, 16 (7), p. 799-804.

KITCHIN B., MORGAN S.L. «Not Just Calcium and Vitamin D: Other Nutritional Considerations in Osteoporosis», *Curr Rheumatol Rep.*, 2007, 9 (1), p. 85-92.

LIU H., YAO K., ZHANG W. et al. «Coffee Consumption and Risk of Fractures: A Meta-Analysis», *Arch Med Sci.*, 2012, 8 (5), p. 776-783.

MENDOZA N. et al. «The Importance of Diet in Osteoporosis», *Open Journal of Epidemiology,* 2013, 3 (2), p. 79-84.

MOYER V.A. «Vitamin D and Calcium Supplementation to Prevent Fractures in Adults: U.S. Preventive Services Task Force Recommendation Statement», *Ann Intern Med.*, 2013, 158 (9), p. 691-696.

National Research Council. «Dietary Reference Intakes for Calcium and Vitamin D», Washington, DC: The National Academies Press, 2011.

NOF's Newly Revised 2013 Clinician's Guide to Prevention and Treatment of Osteoporosis. National Osteoporosis Foundation, 2013.

Ordre professionnel des diététistes du Québec, *Manuel de nutrition clinique en ligne.* Ostéoporose. Page consultée en ligne: [www.opdq.org]

Osteoporosis Australia, «Preventing Osteoporosis.» Page consultée en ligne: [www.ostoporosis.org.au]

Plaisirs laitiers, «Six facteurs influençant la production de vitamine D.» Page consultée en ligne: [www.plaisirs-laitiers.ca]

PRENTICE R.L., PETTINGER M.B., JACKSON R.D. et al. «Health Risks and Benefits from Calcium and Vitamin D Supplementation: Women's Health Initiative Clinical Trial and Cohort Study», *Osteoporos Int.*, 2013, 24 (2), p. 567-580.

PRICE C.T., LANGFORD J.R., LIPORACE F.A. «Essential Nutrients for Bone Health and A Review of Their Availability in the Average North American Diet», *Open Orthop J.*, 6, p. 143-149.

REID I.R., BOLLAND M.J., GREY A. «Effect of Calcium Supplementation on Hip Fractures», *Osteoporos Int.*, 2008, 19 (8), p. 1119-1123.

RICCI T.A., HEYMSFIELD S.B., PIERSON R.N. et al. «Moderate Energy Restriction Increases Bone Resorption in Obese Postmenopausal Women», *Am J Clin Nutr.*, 2001, 73 (2), p. 347-352.

RIEDT C.S., CIFUENTES M., STAHL T. et al. «Overweight Postmenopausal Women Lose Bone with Moderate Weight Reduction and 1 G/Day Calcium Intake», *J Bone Miner Res.*, 2005, 20 (3), p. 455-463.

RIZZOLI R., BOONEN S., BRANDI M.L. et al. «Vitamin D Supplementation in Elderly or Postmenopausal Women: A 2013 Update of the 2008 Recommendations from the European Society for Clinical and Economic Aspects of Osteoporosis and Osteoarthritis (Esceo)», *Curr Med Res Opin.*, 2013, 29 (4), p. 305-313.

Savoir Laitier, «Le rôle des autres nutriments dans la santé osseuse.» Page consultée en ligne: [www.savoirlaitier.ca/les-nutriments-des-produits-laitiers/le-calcium/calcium-et-biodisponibilite]

Société canadienne du cancer, «Lumière du soleil et vitamine D.» Page consultée en ligne: [www.cancer.ca]

TANG B.M., ESLICK G.D., NOWSON C. et al. «Use of Calcium or Calcium in Combination with Vitamin D Supplementation to Prevent Fractures and Bone Loss in People Aged 50 Years and Older: A Meta-Analysis», *Lancet*, 2007, 370 (9588), p. 657-666.

The North American Menopause Society, «Management of Osteoporosis in Postmenopausal Women: 2010 Position Statement of the North American Menopause Society», *Menopause*, 2010, 17 (1), p. 25-54.

TRIPKOVIC L., LAMBERT H., HART K. et al. «Comparison of Vitamin D2 and Vitamin D3 Supplementation in Raising Serum 25-Hydroxyvitamin D Status: A Systematic Review and Meta-Analysis», *Am J Clin Nutr.*, 2012, 95 (6), p. 1357-1364.

TUCKER K.L., HANNAN M.T., CHEN H. et al. «Potassium, Magnesium, and Fruit and Vegetable Intakes are Associated with Greater Bone Mineral Density in Elderly Men and Women», *Am J Clin Nutr.*, 1999, 69 (4), p. 727-736.

TUCKER K.L. «Osteoporosis Prevention and Nutrition», *Curr Osteoporos Rep.*, 2009, 7 (4), p. 111-117.

U.S. Preventive Services Task Force, «Vitamin D and Calcium Supplementation to Prevent Fractures», 2013.

WARENSJO E., BYBERG L., MELHUS H. et al. «Dietary Calcium Intake and Risk of Fracture and Osteoporosis: Prospective Longitudinal Cohort Study», *BMJ*, 2011, 342, D1473.

WEAVER C.M., HEANEY R.P. «Calcium in Human Health.» Totowa, NJ: Humana Press, C2006. Chapter 9, Food Sources, Supplements and Bioavailability, p. 129-142.

WEAVER C.M., PLAWECKI K.L. «Dietary Calcium: Adequacy of A Vegetarian Diet», *Am J Clin Nutr.*, 1994, 59 (5 Suppl), p. 1238-1241.

WEAVER C.M., PROULX W.R., HEANEY R. et al. «Choices for Achieving Adequate Dietary Calcium with A Vegetarian Diet», *Am J Clin Nutr.*, 1999, 70 (3 Suppl), p. 543-548.

XIE H.L., WU B.H., XUE W.Q. et al. «Greater Intake of Fruit and Vegetables Is Associated with A Lower Risk of Osteoporotic Hip Fractures in Elderly Chinese», *Osteoporos Int.*, 2013.

ZENG F.F., FAN F., XUE W.Q. et al. «The Association of Red Meat, Poultry and Egg Consumption with Risk of Hip Fractures in Elderly Chinese: A Case-Control Study», *Bone,* 2013, 56 (2), p. 242-248.

Chapitre 11

APPEL L.J. «Dietary Patterns and Longevity: Expanding the Blue Zones», *Circulation,* 2008, 118 (3), p. 214-215.

BAMIA C., TRICHOPOULOS D., FERRARI P. et al. «Dietary Patterns and Survival of Older Europeans: The EPIC-Elderly Study (European Prospective Investigation into Cancer and Nutrition)», *Public Health Nutr.*, 2007, 10 (6), p. 590-598.

BARBAGALLO M., BELVEDERE M., DOMINGUEZ L.J. «Magnesium Homeostasis and Aging», Magnes Res., 2009, 22 (4), p. 235-246.

BOCCARDI V., ESPOSITO A., RIZZO M.R. et al. «Mediterranean Diet, Telomere Maintenance and Health Status Among Elderly», *Plos One*, 2013, 8 (4), E62781.

CASSIDY A., DE VIVO I., LIU Y. et al. «Associations Between Diet, Lifestyle Factors, and Telomere Length in Women», *Am J Clin Nutr.*, 2010, 91 (5), p. 1273-1280.

«Global Health Risks. Mortality and Burden of Disease Attributable to Selected Major Risks», 2009. Page consultée en ligne: [http://www.who.int/healthinfo/global_burden_disease/globalhealthrisks_report_full.pdf]

HAUSMAN D.B., FISCHER J.G., JOHNSON M.A. «Nutrition in Centenarians», *Maturitas*, 2011, 68 (3), p. 203-209.

HUANG T., YANG B., ZHENG J. et al. «Cardiovascular Disease Mortality and Cancer Incidence in Vegetarians: A Meta-Analysis and Systematic Review» *Ann Nutr Metab.*, 2012, 60 (4), p. 233-240.

KIM K.I., KIM C.H. «Calorie Restriction in the Elderly People», *J Korean Med Sci.*, 2013, 28 (6), p. 797-798.

KVAAVIK E., BATTY G.D., URSIN G. et al. «Influence of Individual and Combined Health Behaviors on Total and Cause-Specific Mortality in Men and Women: The United Kingdom Health and Lifestyle Survey», *Arch Intern Med.*, 2010, 170 (8), p. 711-718.

LOEF M., WALACH H. «The Combined Effects of Healthy Lifestyle Behaviors on All Cause Mortality: A Systematic Review and Meta-Analysis», *Prev Med.*, 2012, 55 (3), p. 163-170.

MARTÍNEZ-GÓMEZ D., GUALLAR-CASTILLÓN P., LEÓN-MUÑOZ L.M. et al. «Combined Impact of Traditional and Non-Traditional Health Behaviors on Mortality: A National Prospective Cohortstudy in Spanish Older Adults», *BMC Med.*, 2013.

MATHESON E.M., KING D.E., Everett C.J. «Healthy Lifestyle Habits and Mortality in Overweight and Obese Individuals», *J Am Board Fam Med.*, 2012, 25 (1), p. 9-15.

MOUCHIROUD L., MOLIN L., DALLIÈRE N. et al. « Life Span Extension by Resveratrol, Rapamycin, and Metformin : The Promise of Dietary Restriction Mimetics for An Healthy Aging », *Biofactors*, 2010, 36 (5), p. 377-382.

NETTLETON J.A., DIEZ-ROUX A., JENNY N.S. et al. « Dietary Patterns, Food Groups, and Telomere Length in the Multi-Ethnic Study of Atherosclerosis (MESA) », *Am J Clin Nutr.*, 2008, 88 (5), p. 1405-1412.

Organisation mondiale de la santé, « Statistiques sanitaires mondiales 2013 », Statistique Canada. « Taux de centenaires (pour 100 000 habitants), pays du G8, 2011. » Page consultée en ligne : [http://www.who.int/gho/publications/world_health_statistics/2013/fr/]

ORNISH D., LIN J., DAUBENMIER J., WEIDNER G. et al. « Increased Telomerase Activity and Comprehensive Lifestyle Changes : A Pilot Study », *Lancet Oncol.*, 2008, 9 (11), p. 1048-1057.

PARTRIDGE L. « Diet and Healthy Aging », *N Engl J Med.*, 2012, 367 (26), p. 2550-2551.

POULSEN M.M., JØRGENSEN J.O., JESSEN N. et al. « Resveratrol in Metabolic Health : An Overview of the Current Evidence and Perspectives », *Ann NY Acad Sci.*, 2013, 1290 (1), p. 74-82.

RIBARI S. « Diet and Aging », *Oxid Med Cell Longev.*, 2012, 741468.

ROSANOFF A., WEAVER C.M., RUDE R.K. « Suboptimal Magnesium Status in the United States : Are the Health Consequences Underestimated ? » *Nutr Rev.*, 2012, 70 (3), p. 153-164.

ROWE W.J. « Correcting Magnesium Deficiencies May Prolong Life », *Clin Interv Aging*, 2012, 7, p. 51-54.

SABIA S., SINGH-MANOUX A., HAGGER-JOHNSON G. et al. « Influence of Individual and Combined Healthy Behaviours on Successful Aging », *CMAJ*, 2012, 184 (18), p. 1985-1992.

SPEAKMAN J.R., MITCHELL S.E. « Caloric Restriction », *Mol Aspects Med.*, 2011, 32 (3), p. 159-221.

SUN Q., SHI L., PRESCOTT J., CHIUVE S.E., HU F.B., DE VIVO I., STAMPFER M.J., FRANKS P.W., MANSON J.E., REXRODE K.M. et al. « Healthy Lifestyle and Leukocyte Telomere Length in U.S. Women », *Plos One*, 2012, 7 (5), E38374.

TAMAKOSHI A., KAWADO M., OZASA K. et al. « Impact of Smoking and Other Lifestyle Factors on Life Expectancy Among Japanese : findings from the Japan Collaborative Cohort (JACC) Study », *J Epidemiol.*, 2010, 20 (5), p. 370-376.

VASTO S., RIZZO C., CARUSO C. « Centenarians and Diet : What They Eat in the Western Part of Sicily », *Immun Ageing.*, 2012, 9 (1), p. 10.

VEERMAN J.L., HEALY G.N., COBIAC L.J. et al. « Television Viewing Time and Reduced Life Expectancy : A Life Table Analysis », *Br J Sports Med.*, 2012, 46 (13), p. 927-930.

Remerciements

Un merci tout spécial à …

Geneviève Nadeau, nutritionniste, auteure, pour ses précieux commentaires sur le contenu de mon livre.

Audrey Cyr, nutritionniste, pour son aide au contenu.

Geneviève O'Gleman, nutritionniste, auteure, pour m'avoir référé aux Éditions La Semaine.

Isabelle Huot, nutritionniste, auteure, pour tous les petits conseils concernant la publication de livre.

Annie Tonneau, éditrice, pour m'avoir fait confiance en tant qu'auteure afin de me permettre de transmettre mes connaissances à un plus grand nombre de personnes possible.

L'équipe qui a travaillé sur mon livre : Lyne Préfontaine (directrice artistique), Jean-François Gosselin (coordonnateur), Sandra Laforest (maquette intérieure), Claude Bergeron (mise en page), Jean-François Bélisle, Marie Théoret, Françoise de Luca, Véronique Papineau (réviseurs-correcteurs).

Ma photographe, Christine Bérubé pour mes photos au naturel.

Mes clients en consultation qui enrichissent mes réflexions sur la nutrition et qui nourrissent mes idées.

Mes amis Monique Poulin, Lucie Gauthier, Isabelle Thivierge, Isabelle Bean, Nathalie Verret pour m'avoir encouragé à écrire ce livre et pour leurs suggestions.

Mes beaux-parents, de 87 ans, des exemples inspirants de longévité en bonne santé.

Mes frères, ma sœur, mes beaux-frères et belles-sœurs, qui croient en mon potentiel et pour leur critique sur la page couverture.

Mon beau-fils, Tomas, pour son intérêt dans la bouffe santé.

Mon père, pour m'avoir transmis le goût d'écrire.

Ma mère, pour m'avoir transmis le plaisir et l'importance de manger équilibré.

Mes filles, Lia et Julianne, pour leur curiosité alimentaire surprenante.

Louis, l'homme de ma vie, pour son amour, son soutien et son encouragement hors du commun.

Tables
des matières

Imprimé chez Marquis Imprimeur inc.